# O Tridente de Shiva

ALBERT PAUL DAHOUI

# O TRIDENTE DE SHIVA

A SAGA DOS CAPELINOS

SÉRIE 2

VOLUME 1

Programação visual da capa:
Andrei Polessi

Revisão
Cristina da Costa Pereira

Instituto Lachâtre
Caixa Postal 164 – CEP 12914-970
Bragança Paulista – SP
Telefone: 11 3181-6676
Site: www.lachatre.com.br
E-mail: editora@lachatre.org.br

2ª edição – Novembro de 2016



Impresso no Brasil
Presita en Brazilo

---

CIP-Brasil. Catalogação na fonte

D139t Dahoui, Albert Paul, 1947 - 2008
O tridente de Shiva/ Albert Paul Dahoui. Bragança Paulista, SP : Heresis, 2016.

248 p.

1.Espiritismo. 2.Drama Épico. 3.Índia. I.Título. II.Coleção Saga dos Capelinos. III.Série 2

CDD 133.9 CDU 133.7

# PRÓLOGO

Por volta do ano 3.700 a.C., quase 40 milhões de espíritos foram trazidos de um planeta distante 42 anos-luz. Esses espíritos foram exilados devido a desvios de ordem espiritual só recuperável em longo prazo. Eram pessoas provenientes de um planeta tecnologicamente evoluído, num estágio similar ao da Terra no final do século XX, chamado Ahtilantê.

Um processo de expurgo espiritual em massa é um evento natural, longamente planejado e conhecido da alta espiritualidade. Trata-se de um processo pelos quais os planetas atravessam rotineiramente quando alcançam determinado estágio. Enquanto a sociedade de um planeta se situa em níveis primitivos ou medianos, os habitantes são equivalentes. Os processos de evolução social-econômicos se reproduzem de modo similar em todos os planetas habitáveis, apenas variando os personagens e suas motivações pessoais.

Ao alcançar níveis tecnológicos superiores, possibilitando uma aceleração da evolução espiritual, há um grupo minoritário tão díspar dos demais que não pode permanecer no mesmo planeta. É nesse momento, quando uma minoria põe em risco a evolução da maioria, que o expurgo é encetado.

Uma parte desses expurgáveis convive fisicamente com os espíritos de boa vontade, mas há uma quantidade significativa chafurdando nos planos mais baixos da espiritualidade. O expurgo contemplou a possibilidade de redenção por meio de reencarnações em condições severas. Alguns optaram por esse processo, contudo, a maioria preferiu renunciar a essa possibilidade, receando as agruras a serem vivenciadas.

Entre os espíritos de vibração densa, homiziados nas trevas, dimensão espiritual caracterizada por um aspecto lúgubre, havia os alambaques – grandes dragões. Esses espíritos de inegável poder mental dominavam extensas legiões de seguidores tão tenebrosos quanto eles próprios, mas com menos domínio mental sobre os elementos do plano.

Houve uma cisão entre os alambaques. Mais de dois terços, vendo no expurgo uma determinação inelutável dos espíritos superiores, comandantes do planeta, não resistiram e aliaram-se a Varuna, o coordenador espiritual do expurgo. Tornaram-se artífices de um processo de mudança, tanto no planeta de origem como, principalmente, no planeta Terra, para onde foram trazidos. Houve, entretanto, um grupo de alambaques reticentes.

Esses revoltosos foram derrotados por armas psicotrônicas próprias do plano espiritual. Venderam caro sua derrota. Provocaram uma guerra mundial de proporções catastróficas. O final da guerra foi determinado por artefatos de poder destrutivo nunca visto. Por seu lado, os últimos revoltosos foram capturados em estado lastimável por meio de uma gigantesca nave semelhante a uma lua negra.

Durante os anos negros do expurgo, destacaram-se, como principais ajudantes de Varuna, o comandante das forças de segurança, chamado Indra Vartraghan, e seus assistentes, Vayu e Rudra, dois titânicos guardiões. Além desses importantes membros da equipe, outros foram de importância capital, entre eles Uriel, a segundo-em-comando, uma especialista em espíritos ensandecidos, e um casal muito amigo de Varuna, Sraosa e sua esposa, Mkara. Não só se destacavam pela nobreza de espírito, mas por algo terrível acontecido em remoto passado envolvendo outros espíritos expurgados.

Entre as várias funções de um expurgo dessa magnitude, reside uma de superior importância para o desenvolvimento dos espíritos. Essa função passa a ser bem compreendida quando se entende a importância da evolução social e econômica em conjunção com a própria evolução espiritual. Para não se delongar sobre este importante ponto, é suficiente mencionar o fato de as duas evoluções acontecerem simultaneamente. Não é cabível a espíritos altamente evoluídos em conhecimento e em sentimentos depurados conviver em sociedades primitivas semelhantes às dos indígenas. Pode-se até imaginar uma missão de sacrifício a fim de ajudar uma tribo a evoluir, todavia, espíritos esclarecidos necessitam de sociedades igualmente evoluídas a fim de manifestarem todo o potencial do qual já são possuidores.

Desse modo, a vinda desses verdadeiros depravados significou um salto evolutivo para a Terra. Naqueles tempos, o planeta era povoado por uma humanidade primitiva, repetindo incessantemente o modo de vida dos antepassados, como se tudo fosse imutável. A chegada dos exilados revolucionou os costumes, possibilitando a introdução de uma tecnologia inexistente. Essas novas técnicas modificaram a face do planeta, alterando as relações sociais. A matemática, a escrita, a invenção da roda, do arado e outros utensílios alteraram a agricultura, concentraram as pessoas em cidades, originando a civilização propriamente dita.

Como era de se esperar, esses espíritos também introduziram práticas estranhas e perturbadoras, tais como sacrifícios humanos, parte do ritual de uma religião de deuses sanguinários e atemorizantes. A divisão de atividades propiciou o aparecimento de uma elite dominante. Esses elementos usaram a religião para dominar os menos favorecidos e viviam à larga em detrimento dos seus semelhantes. Mas, mesmo tendo introduzido a escravidão, as guerras de conquista, os massacres de populações inteiras, houve um salto qualitativo impossível de existir sem a presença desses expurgados.

Todo esse processo iniciou-se na Suméria e, como um pequeno sol, espalhou os raios da civilização para o atual Egito e outros lugares do crescente fértil. Todavia, após alguns séculos, os sumérios viviam numa situação caótica, com suas cidades-estados em permanente estado de guerra. Em face dessa situação de calamidade, os espíritos superiores, entre eles Varuna, agora conhecido pelo nome de Mykael – semelhante a Deus –, e Mitraton, o coordenador-geral da Terra, determinaram uma migração para outras plagas a fim de implantar uma nova e brilhante sociedade: a civilização do Meluhha.

# O TRIDENTE DE SHIVA

## 1
## Cidade de Lagash, Suméria – 3.300 a.C.

Um completo absurdo, a situação em Lagash era um absurdo. Não era só a opinião do velho Eannatum, mas seu neto Enki também a compartilhava. Naquela tarde de outono, os dois se reuniram, após rechaçar um ataque dos seus próprios concidadãos. A fome se tornara tão terrível a ponto de os pobres pilharem a casa dos ricos à procura de comida. A salvação de Eannatum foi morar numa vila fortificada dentro da cidade.

Tudo começara há três meses, quando Uruck declarou guerra a Lagash, uma cidade de cinquenta mil habitantes. As muralhas de Lagash resistiram aos ataques dos uruquianos, mas a população circunvizinha afluiu à cidade em busca de proteção. Rapidamente as reservas de comida foram consumidas. Numa tentativa de conseguir grãos, os famintos atacaram o templo de Ningursu, o maior celeiro da cidade. Rechaçados pela guarda, a situação chegou ao extremo de os atacantes levarem consigo os mortos e os comerem.

Não conseguindo comida no templo, a horda de famintos se voltou contra a residência dos ricos. A pilhagem era quase sempre seguida da morte dos proprietários e não raro seus corpos eram devorados pela malta. Quando atacaram Eannatum, encontraram uma vila protegida por altos muros e um pequeno exército a defendê-la. Como o abastado Eannatum era proprietário de extensas áreas cultivadas, seus trabalhadores se abrigaram dentro da cidade e agora o protegiam contra os assaltos.

– Nunca imaginei uma situação tão deplorável. Matar gente de nossa própria cidade, um absurdo – disse Eannatum.

– Isso é fruto de nossa política com Uruck – respondeu Enki.

O velho olhou para o neto. Pensava um leve ferimento no braço esquerdo, enrolando um pano a fim de impedir o sangue de escorrer. Era um jovem de vinte anos de traços másculos. Parecia um pouco mais velho devido aos longos cabelos negros anelados e uma barba ultimamente mal cuidada. Tornara-se um belo homem, pensou o velho, e, se não fosse pelos olhos verdes suavizando seus traços, se diria feroz graças à altura e forte compleição.

Durante um instante, o velho se distraiu quase concordando com o neto. Perdera seu filho, o pai de Enki, há muitos anos numa batalha contra a mesma Uruck.

– Se entendi, deveríamos nos curvar às exigências descabidas de Uruck?

– Há um tempo para se lutar e outro para contemporizar – respondeu Enki. – Quando se enfrenta um adversário mais forte é preferível procurar um acordo.

O diabo do rapaz tinha razão, pensou o avô. De fato, a política de Lagash era excessivamente agressiva e Uruck era forte demais para ser desafiada abertamente. Olhou para o neto: criara-o desde pequeno quando da morte do filho. Não era nada parecido com os demais moços da mesma idade. Podia ser um exímio lutador, já o vira em ação, mas era muito mais maduro que os jovens de sua idade.

– Estamos perdendo tempo discutindo a atitude do ensil. O templo não tem comida por muito mais tempo, me informou seu avô Atabaste. Uruck não é forte o bastante para tomar de assalto nossas muralhas e nós não somos poderosos o suficiente para enfrentá-los em campo aberto. Como se resolverá tal impasse?

– Não me preocuparia com Uruck – afirmou Enki. – Prevejo a partida de suas forças em breve.

– E de onde tirou essa ideia louca?

– Simples. Em menos de uma semana, o rio inundará os campos.

– De fato – disse o velho, abrindo um sorriso de pura esperança – tinha me esquecido. Realmente, o rio inundará os campos onde estão os uruquianos.

– É uma boa oportunidade para fazermos as pazes com eles. Uruck perdeu muitos guerreiros e, enquanto se enfraquece, seus inimigos se fortalecem. Se não tiverem cuidado, Kish há de dominá-los.

– Não tinha pensado nisso – respondeu Eannatum.

– Você e Atabaste deveriam pressionar o ensil a fazer as pazes com Uruck.

– É preferível fazer uma aliança com o ensil de Kish.

– Só se gostarmos de guerrear – respondeu calmamente Enki, enquanto olhava por cima dos muros para o rio Tigre.

– Será possível? Kish declarando guerra contra Uruck?

– Tão certo como dois leões brigam por causa de uma leoa no cio. Se entrarmos no meio, seremos como um chacal tentando roubar um pedaço de carne. Eles se voltarão contra nós e nos arrasarão.

# 2

Enki estava absolutamente certo. O rio Tigre inundou a região e o exército de Uruck retirou-se. Naquela noite, as pessoas celebraram. Na manhã seguinte, o palácio do ensil amanheceu em tumulto: o velho rei fora achado morto. Algumas horas depois, Eannatum foi chamado ao palácio e levou Enki consigo para a posse do monarca. O novo ensil era Maeneppada, um homem de quarenta anos, enteado do falecido monarca.

No salão do trono, Eannatum se encontrou com Atabaste, o pai da mãe de Enki. O sumo sacerdote de Ningursu ficou feliz de rever Enki e beijou suas faces enquanto o jovem sorria de volta para ele. Por uma questão de cortesia, Enki perguntou pela mãe; ela morava com o avô materno. O ancião grunhiu palavras incompreensíveis. O jovem não insistiu. O velho não sabia e nem se importava.

– Diga-me, Atabaste, como morreu o antigo rei? – perguntou sussurrando Eannatum.

– Não ficou claro. Ningursu o levou embora, diz a versão oficial – respondeu Atabaste, enquanto segurava o braço de Enki.

– O deus tem um perfeito senso de tempo – comentou Enki com um sorriso irônico para Atabaste.

– Ele tem, não é mesmo? – disse Atabaste com um riso sardônico.

A entrada do novo ensil interrompeu a conversa. Como exigia a ocasião, o rei entrou com a face sombria, uma longa túnica preta e se sentou no trono com um semblante triste. Um por um os nobres vieram cumprimentá-lo e beijaram seu anel a expressar concordância com o novo rei. Terminada a procissão de nobres, Maeneppada levantou-se do trono e caminhou entre os poucos nobres presentes.

– Como é de conhecimento, meu amado pai faleceu. Ningursu, nosso deus supremo, levou-o de volta ao seu reino. Nunca almejei essa posição, mas o destino é soberano e nos comanda.

Todos murmuraram aprovação. Durante alguns minutos, ele reafirmou a continuidade da tradição e manutenção da atual ordem. Afiançou aos nobres sua importância nos assuntos do reino e, depois, entrou no assunto principal.

– Nós não podemos deixar Uruck sair ilesa após nos afrontar. Desejo preparar um novo exército e atacá-los de imediato.

Pela expressão dos presentes, suas palavras não foram bem recebidas. Os ricos precisavam primeiro se recuperar de suas próprias perdas. Era fundamental esperar as águas voltarem ao nível normal e, então, plantariam e colheriam nova safra. Assim, outra inundação viria e só depois as águas retrocederiam. Nesse instante, poderiam organizar um exército. Era muito tempo de espera. O ensil queria atacar Uruck enquanto ainda lambiam suas feridas, conforme suas palavras.

Assim, durante alguns minutos, explicou seu plano. Dividiria as pessoas: enquanto alguns plantariam, outros iriam à guerra. Depois de expor suas ideias, perguntou pela opinião dos nobres. Recebeu o silêncio como resposta.

– Não estou lhes pedindo para lutarem pessoalmente. Basta enviar seus servos sob a liderança de seus filhos – retrucou à silenciosa objeção.

– Meu ensil, posso lhe dirigir a palavra?

Todos se viraram em direção a Enki. A maioria o conhecia. Não só era o neto de um dos homens mais ricos da cidade como também neto do sumo sacerdote do Templo de Ningursu. O novo ensil lhe concedeu a palavra, esperando o apoio do jovem. Como os jovens são naturalmente ansiosos por fama e glória nos campos de batalha, Enki não seria exceção.

– Quando nosso ensil morreu – disse Enki num tom tranquilo –, a maioria esperava pela paz. Anseiam por uma trégua negociada com Uruck. Todavia, vemos a sua ânsia em nos conduzir a uma nova guerra. As nossas chances de vencê-la são praticamente nenhuma. Perdemos nossos melhores guerreiros e nossa gente está fraca e morta de fome...

– Estas são palavras de um traidor e um covarde – vociferou Maeneppada, enquanto caminhava em direção a Enki. Aproximou-se tão depressa a ponto de quase encostar seu rosto no de Enki, obrigando-o a retroceder um passo.

– Minhas palavras não foram ditas para transtornar sua figura real – respondeu Enki, humildemente –, mas para alertá-lo. Iremos reunir um exército de fracos. Uruck ainda tem milhares de guerreiros. Nem todos participaram da guerra contra nós. Nós não temos nenhuma chance...

– Em outras palavras, você é um covarde, evitando lutar por Lagash.

– Perdoe meu neto, meu senhor – interrompeu Eannatum, enquanto se colocava entre os dois homens. – Enki só estava tentando adverti-lo contra um inimigo perigoso.

Rapidamente, Maeneppada recuperou a calma, abriu um largo sorriso; não poderia ter o mais importante dos nobres contra ele.

– Meu querido Eannatum, estou absolutamente convencido. Seu neto é um guerreiro valoroso. Mal-orientado, talvez, mas verdadeiramente um soldado de escol. Para provar minha confiança, eu lhe darei a chefia de minha tropa de elite: os lanceiros – e, virando para Enki, perguntou-lhe: – Está feliz com a honra, Enki?

O jovem podia facilmente ler na expressão debochada de Maeneppada a fina ironia de suas palavras. Havia sido derrotado publicamente; jamais poderia recusar a incumbência; seria uma desonra ao avô e ao bom nome da família. Assim, sorriu de volta ao ensil e curvou levemente a cabeça. Sim, tinha aprendido uma lição: nunca lutar com um oponente em seu próprio território.

# 3

– Jamais podia esperar isso de você, Enki. Você tem uma boca grande – disse o avô, enquanto enchia o quarto de passos.

Como responder ao avô? Tinha razão, afinal de contas. Deveria ter permanecido calado e Maeneppada não teria feito nada contra ele. Mas agora tinha sido nomeado chefe dos lanceiros, a posição mais perigosa na batalha.

– Nós nos livramos de um tirano para cair nas garras de um ainda pior – afirmou Eannatum. – Mas não estou disposto a perdê-lo como perdi seu pai. Você não pode se lembrar, era apenas uma criança, mas quase perdi o juízo quando soube de sua morte. Era meu único filho e o depositário das minhas mais altas esperanças. Agora, a mesma situação surge novamente.

– Você nunca me falou como meu pai morreu.

– Devido a alguma disputa infeliz, ele também foi designado chefe dos lanceiros. Foi morto em combate, porém nunca mais o vi: jamais recuperaram seu corpo. Foi provavelmente queimado numa pira comum ou insepulto: o pior destino sentenciado pelos deuses. Mas agora sou um velho, não tenho forças para suportar outra perda.

– Não se arrisque por mim. Vou me sair bem dessa tarefa.

– Não seja idiota, Enki. A maioria dos lanceiros morre na primeira hora de combate. O lanceiro é a ponta-de-lança do exército. Recebe o maior castigo do inimigo. São lanças, pedras e flechas arremessadas contra ele. E, quando sobrevive, é forçado a lutar com as melhores tropas do inimigo num entrevero mortal.

– Minha boca grande me pôs em dificuldade, não é mesmo?

– Nunca me perdoarei por tê-lo levado à reunião – e, virando-se para o neto, admoestou: – Deve ter cuidado com seu temperamento. Às vezes parece um velho sábio e, em outras ocasiões, age como uma criança.

Antes de Enki responder, o avô o olhou e levantou a mão como se quisesse pensar sem ser interrompido. Depois de alguns momentos, sussurrou quase para si mesmo:

– Tenho de pensar em algo.

# 4

Foi uma dura noite para Eannatum. A história não saía de sua mente. Resolvera conversar com Atabaste na primeira hora do próximo dia; o sumo sacerdote poderia ter uma solução. De manhã, dirigiu-se ao templo e solicitou uma audiência com o amigo. Não esperou muito para ser recebido pelo sumo sacerdote em seus aposentos pessoais.

– Eu lhe agradeço por me receber sem marcar uma audiência – disse Eannatum, sentando-se numa cadeira oferecida por Atabaste, enquanto acenava com a mão como se dissesse não ter importância essas formalidades entre eles.

– Qual a sua preocupação?

– Enki.

– Nosso rapaz cometeu uma estupidez sem par. Todo o mundo concorda com ele. Estamos cansados de guerras e mortes. Ruim para os negócios, não é? Mas sua exposição pública chamou demasiada atenção sobre sua pessoa. Maeneppada é um homem rancoroso. Esperou anos para se livrar do velho ensil. Agora, estando na posição de comandar a cidade, fará de tudo para conquistar a Suméria. Não hesitará em se livrar de qualquer um.

– Sim, esse é o motivo de minha visita. Você pode interceder e fazer Maeneppada retirar sua ordem? Quem sabe enviar Enki a outro lugar na retaguarda?

– Você sabe o quanto amo Enki. Eu lhe ensinei até mesmo os segredos do templo como se fosse se tornar sacerdote. Ele é inteligente e às vezes o imagino dotado de poderes especiais, mas minhas mãos estão atadas.

– Você não pode fazer nada?

– Maeneppada me odeia tanto quanto odiava seu padrasto. Irá me matar assim como mandou assassinar o ensil. Quando nós nos falamos, estava glacial comigo e se ainda estou em minha posição é pelo fato de não poder mandar matar o ensil e o sumo sacerdote, ao mesmo tempo. Ele tem alguns inimigos mais importantes para se preocupar, mas, ao se livrar deles, serei o próximo da fila.

– Qual é a sua opção?

– Ficar vivo, velho amigo, ficar vivo – respondeu, gargalhando. E então, quando sua risada diminuiu, disse: – Despache o menino. É melhor um covarde vivo a um herói morto.

– Você está louco? Mandá-lo para onde?

– O mundo é grande. Mande-o para outra cidade. Você tem sócios em Eridu, não tem? Mande-o para lá. Estará a salvo.

– É uma boa ideia – respondeu Eannatum, enquanto coçava a bem cuidada barba.

Então Atabaste lembrou-se de algo e lhe disse:

– Só há um pequeno problema.

– Qual?

– Deverá fugir com ele, senão a fúria de Maeneppada recairá sobre você e sua família.

Isso não estava nos planos de Eannatum. Fugir seria uma tarefa árdua. Perderia suas terras e não poderia deixar seus servos e escravos para trás. Ninguém cuidaria deles como ele o fazia. Por outro lado, ir a Eridu era uma viagem difícil e perigosa; teriam de cruzar toda Suméria, passando por Uruck e Umma, dois dos inimigos mais perigosos de Lagash.

– Não posso deixar tudo e mudar para Eridu. Não é assim tão fácil.

– Falei Eridu, mas pode ser outro lugar. É mundo vasto. Você é rico bastante para reunir uma caravana bem-protegida e ir para o Elam ou outro lugar qualquer.

O semblante sombrio de Eannatum demonstrava: fugir era sua última opção. Atabaste complementou seus pensamentos ao se lembrar de algo:

– Conheço um guia disposto a conduzi-lo ao Elam. É sua pátria e trabalhou em caravanas a vida inteira.

– Não estou pensando em fugir – respondeu Eannatum. – Pensei em obter as boas graças do novo ensil.

– Isso é loucura, Eannatum. Não só ele não voltará atrás na palavra empenhada, como irá persegui-lo e à sua família. Sinto muito, mas nosso Enki o pôs numa situação vexatória e, a bem dizer, a mim também. Deixe-me enviar o guia elamita para conversar com você e então poderá se decidir.

– Certo, mande o homem. Nada de mal poderá sair de uma conversa. Talvez possamos descobrir outra solução.

# 5

Um homem estranho era Alamenthal, pensou Eannatum. Magro como uma garça, com dois enormes olhos pretos bem juntos um do outro e um nariz curvo, parecia uma mistura de cobra com falcão. A pele amarelada e os longos cabelos negros encaracolados davam-lhe a impressão de ser sujo.

– Então você trabalhou em caravanas?

Era uma pergunta estúpida a se fazer, afinal de contas, Atabaste já tinha dito isso, concluiu Eannatum. E como viu o homem menear a cabeça em assentimento, prosseguiu:

– Por onde esteve?

– Nomeie o lugar e Alamenthal já esteve lá. Alamenthal pode levá-lo a qualquer lugar deste mundo.

Quem era ele para falar na terceira pessoa como se fosse um rei ou algo parecido, se perguntou Eannatum.

– Qual o melhor lugar visitado?

– Aqui mesmo, na Suméria. Qualquer uma de suas cidades é de longe melhor. O resto do mundo é cheio de aldeias miseráveis – e, cheio de mesuras, perguntou: – Se me permite a ousadia, meu senhor, mas para onde deseja ir?

– Não estou pensando em deixar minha cidade. Estou planejando montar uma caravana para negociar produtos.

– Já tem ideia dos produtos a serem negociados?

– Não sei ainda. Quero conhecer os diversos mercados antes de preparar uma caravana.

– Ah, entendo. Muito sábio, meu senhor. O mundo é grande e é possível se achar novos mercados.

– Tais como...?

O homem parou para pensar e depois de alguns momentos, respondeu:

– Estive ao redor do mundo. Fui a um lugar chamado Kemet (Egito), onde flui um rio enorme, mas tal lugar está agora sob o comando de três reis. Vivem guerreando um contra o outro. Não é um lugar bom para se fazerem trocas. Pode-se não receber o dinheiro devido. Também estive em minha própria pátria, mas hoje o Elam pertence a Uruck – e, fazendo uma certa pausa, empertigou-se como se lembrasse de algo e prosseguiu:

– Há um lugar onde se pode encontrar alguns bens interessantes, mas não estou muito certo se estará disposto a ir tão longe. Eles têm uma lã excelente, mas não achará um mercado bom aqui na Suméria. Como a lã é apropriada para lugares frios e aqui faz calor, o ideal seria comprar deles e levar para trocar em outro lugar frio.

– Onde é esse lugar?

– Nomes não têm nenhuma importância, meu senhor. Ninguém da Suméria esteve lá. Está completamente fora da rota das caravanas.

Danado de homem inteligente, pensou Eannatum. Não revelaria nada mais.

– Se você tivesse os recursos, você iria para esse lugar e negociaria com eles? – perguntou Eannatum.

– Pode ser, mas será preciso encontrar um lugar para vender a lã adquirida com eles. Se encontrássemos um mercado comprador, poderíamos ganhar bastante com as trocas.

– Se eu lhe pagasse para levar alguém a tal lugar a fim de investigar as possibilidades comerciais, você o levaria?

– Estou à sua disposição, meu senhor. Quando a pessoa estaria disposta a partir?

– Você vive no templo, não é? – respondeu Eannatum, procurando não lhe dar muitas informações.

– O sumo sacerdote é bondoso em me hospedar.

– Bom. Se eu decidir enviar alguém a visitar tal lugar, eu o chamarei – disse Eannatum e, quando já estava acenando para o homem partir, lembrou-se de algo e perguntou-lhe: – Como é mesmo o nome do lugar?

O homem respondeu cheio de mesuras:

– Anjira.

## 6

Anjira era um vilarejo numa região chamada Baluquistão, no nordeste do planalto Iraniano. Seu povo de pele azeitonada quase marrom dedicava-se à criação de ovelhas e cabras, vivendo do leite e da carne. Pertenciam a uma raça de homens chamados shindis e, provavelmente, num passado distante, vieram das bandas do Mediterrâneo. Suas casas redondas eram construídas com pedras e a aldeia tinha por volta de duas mil pessoas levando uma vida simples.

Enquanto Eannatum imaginava um modo de proteger Enki da guerra iminente, Daksha, o chefe da aldeia, vivenciava um problema: os caçadores sempre retornavam sem caça de suas incursões. Homens armados de Mehrghar, uma aldeia maior e mais forte localizada ao norte, os expulsara dos territórios de caça. Com o intuito de resolver essa situação, Daksha reuniu o conselho de anciões da aldeia.

– Só vejo um modo de resolver esse assunto – disse Daksha. – Casar Humma com um dos filhos do rei de Mehrghar.

– Esse plano já foi discutido em nossa última reunião, há quase um ano – comentou um dos conselheiros –, e até agora você não enviou ninguém para discutir o assunto com o rei de Mehrghar.

– Não é fácil convencer Humma – respondeu o velho chefe com um sorriso amarelo.

– Todos conhecem sua filha mais nova e ela não nos parece ter um temperamento assim tão terrível. Muito pelo contrário, tem ar de ser uma moça boa e gentil. Alguém obediente ao pai.

– Esse é o ponto, querido primo. Humma é inteligente demais para gritar, mas, com sua ternura, ela é capaz de convencer o leão mais selvagem a abandonar sua presa. Se falasse com o sol e a lua, eles a obedeceriam sem pestanejar.

– Ser pai após certa idade oferece esse perigo – comentou ironicamente o primo de Daksha. – Fica-se de coração mole.

– Talvez esteja certo – disse Daksha sem qualquer sinal de estar aborrecido com o comentário jocoso do primo. – Talvez outra pessoa tenha mais êxito. Façamos assim: você fala com ela e explica-lhe a situação. Quando lhe falei sobre matrimônio, respondeu-me: meu marido já foi eleito e estou a esperá-lo. Talvez agora, um ano depois, seja mais sensível às nossas necessidades.

Algumas horas depois, Umgala, o primo do chefe entrou na casa de Daksha para falar com Humma. Ele a convidou a caminhar e a moça obedeceu. Era de longe a mais bonita moça da aldeia, quase tão alta quanto ele. Seus cabelos pretos longos alcançavam à cintura. Todavia, seus olhos eram motivos de atração e temor. Ninguém tinha tal doçura na expressão e, ao mesmo tempo, uma força a ponto de as pessoas baixarem os olhos em sua presença. Era uma curandeira poderosa, diziam na aldeia, e, embora ainda fosse muito jovem, até mesmo as demais feiticeiras da aldeia a respeitavam. Com receio de ser dominado pelos seus olhos, Umgala resolveu caminhar lado a lado de forma a não ser enfeitiçado.

– Você sabe o motivo de querer falar com você?

– Estão me atribuindo demasiada importância, caro Umgala. Realmente acredita ser possível Mehrghar permitir nossos homens caçarem em seu território só porque vão me casar com um dos filhos do rei de Mehrghar?

– Não é o território de caça deles.

– Num mundo onde a força fala mais alto, é o território de caça deles sim. Nossos homens perderam aquelas terras há muitos anos e agora como não querem caçar longe de casa, querem recuperar algo perdido há muito. E como desejam fazer isso? Por conversações diretas? Não, pelo caminho mais fácil: por intermédio de um matrimônio. E Mehrghar aceitará tal aliança? Já conversaram com eles? Não, ainda não. Querem estar seguros quanto a minha concordância.

– Naturalmente!

– Realmente, é uma atitude prudente, mas os guerreiros de Mehrghar não têm nenhum respeito por nossos homens. Na opinião deles, somos uma tribo pequena e não oferecemos perigo. Eles têm aliança com as cidades de Surjangal e Kiligul, além de cinco outras aldeias a seu redor. Se quiserem, podem juntar cinco mil guerreiros em questão de horas. E mesmo assim insistem em resolver o problema com um matrimônio com alguém insignificante como eu? Pense bem, pois isso não os fará ceder os campos de caça.

O homem ficou mudo. Como sabia tanto, sendo apenas uma moça comum?

– Qual é sua sugestão? – perguntou, sem se dar conta de estar se aconselhando com uma moça de quinze anos.

– Nós não precisamos caçar naquela região. Se nossos homens vão até lá é por teimosia e preguiça. Se fossem mais ao sul, poderiam interceptar os bandos de gazelas antes de entrarem no território de caça dos Mehrghar.

– E como sabe disso?

– Tenho irmãos caçadores. Eles me contaram como é fácil caçar gazelas enquanto atravessam a passagem de Muchadi. Mas é mais distante e os homens são indolentes. Em vez de irem tão longe, preferem mandar uma moça à cama de Mehrghar e caçar mais perto.

Umgala parou e olhou para ela. Dissera a última frase num tom severo. Ela não era tão doce como parecia ser. E, antes de ter tempo de retrucar, ela complementou:

– Sinto muito recusar tal casamento, mas meu marido foi escolhido pelos deuses antes mesmo de eu nascer. Estou esperando por ele.

# 7

Vindo do palácio do ensil onde passara a manhã em treinamento militar, Enki viu Eannatum dirigindo-se ao terraço e cumprimentou o avô.

– Então, Enki, você foi apresentado ao seu esquadrão?

– Um grupo de homens mal-encarados.

– Não se pode esperar nada de homens cuja opção é escolher entre o exército ou continuarem na prisão.

– Irão me abandonar no meio da batalha.

– Esse é o motivo de perdermos as últimas guerras contra Uruck e Umma. Em vez de bons lutadores, enviamos a escória da sociedade. Os ladrões e os assassinos são o grosso de nosso exército. Na primeira oportunidade, debandam e ficamos apenas com um punhado de homens valorosos. Seu pai foi morto assim. Seus homens fugiram e ele ficou para enfrentar o inimigo sozinho. Pelo jeito, o mesmo acontecerá com você.

Ao ver o avô se agitar, Enki chegou mais perto e o abraçou. Disse-lhe palavras confortadoras para acalmar seu coração, enquanto adentravam a varanda. Naquele momento, Enhegal, o primo de Enki entrou no terraço como um tufão. Ele se parecia muito com Enki, embora fosse mais jovem e não tivesse os olhos verdes, mas castanhos. Quando viu os dois homens juntos, abriu um largo sorriso e chegou mais perto dos dois.

– Quanta honra! – exclamou Enhegal, dando uma tapinha no ombro de primo. E, virando-se para o avô, perguntou: – Já soube das notícias, vovô?

Antes de Enki responder, Eannatum explodiu:

– Você não passa de um imbecil se acha existir honra na morte. Saiba, seu jovem tolo, o ensil decretou a morte de Enki.

Desnorteado por tal explosão, Enhegal congelou onde estava. Nunca tinha visto o avô em tal estado de frenesi. Pensou numa dúzia de respostas, mas viu o sinal de Enki para ficar quieto. Obedeceu contrariado, embora com dezessete anos não concordasse com Eannatum. Morrer por Lagash era a maior honra para um guerreiro, lhe dissera o pai. Já sua mãe retrucara, afirmando ser uma arrematada tolice morrer jovem sem ter desfrutado da vida.

Como não respondeu à explosão de Eannatum, o velho se acalmou e aproximou-se de Enhegal. Segurou seu braço, olhou bem dentro dos olhos e disse:

– Prometa-me não fazer nenhuma tolice.

– Receio informar-lhe, mas Enhegal já fez – interrompeu Enki. – Ao saber da minha promoção a chefe dos lanceiros, apressou-se ao palácio do ensil e se alistou em meu esquadrão.

– Entenda, vovô, pensei...

Parou de falar ao ver o horror estampado na face do avô. Eannatum sentiu sua cabeça girar e procurou por apoio. Enki e Enhegal acorreram e juntos seguraram o velho antes de cair. Levaram-no à cadeira mais próxima e o acomodaram.

– Traga um pouco de água – ordenou Enki a Enhegal. O jovem não titubeou e disparou em busca de água.

Enquanto Enhegal não retornava com a água, Eannatum recuperou as cores e sussurrou:

– Não podemos ficar mais aqui. Tomei a decisão de partir.

Como viu a dúvida no rosto de Enki, explicou-se, diminuindo ainda mais a voz:

– Se nós não fugirmos de Lagash, perderei meus netos. Não permanecerei impassível frente à possibilidade de tal tragédia.

– Mas para onde iremos?

– Abaixe a voz e escute cuidadosamente. Não há nenhum modo de escapar agora. As águas ainda estão altas. Desse modo, continuaremos agindo normalmente. Temos dois meses para nos preparar. Você e eu planejaremos nossa fuga com extremo cuidado. Ninguém pode saber de nada.

– Nem mesmo Enhegal?

– Especialmente ele. É um moço maravilhoso. Eu o amo tanto quanto amo você. Mas é jovem e ingênuo. Basta uma indiscrição com alguém e botará nosso plano a perder.

– Para onde iremos? – insistiu Enki.

– Pensei muito ultimamente sobre o assunto e meu coração me apontou para um lugar longe daqui.

– Longe da Suméria?

– Sim, um lugar chamado Anjira.

# 8

Uma caravana de trezentas pessoas chegou sem aviso prévio, levando pânico e tumulto à aldeia de Anjira. Os homens juntaram-se e saíram das casas armados com espadas de cobre. Imediatamente, Alamenthal, o guia elamita, adiantou-se e conversou com os chefes. Havia estado em Anjira uns doze anos antes e Daksha lembrava-se dele vagamente. Explicou quem eram os forasteiros e pediu pouso. Daksha ordenou para ficarem fora da aldeia enquanto o conselho decidia se aceitariam a permanência dos estrangeiros.

O conselho reuniu-se na frente da casa de Daksha e decidiu após rápido debate: a aldeia era muito pequena para receber aqueles estranhos homens brancos; deviam partir. Alamenthal foi chamado e a decisão do conselho informada. O elamita voltou ao acampamento de Eannatum e os informou.

Ao escutar a resolução, Eannatum ficou lívido. Seu maior temor estava acontecendo. E agora, para onde iriam?

– Deixe-me falar com essa gente – disse Enki.

Ao ver o avô concordar, Enki chamou Alamenthal e Enhegal, e deu ao primo algumas instruções. Enhegal partiu para atender as solicitações de Enki e Alamenthal foi com Enki até a casa de Daksha. Ao se aproximar, os homens da aldeia abriram passagem para Enki. Quando ele viu os anciões em conselho, disse a Alamenthal para traduzir suas palavras. Alamenthal consentiu, mas Enki notou seu temor. Um passo errado e esses homens primitivos os matariam facilmente. Perguntou quem era o chefe e Alamenthal apontou para Daksha.

Enki curvou-se perante Daksha, tomou sua mão direita e a beijou em sinal de respeito. Explicou serem um grupo de pessoas pacíficas, constituída principalmente de mulheres e crianças. Fugiram de um lugar terrível onde a guerra tinha se tornado uma doença. Alamenthal traduziu, mas Daksha não parecia comovido. Ao observar a fisionomia impassível do ancião, Enki informou terem trazido presentes. Naquele momento, Enhegal chegou com uma carroça e os homens olharam-na com curiosidade. Nunca tinham visto nada parecido. Enki foi até a carroça e pegou de uma espada, um tecido feito de linho e uma bela joia. Os homens se reuniram ao seu redor e ele lhes mostrou os presentes.

– Nós também temos espadas – retrucou Daksha com desdém.

– Não como esta aqui – respondeu Enki, usando seu tradutor. Observara as espadas dos anjiras e eram feitas de cobre. Já a sua arma era de bronze, portanto muito mais resistente. Enki, então, pediu uma espada. Um dos homens cedeu uma relutantemente, enquanto os demais assistiam intrigados. Com um sorriso encantador, Enki pegou a espada, entregou-a ao primo e lhe disse para segurá-la firmemente. O primo obedeceu; sabia qual o propósito da demonstração. Segurou a espada pelo punho e pela ponta. Enki pegou a espada suméria e deu um golpe seco e forte no meio da espada anjira. Como se fosse feita de cerâmica, a espada anjira rachou ao meio. Os anjiras expressaram sua admiração e Enki deu sua espada ao dono da espada partida.

Os homens começaram a discutir entre eles e, pelo calor da conversa, era óbvio não estarem se entendendo. Alguns deles aceitavam a permanência, enquanto outros queriam sua imediata partida. Virou-se para Alamenthal e notou seu rosto pálido e suas mãos tremendo.

– Qual o motivo do seu medo? – perguntou Enki.

– Estão decidindo nosso destino. Alguns querem nos matar imediatamente, pois nos temem. Vêem-nos como feiticeiros. Já outros querem apenas nos mandar embora.

Naquele momento, Enki entendeu ter julgado mal essas pessoas. A demonstração da espada fora entendida de modo equivocada. Tal demonstração era apenas para mostrar o quanto eles poderiam ser úteis por terem um conhecimento superior, pessoas dispostas a ajudá-los a melhorar de vida. Mas eram muito primitivos para entender tais novidades. Em vez de cair nas boas graças, a demonstração apenas confirmou serem pessoas perigosas. Num certo ponto da discussão, Alamenthal demonstrou ainda mais preocupação. Pareciam ter-se decidido. Pela primeira vez na vida, Enki sentiu medo.

Então, vindo por detrás, uma voz feminina cessou a discussão. Todos olharam para trás e, por um momento, pareceram confusos. Não era costume permitir as mulheres falarem no conselho. Enki olhou para a moça e, pelo seu semblante e tom de voz, parecia estar zangada. Era óbvio estar repreendendo os homens, especialmente ao chefe Daksha. E ele parecia aceitar a reprimenda com um ar de vergonha; ficara calado e dobrara a cerviz.

– Quais são suas palavras?

Com uma voz trêmula, Alamenthal traduziu as palavras da moça. Era uma vergonha os anjiras desejarem matar homens, mulheres e crianças inocentes. Haviam esquecido as mais comezinhas noções de hospitalidade? Era preciso tomar cuidado com a justiça dos deuses, pois o destino a ser imposto sobre os estrangeiros seria um dia retribuído aos anjiras.

Depois de proferir tais palavras de alerta sobre a justiça dos deuses num tom severo, mas sem gritar, virou-se e entrou na casa. Pelo temor das palavras proferidas pela moça, Enki deduziu ser filha de Daksha, como também uma respeitada feiticeira da aldeia.

Depois de resmungarem algumas palavras com o conselho, Daksha virou-se para Alamenthal e disse-lhe algo. Pelo ar de alívio só poderia ser uma autorização para ficar. O elamita curvou-se várias vezes e agradeceu profusamente, e deixou o lugar apressado, carregando Enki pelo braço.

– Autorizaram nossa permanência. Daksha nos disse para não mexermos com suas mulheres e não tomar nada da aldeia ou seremos expulsos.

– E quem era aquela linda jovem?

– É filha do chefe. Ouvi quando a chamaram de Humma.

# 9

No dia seguinte, Eannatum foi com Alamenthal se encontrar com Daksha. Como os dois homens tinham quase a mesma idade, logo um entendimento cordial nasceu entre eles. Daksha quis saber de onde vieram e as razões de terem abandonado sua casa. Usando Alamenthal como tradutor, Eannatum explicou os pontos principais da fuga. Vinham de um lugar distante onde a guerra tinha se tornado uma doença e eles odiavam a guerra acima de tudo. Aproveitaram-se da vazante da inundação e do rei partir com o exército para nova guerra. Conseguiram passar pelos portões principais da cidade sem ser incomodados. Seus dois netos deixaram sorrateiramente o exército à noite e se encontraram com o grupo principal perto de uma das travessias do rio. E, daquele ponto em diante, atravessaram montanhas e vales até alcançar Anjira.

Sempre contando com a boa tradução de Alamenthal, explicou estarem à procura um lugar calmo para acomodar sua gente, ver seus amados netos se casarem e prosperarem. Pelo fato de ser avô de muitos, Daksha entendeu suas necessidades, mas afirmou serem pessoas pobres com pouco a oferecer. Isso não devia se constituir em problemas, pois tinham trazido o necessário para viverem, inclusive sementes e gado. Como Eannatum era um homem sagaz, deu-lhe vários presentes para as esposas e filhas. Daksha ficou radiante com as finas joias e selou a amizade dando-lhe um casaco de pele.

Quando Daksha voltou ao acampamento, os dois netos vieram recebê-lo.

– E como foi sua reunião com Daksha?

– Comparando com a sua, foi bem mais produtiva – respondeu Eanatum. – Quando quiser enganar pessoas simples com truques pretenciosos, lembre-se de não assustá-las. E medo é o modo mais rápido de elas se antagonizarem a você.

– Você tem razão. Pensei...

– Vamos botar uma pedra sobre isso. Nosso assunto agora é como viveremos aqui.

– Acho que deveríamos aprender o idioma deles – disse Enki.

– Não seria melhor ensinarmos o nosso ao invés – disse Enhegal.

– Em primeiro lugar – respondeu Alamenthal –, será mais fácil ensinar trezentas pessoas a falar o idioma dos anjiras a ensinar uma língua tão complexa como a de vocês a duas mil pessoas.

Todos concordaram.

– Posso lhes ensinar o idioma dos anjiras – disse Alamenthal. – Eles o chamam de brahui.

– Quanto mais cedo, melhor – comentou Eannatum. – Precisaremos dessas pessoas para a vida diária.

A partir daquele dia, Alamenthal ensinou as principais palavras a um grupo reduzido de homens e eles repassaram os ensinamentos aos demais. Em poucos dias, como o brahui era bastante simples e muitos conceitos abstratos simplesmente não existiam, Enki começou a introduzi-los na língua dos anjiras.

Para a decepção de Eannatum, a terra era muito seca para plantar as sementes. Num lugar assim tão pedregoso, nem elas cresceriam, nem poderiam usar o arado. Como Eannatum começou a falar bastante bem o brahui e fez boa amizade com Daksha, contou-lhe seu desespero em não poder plantar suas sementes.

– Sim, a terra é dura e nada cresce nestes lugares, mas pode tentar plantar algo quando nós nos mudarmos para o vale do Meluhha.

– Para onde?

Nos minutos seguintes, Daksha explicou o costume deles. No inverno, Anjira era um dos lugares mais frios da Terra. Assim, eles se mudavam para um grande vale em que o rio Meluhha corria mansamente e havia bastante animais para caçar. Durante alguns minutos, Eannatum escutou Daksha falar maravilhas sobre o lugar, mas ficou perturbado com a distância a percorrer. Eram seis dias de andança por entre morros e vales.

– Não há possibilidade de permanecerem no vale, tratando-se de um lugar tão maravilhoso para se viver?

– No verão, o rio inunda tudo de um modo terrível e o vale fica debaixo d'água. Se ficássemos lá, seguramente morreríamos.

– Entendo... e quando pretendem partir?

– Dentro de duas luas. Vocês virão conosco; esse lugar se tornará tão frio e as neves ficarão tão altas a ponto de não poderem sair de casa. Morrerão de frio e fome.

– Isso será um transtorno. Nossa gente não está acostumada a viajar. Vamos ter de empacotar tudo e nos mudar com carroças e pertences.

– Se quiser viver conosco, há de se acostumar com nossos hábitos.

Tal mudança era um problema imprevisto, mas permanecer em Anjira no inverno era intolerável. Após ouvir os relatos de Daksha sobre as maravilhas do vale do Meluhha, não lhe restava outra opção a não ser enfrentar nova mudança.

Os sumérios ficaram desanimados. Representava empacotar tudo e colocar nas carroças; uma trabalheira infernal. Anjira, não obstante, mesmo sendo um lugar tranquilo onde a guerra não os atingia, não era o melhor lugar para viverem. Até mesmo no verão, fazia muito frio para eles acostumados às quentes planícies sumérias. Enki não parecia aborrecido em se locomover novamente e até mesmo viu tal evento com olhos auspiciosos.

– Quem sabe se nós não podemos ficar no vale – disse Enki.

– O lugar inunda, me disse Daksha.

– E daí! – exclamou Enki. – Nossos rios também inundam e nós vivemos bastante bem.

– Cada rio tem um temperamento diferente – retrucou Eannatum. – O Tigre inunda lentamente enquanto o Eufrates é mais selvagem. No passado, antes de represarmos os rios, o Tigre e o Eufrates trouxeram morte e destruição à maioria das cidades às suas margens. Antes de tomarmos uma decisão, analisemos o comportamento do Meluhha.

## 10

Num desses dias, Enki foi ao córrego buscar água e encontrou mulheres anjiras fazendo o mesmo. As moças riram e sorriram para ele. Enki sorriu de volta, enquanto as cumprimentava com extrema cortesia. Então viu Humma entre as moças. Aproximou-se e, no seu brahui ainda desajeitado, falou com ela.

– Você é Humma, não é? – e, quando a viu concordar com um meneio de cabeça, prosseguiu: – Não tive a chance de lhe agradecer pela sua intercessão. Se não tivesse intervindo, estaríamos mortos agora.

– Sim, eu sei – ela respondeu sorrindo, enquanto andava, carregando sua pesada carga de água. – Seria algo terrível e traria má sorte à nossa aldeia.

– Mas você não nos ajudou só por causa disso.

– E qual seria outra razão?

– Talvez você me visse e me reconhecesse.

– Como soube disso? – perguntou espantada, parando de andar.

– Tenho certeza de conhecê-la. Não sei de onde, mas você me parece tão familiar a ponto de jurar de ter sempre vivido com você.

Quando Humma estava a ponto de responder, uma de suas irmãs mais velhas aproximou-se e a puxou pelo braço. Ela foi, mas, após caminhar alguns passos, virou-se e o viu sorrindo para ela. Sim, ele tinha razão, ela pensou, ela o conhecia como se tivessem passado a eternidade juntos.

# 11

Enquanto os anjiras viajavam com quase nada a não ser suas tendas feitas de pele, os sumérios levavam tudo consigo. Logo descobririam a difícil viagem à frente. O terreno era irregular. Subir e descer por montanhas, desfiladeiros e vales sem uma trilha sequer era uma missão quase impossível para as carroças. A maioria quebrou e foram abandonadas a caminho do vale do Meluhha.

Depois de seis exaustivos dias de marchas, chegaram às franjas da cadeia de montanhas Suleiman e, ainda do alto, vislumbraram o vale abaixo. De certa distância, era uma visão empolgante. Pararam e contemplaram, enquanto admiravam o intenso verde do vale. De onde estavam não podiam ver o rio, pois o Meluhha ainda estava muito distante.

Poucas carruagens conseguiram chegar ao vale de Meluhha, todavia, em comparação às montanhas, puderam rodar mais facilmente. O calor fez os sumérios se lembrarem de seu próprio vale, mas a vegetação luxuriante era bastante diferente do solo bege de sua terra natal. Seguiram os anjiras a um lugar perto do rio, onde costumavam acampar. Observaram o Meluhha, que, em comparação com o Tigre, era bem mais largo. O fluxo das águas era mais forte também. As margens eram mais altas e não era tão fácil descer até o rio propriamente dito. Os anjiras conheciam bem o terreno e alertaram-nos quanto aos animais selvagens; o vale estava cheio de tigres, rinoceronte e ursos. Enki realmente viu milhares de gazelas correndo em grandes bandos e pássaros voando, enquanto patos selvagens nadavam nas margens do rio. Onde tais animais corriam livremente, os predadores não estariam muito longe. Com tal rebanho de animais selvagens, comida não seria problema; só era preciso caçá-los.

Depois de montar acampamento, os anjiras dividiram-se em vários grupos de caça, e Enki e os sumérios foram juntos com eles. Queriam emboscar um grupo de gazelas para terem carne por pelo menos uma semana. Enki ficou surpreso com os anjiras; de um povo moroso enquanto morava na aldeia, se transformou num grupo dinâmico onde todos trabalhavam freneticamente.

As caçadas obtiveram êxito e Enki ficou surpreso ainda mais com os anjiras. Trabalhavam em grupos grandes, um perseguia as gazelas ou os patos para uma armadilha, enquanto outro grupo os abatia. Então, sempre trabalhando em conjunto, dissecavam o animal e só levavam as melhores partes para o acampamento, incluindo a pele de alguns tipos de caça. A carne foi dividida no acampamento e, mais uma vez, os anjiras demonstraram não ser avarentos; só carregaram o necessário. Já a ganância entre os sumérios foi notória. Mesmo sabendo ter carne em abundância, sobrecarregaram-se como se fosse faltar comida a qualquer momento.

Enquanto os homens estavam caçando, as mulheres, acompanhadas das crianças maiores, catavam frutas e raízes. As mulheres sumérias fizeram o mesmo que suas amigas anjiras. Agora com a maioria falando brahui, elas se davam bem. Eram acompanhadas por homens armados; o perigo de animais selvagens era uma constante.

À noite, enquanto a maioria foi se deitar, Enki reuniu-se com alguns anjiras, entre eles Daksha. Falavam de seus costumes e das tradições. Cada um narrava suas lendas de deuses e heróis, e trocavam informação sobre hábitos e leis. Os sumérios escutavam atentamente, enquanto Daksha proseava sem parar; não precisava de nenhum estímulo especial; simplesmente amava o som de sua voz.

Quando chegaram ao vale, Eannatum deu ordem para plantar cevada e trigo. Pela primeira vez puderam usar o arado e os anjiras olharam surpresos para tais técnicas, mas não demonstraram nenhum interesse em aprender a trabalhar os campos. Depois de algumas semanas, quando chegou o momento da colheita, os anjiras acharam aquela magia interessante e muitos deles se interessaram. Quando o trigo e a cevada foram colhidos e transformados em farinha, os anjiras seguiram a operação com crescente interesse. Finalmente, quando os sumérios cozinharam a farinha e fizeram pratos deliciosos, os anjiras entenderam o significado de todo aquele trabalho. Quiseram fazer o mesmo, mas o tempo para deixar o vale estava chegando e Eannatum prometeu, da próxima vez, ensinar aos anjiras as técnicas agrícolas.

As mulheres sumérias mostraram às anjiras como cozinhar e os tipos de pratos feitos com o trigo e a cevada. Como iriam levar muitas sacas de grãos de volta para Anjira, poderiam viver com o resultado das colheitas. E, pelo resultado, a terra do vale era extremamente fértil, bem superior à da Suméria.

Durante a permanência no vale, Enki, Enhegal e alguns poucos amigos fizeram incursões ao redor do acampamento. Descobriram várias elevações algumas milhas ao sul. Uma delas parecia bastante alta, destacando-se como se fosse uma ilha com um largo platô.

– O planalto é seco. Já o resto do vale é mais úmido – comentou Enki quando chegaram ao topo do platô. – Observe como o húmus é mais espesso nas terras baixas enquanto aqui não há nenhum sinal.

– Deve ser porque a água não sobe até aqui – concluiu Enhegal, enquanto olhava em volta.

– Exatamente – disse Enki, entusiasmado. – Se aqui nós construíssemos uma aldeia, provavelmente nós não seríamos atingidos pela inundação.

– Antes de trazer nossa gente para cá, temos de nos certificar – comentou cauteloso Enhegal.

– Sem dúvida – respondeu Enki. – Estou quase decidido a ficar aqui no verão e ver se temos razão. Você ficaria comigo?

– Conte comigo – expressou-se Enhegal.

Ao retornar ao acampamento principal, Enki contou para Eannatum a descoberta e o plano de permanecerem durante a cheia. No princípio, o velho não parecia convencido. Coçou a barba como fazia sempre quando estava em dúvida.

– É muito perigoso. Se as águas descerem furiosamente, podem carregar você e Enhegal para fora do planalto. Não estou disposto a arriscar a vida de vocês.

– Muito pior seria construir uma aldeia e ver a água submergir tudo.

– Não estou disposto a tentar nenhuma das opções – respondeu Eannatum.

– Olhe, vovô, nossa gente não pode viver viajando para cima e para baixo como fazem os anjiras. Nossas carroças não aguentarão muito e sem elas não poderemos levar nossas colheitas e os arados. Por outro lado, Anjira é muito seco e a terra não é fértil. A única opção é ficar neste vale, mas não podemos arriscar a vida de nossa gente numa aventura. Agora, se Enhegal e eu ficarmos aqui, poderemos ver o quão alto a água sobe. Se for seguro, poderemos construir nossa aldeia.

– Pensarei nisso, mas não estou convencido. Não deixei minha fortuna para trás para proteger vocês para entregá-los a um rio desconhecido.

– Não precisa decidir nada agora. Pense um pouco, pois tenho outro assunto para tratar com você.

Naquele momento, Enhegal disse, levantando-se:

– Deixarei ambos discutindo o matrimônio de Enki.

– Matrimônio de quem? – perguntou Eannatum assustado, vendo Enhegal afastar-se alegremente. – Você vai se casar? Com quem?

– Enhegal tem uma boca grande – disse Enki contrafeito com o comentário do primo.

– Parece ser um mal de família – respondeu Eannatum.

– Comecemos com o pé direito. Tenho me encontrado com Humma, a filha de Daksha, e quero me casar com ela. Como é preciso ter o consentimento do pai, peço-lhe essa fineza. Fale com ele e faça os arranjos para o casamento.

– Ela concorda em se casar com você? Ela é linda, mas falam muito dela ser uma pessoa difícil.

– Não, vovô. O único problema é sua inteligência. Tentaram casá-la com algum desconhecido e ela recusou. Ela não iria se casar com alguém se não o tivesse escolhido.

– Ela o escolheu?

– Nós nos escolhemos, seria melhor dizer desse modo.

– Você me pôs numa enrascada. Ela é a filha preferida de Daksha. Ele pode recusar a casá-la com você e nada poderemos fazer a respeito.

– Não faremos nada, mas ele terá extrema dificuldade de explicar a Humma os motivos de não aceitar o homem escolhido por ela.

– Você parece ter uma confiança ilimitada no poder dela sobre o pai.

– Não, mas tenho certeza absoluta do poder dela sobre mim.

# 12

Depois de considerável pensamento sobre o assunto, Eannatum concluiu que, se o matrimônio funcionasse bem, seria um bom modo de selar uma aliança com os anjiras. Se, no futuro, o casamento não desse certo, então poderiam vir a ter um sério problema. Conversou com Enki sobre as possibilidades, mas nada parecia mudar sua decisão de se casar.

Assim, Eannatum reuniu coragem e foi falar com Daksha. Encontraram-se na fogueira onde a maioria dos homens se ajuntava para conversar sobre assuntos divinos e prosaicos. Quando viu Daksha a sós e de bom humor, adentrou no assunto do casamento.

– Permita ser direto com você, velho amigo. Meu neto Enki deseja se casar com sua filha Humma. Como você vê tal possibilidade?

– Como está sendo honesto comigo, também o serei. Gosto de você. Você respeita nossa tradição e não está querendo mudar nada. Por outro lado, não gosto de seu neto. Eu o vejo como uma pessoa perigosa. Está sempre falando em mudanças e isso não está correto. Nossos antepassados nos ensinaram tudo e não há nada de novo abaixo do sol desde a criação do mundo. Já Enki está sempre querendo melhorar o estabelecido. Besteira! Não há nada para ser aperfeiçoado.

– Bem...

– Deixe-me terminar, está certo? Seu Enki merece minha Humma. Ambos são galhos da mesma árvore. Pois ela está sempre aborrecendo sua mãe com pretensas melhorias. Pura estupidez! Mas como são iguais na mocidade e na loucura, e, por uma razão da qual não consigo entender, Humma está absolutamente louca por Enki, então só me resta concordar com tal matrimônio. Mas meu coração me adverte de uma tragédia a caminho. Os frutos deles serão amaldiçoados e o assassinato será sua herança.

Eannatum nunca tinha visto Daksha tão sério. Ia lhe dizer se tratar de um exagero, mas resolveu calar-se. Se Daksha aceitava o matrimônio, ótimo! Provavelmente seu mau humor era porque odiava Enki, e provavelmente odiaria qualquer homem a se apaixonar pela filha.

Numa sociedade primitiva como a dos anjiras, a cerimônia de casamento foi simples. Houve uma festa na qual a cerveja suméria e uma espécie de bebida alcoólica feita de frutas foram servidas aos presentes.

Num certo momento da festa, os amigos de Enki o conduziram à tenda recém-construída, na qual a mãe de Humma e suas irmãs a tinham trazido mais cedo. Tinha sido despida e se deitara sobre peles. Ao entrar, Enki a viu deitada, completamente nua. Cobria os seios com as mãos e tinha cruzado as pernas de forma a não mostrar o sexo.

– Você está deslumbrante – disse, enquanto olhava para ela. Seus olhos passearam sobre seu corpo. A pele marrom azeitonada o extasiou e ele se despiu. Completamente excitado, deitou-se ao seu lado. Suas mãos tocaram seu rosto e seus lábios procuraram avidamente os dela. Encontraram-se num longo beijo, enquanto suas línguas se enrolavam como se fossem duas cobras. Foi o primeiro beijo, mas ambos sentiram ser algo realizado milhares de vezes antes. Naquela noite, Humma se tornou mulher e Enki tornou-se o cativo de Humma.

As semanas passaram depressa e aproximava-se a hora de retornar a Anjira. A maioria dos sumérios não estava ansiosa pelo retorno. Reclamavam da dura viagem a ser empreendida. Eannatum, acompanhado dos netos, falou com Daksha sobre a possibilidade de permanecerem. Daksha foi taxativo: se ficassem certamente morreriam. O rio estava a ponto de inundar e sua correnteza era muito forte.

– Vi umas elevações no vale – comentou Enki. – Provavelmente a inundação não será tão forte a ponto de inundar aquelas elevações.

– Não sou nenhum tolo para ficar e verificar isso – respondeu Daksha.

– Seria uma boa experiência. Se as águas não subirem tão alto, poderíamos construir uma aldeia nestas elevações.

– Se quiser ficar, não tenho nada contra, mas não ficarei. Se fosse possível, nossos antepassados teriam descoberto isto e nos deixariam tal conhecimento. Se abandonaram o vale antes da inundação e nos disseram para sempre fazê-lo, deviam conhecer as consequências funestas.

– Só há um modo de tirar essa duvida: ficar e investigar.

– Não tenho nada contra, mas minha filha voltará a Anjira conosco.

– Acho sábio, mas ela me relatou do seu desejo de permanecer comigo. Ficaria mais tranquilo se a levasse. Não quero arriscar sua vida numa experiência insegura.

Daksha não estava disposto a falar com Humma. Pediu para a esposa falar com a filha, mas ela lhe respondeu de forma taxativa: não faria nada disso.

– Como pode uma moça tão doce ter tanto poder sobre nós – perguntou Daksha.

– Humma tem uma força irresistível no olhar. Já discuti o assunto. 'Lugar de esposa é ao lado do marido', disse-me ela. Não houve mais espaço para discussões.

Na véspera da partida de volta para Anjira com a maioria dos sumérios – pois alguns resolveram ficar com Enki –, Eannatum reuniu-se com o neto favorito.

– Lembre-se das informações de Atabaste sobre a magia das águas. Você tem um grande poder sobre as águas e sobre o clima. Os deuses o obedecem.

– Pode ser uma surpresa para você, mas não acredito em nossos deuses.

– Nada vindo de você me surpreende mais. Você começou a andar e falar antes da maioria das crianças. Ainda bem pequeno se expressava como um adulto. Contudo, só para satisfazer minha curiosidade, qual é sua crença?

– Deve haver um poder supremo no mundo, mas estou certo de serem nossos deuses sanguinários. Como podemos acreditar em termos sido criados e depois, ao ficarem desapontados com nosso comportamento, decidiram nos exterminar por meio de uma inundação monstruosa? Eles conhecem o futuro ou são pessoas comuns? Se forem deuses, deveriam saber, ou então não nos criariam com nossos defeitos. Se nos fizeram desse modo, é porque tinham algo em mente o qual desconhecemos. Mas nem por isso vejo motivo para oferecer pessoas em sacrifício só para satisfazer o perverso temperamento deles. Não serão demônios necessitados de sangue humano?

– Pelo amor dos deuses, pare com essa heresia. Se eles o ouvem poderão ficar bravos e destruí-lo.

– Não me desaponte, vovô. Você sempre foi um homem muito inteligente para acreditar nessa besteira. Nossos deuses só podem ser espíritos perversos ou invenções humanas. Mas só para acalmar seu coração, acredito em um ser supremo cujo nome desconheço, mas sinto sua presença em meu coração. Ela há de me ajudar, se eu tiver mérito.

– E se você não tiver?

– Se ele é quem é, tem todo o tempo do mundo para aguardar até eu alcançar o devido mérito.

# 13

Enquanto Eannatum conversava com Enki, Daksha reunia-se com os amigos. Alguns demonstravam sinais de descontentamento.

– O fato de você permitir alguns dos nossos moços ficarem com aquele homem me escapa completamente. É contra nossa tradição e você deveria tê-los proibido de permanecer com Enki – disse um dos anciões.

– Na realidade, Daksha os proibiu – disse outro conselheiro –, mas ignoraram suas ordens. Humma os convidou e eles resolveram ficar.

– Onde está sua autoridade sobre a tribo? Perdeu-a, por acaso – comentou o primeiro.

– Não, não perdi – respondeu energicamente Daksha. – Ainda sou o chefe aqui. Se os deixei ir, foi para proteger minha filha.

– Contra quem?

– Há muitos perigos no planalto, como animais selvagens, fome e a própria inundação. Um grupo maior poderá se ajudar mutuamente e prover comida e proteção.

Um dos homens ia tergiversar com Daksha. No fundo, ele estava apenas repetindo os argumentos usados por Humma para persuadi-lo a deixar o grupo de anjiras ficar com Enki. Todavia, pela expressão inamistosa do chefe, achou sábio não discutir. Daksha era conhecido por ter um temperamento violento.

– Daksha, você acredita ser possível viver no planalto?

– Se não for, perderei minha filha.

Quando os homens se retiraram, Daksha meditou sobre a chegada daqueles homens. Eles haviam mudado suas vidas. Tinham hábitos diferentes, além de uma religião diferente com absolutamente nada em comum. Os anjiras acreditavam no poder dos antepassados. Tudo lhes foi ensinado por esses homens e mulheres. Isso era tradição: a certeza da imutabilidade, da eterna repetição.

Mas esses recém-chegados tinham deuses diferentes – ouvira falar de sacrifícios humanos, um horror – e pontos de vista opostos, especialmente aquele intruso do Enki. Sempre querendo introduzir mudanças na forma de viver. Agora, aquele intruso se casara com sua adorada filha e transformara seu temperamento – já não era mais a doce menina de antigamente.

Ficou imaginando se o planalto seria alto o suficiente ou se seriam levados pelas águas e morreriam afogados? Apertou raivosamente as mãos e jurou para si mesmo:

– Se ela morrer, matarei todos os intrusos. Vingarei a morte de minha filha com um banho de sangue. Algo nunca visto em Anjira.

# 14

Na manhã seguinte, os dois grupos se separaram. Daksha e Eannatum voltaram para Anjira para passar o verão e Enki e seus companheiros foram para o planalto. Levaram dois dias para alcançá-lo e, ao chegar, preparam sua estadia. Enki trouxera arados e carroças com mantimentos, além de bois, ovelhas e cabras.

Nos primeiros dias, os trinta homens mais as mulheres e crianças montaram o acampamento e ficaram de guarda contra animais selvagens. Um dia, viram várias feras subindo a encosta e procurando abrigo no planalto. Como os homens e feras não podem conviver juntos, sabiamente os animais foram para o outro extremo do platô.

– Por enquanto, tudo ficará bem. Meu receio é de, ao ficarem esfomeados, ursos e tigres virem atrás de nós – disse Enki.

– Deveríamos caçar os mais ferozes – respondeu um dos anjiras.

– Se for necessário, faremos isso. Mas agora, como estão plácidos em seu lugar, deveríamos fazer o mesmo.

Na manhã seguinte, tudo permaneceu absolutamente quieto. As aves não voavam, nada se mexia no vale e sentia-se um leve tremor na terra. Todos se juntaram nas franjas do planalto e olharam o horizonte. Embora não pudessem ver nada, podiam sentir: a inundação estava vindo. Alguns minutos depois, enquanto tudo ainda estava quieto, escutaram um rugido distante. Parecia um tropel de búfalos em disparada. De um suave ronronar, foi crescendo a cada instante.

A cerca de quinze metros acima do vale, Enki sentia-se seguro; nenhuma inundação subiria tanto. Mas nunca se sabe; tudo era novo e assim, com o coração opresso, aguardou. De repente, uma das crianças gritou:

– Lá vem!

Enki olhou e viu uma parede de água rolando rio abaixo. Nesse instante, lamentou não ter encontrado um lugar mais distante do rio, mas agora não podiam fazer mais nada a não ser esperar e rezar.

As águas vieram rapidamente, mas, ao alcançar as vargens do vale, esparramou-se por quilômetros. Já com menos intensidade, as águas lamberam as laterais do planalto e a enxurrada passou por eles. Depois de alguns minutos, Enki e seu grupo se viram ilhados. A água não tinha alcançado o topo. O planalto localizava-se a pelo menos uns dez metros acima da correnteza. Mesmo se a água continuasse vindo, seria quase impossível inundar o platô. Com um longo suspiro de alivio, Enki sorriu pela primeira vez naquele dia.

Depois de algumas semanas, a água começou a descer e os animais foram os primeiros a partir do lugar. No ínterim, Enki e seus camaradas plantaram trigo e conseguiram uma boa colheita de verão. Uma cabra havia sido morta por um tigre. Enki não organizou um grupo de caça. Fora um incidente isolado. A cabra fugira do cercado e invadira o território da fera e, até aquele instante, nem homens nem rebanho haviam sido molestados.

As mulheres sumérias ensinaram as anjiras como coser roupas e cozinhar o trigo e, após algumas tentativas, Humma conseguiu preparar pratos apetitosos para o marido. Pelo seu lado, Enki se maravilhou com a coragem e determinação da esposa; em poucos dias, ela passou a comandar as mulheres sem qualquer palavra severa ou reprimenda. O modo doce de falar e sempre com palavras de incentivo fez dela uma líder natural, mas também pelo fato de ter uma habilidade necessária – era uma curandeira maravilhosa. Não só ajudou dois bebês a nascer, como também tratou de ferimentos e gripes com chás feitos de ervas e raízes encontrados no planalto.

Finalmente as águas retiraram-se lentamente de volta para sua posição natural no leito fluvial. Uma grossa camada de lama se espalhava por quilômetros, mas, após alguns dias de sol, o verde reapareceu no vale. Os animais reapareceram, vindos das várias elevações e das franjas das montanhas Suleiman. A vida selvagem reassumiu seu lugar, como o fizera nos últimos milênios. Enki e seus companheiros estavam entusiasmados com as possibilidades do vale.

Alguns dias após o rio voltar ao seu curso, os guardas avistaram a caravana de Daksha. A alegria tomou conta dos dois grupos quando se reencontraram. Enki explicou a Daksha e Eannatum até onde a água chegara; não havia nenhum perigo de um transbordamento da inundação sobre o planalto. Era, portanto, um lugar magnífico para se viver.

– Há um problema a exigir uma complicada solução – disse Enki, quando ficaram a sós. – Temos de construir uma cidade e nenhuma das pessoas daqui conhece nada sobre construções.

– Você tem razão. Os meus antigos servos e escravos, mesmo tendo sido libertos, não são operários especializados. Pelo seu lado, os anjiras não sabem construir casas sólidas. Suas habitações em Anjira são pequenas e feitas de pedras. Como imagina superar tal obstáculo?

– Passei o verão pensando nisso. Não tenho experiência nem habilidade para construir uma cidade inteira, mas há gente em Lagash especializada nisso. Se pudesse ir até lá e os trouxesse, poderíamos construir uma cidade magnífica.

– Você deve estar louco. Em primeiro lugar, Lagash não é logo ali. É muito longe. E você esqueceu da sua fuga daquela cidade? Se o ensil descobrir seu retorno, sua vida não valerá um saco de cevada.

– Lagash é muito grande e eu poderia entrar facilmente. Enhegal e eu poderíamos voltar com Alamenthal. Tenho um plano em mente e, se conseguir trazer centenas de artesãos especializados e suas famílias, construirei a cidade.

– Alamenthal nos deixou. Ele pediu seu pagamento e partiu ao chegar em Anjira.

– Isso é um contratempo, mas acharei o caminho de volta.

– Eu me pergunto se conseguirei dissuadi-lo da viagem.

– Não, vovô. Mas, por outro lado, não desejo fazer tal viagem. Humma está grávida e tenho todas as razões do mundo para ficar. Contudo, sejamos práticos, nós precisamos construir uma cidade e não temos nem homens nem conhecimento para fazê-lo. Então, Lagash é a única solução.

– Mas será agora o momento certo para partir, especialmente quando sua esposa está grávida?

– Já conversei com ela e ela concorda. É imperativo ir a Lagash e buscar quantos homens possa. Ela não ficou exultante, mas, se eu não for agora, perderemos um ano inteiro. Quero estar de volta antes da próxima inundação a tempo de vê-la dar à luz. Ela até brincou dizendo: o bebê não precisa de você para crescer no meu ventre.

– E como espera trazê-los a um lugar tão distante? Por qual magia enfeitiçará as pessoas para convencê-los a abandonar tudo e vir até aqui?

– A magia de Nin-Kasi.

– Nin-Kasi? Nossa deusa Nin-Kasi?

– Exatamente. A deusa me ajudará a convencer os homens a deixar Lagash e construir uma cidade nova aqui.

Durante alguns minutos, Enki explicou seu plano e Eannatum não ficou totalmente convencido. Mas, quando o neto botava uma ideia na cabeça, nem mesmo os deuses mudariam sua determinação. Assim, contrariado, consentiu e, com o coração temeroso, viu seus dois netos partirem para a perigosa Lagash.

## 15

Enquanto Enki e Enhegal deixavam o planalto no vale de Meluhha, numa dimensão diferente, ocorria uma reunião. Os espíritos cuja missão era coordenar o desenvolvimento do vale do Meluhha estavam reunidos com o coordenador geral, Mykael.

– A primeira parte do plano terminou – disse o severo Rudra. – Conseguimos levar Enki e alguns sumérios para o vale de Meluhha. Não foi fácil convencer Eannatum a abandonar suas posses e fugir para Anjira, mas as condições da guerra nos favoreceram grandemente.

– Estamos dando todo o apoio necessário a Enki? – perguntou Mykael.

– Sim. Ele se casou com Humma e o plano pessoal deles foi posto em ação com a gravidez da esposa.

Mykael olhou seu outro assistente, o titânico Vayu, e lhe perguntou se sua equipe estava atenta para proteger Enki enquanto estivesse em Lagash. Vayu era o chefe espiritual da Suméria, enquanto Rudra tinha recebido a tarefa de ajudar a implantação da civilização no vale de Meluhha.

– A situação mudou dramaticamente em Lagash – respondeu Vayu. – Como já é de seu conhecimento, Maeneppada, o ensil, foi morto na batalha enquanto tentava sitiar Uruck. O seu exército foi derrotado e um novo ensil foi eleito. Ele é jovem e calmo, mas exatamente devido à sua placidez, alguns guerreiros querem depô-lo e provavelmente a cidade estará tumultuada quando Enki chegar.

– Se nós usarmos tal situação volátil em nosso favor, podemos ajuda-lo a alcançar seu objetivo. Por outro lado, todo cuidado é pouco. Em tais ocasiões é fácil se perder o controle da segurança. Você tem planos alternativos?

– Por favor, mestre Mykael – respondeu Rudra, sorrindo para acalmar seu chefe –, tranquilize-se. Você não é o único a amar Enki e Humma. Nós também estamos ansiosos em vê-los reconciliados com seu passado. Estamos ansiosos em vê-lo fundar uma nova civilização. A Suméria está num estado de guerra permanente e o Kemet (Egito) ainda está dividido em três reinos. É fundamental se estabelecer um lugar pacífico para recuperar os ahtilantes.

Mykael sorriu e concordou. Seus chefes de guardiões sabiam quem era Enki e também eram seus queridos amigos. Fariam de tudo para ajudá-lo, mas a situação em Lagash era perigosa. Enki e Enhegal estavam marchando para uma situação turbulenta.

## 16

O retorno a Lagash provou ser uma viagem terrível. Eles se perderam e tiveram dificuldades em retomar o caminho. Enki e Enhegal chegaram a Lagash completamente diferentes. Tinham perdido peso – comida não era fácil de encontrar – e, ao dormirem num celeiro de um vilarejo, ficaram infestados de piolhos. A colônia de piolhos cresceu e para combatê-la rasparam a cabeça.

De qualquer maneira, a perda de peso e a triste figura acabou sendo uma bênção: ninguém seria capaz de reconhecê-los. Passaram pelos portões principais sem ser incomodados pelos guardas. Como reconhecer naqueles dois mendigos pessoas nobres de nascença?

Ambos foram para a antiga casa apenas para encontrá-la ocupado por Enetarzi, um dos guerreiros mais famosos de Lagash. Temendo ser reconhecidos, não entraram na casa. Esperaram um dos criados sair para investigar se um antigo servo ainda trabalhava lá. Quando uma servente se apressou pelos portões, Enki lhe perguntou por Ush. Ainda trabalhava na casa, de acordo com as informações da moça.

Ush fora um escravo elamita. Jamais aceitara seu cativeiro. Tentara fugir inúmeras vezes. Numa das tentativas, seu antigo dono deu ordens para cortar seu pé direito de forma a impedir futuras fugas. Ush quase morreu da ferida e o dono o vendeu para um preço baixo a Eannatum. Ele foi muito bem tratado pelo novo dono e se tornou parte da família. Ajudou Eannatum a criar Enki, mas, quando Eannatum fugiu para Anjira, não o levou; um homem manco não poderia cruzar meio mundo a pé.

À noite, Enki e Enhegal entraram furtivamente na propriedade e foram para o quarto de Ush. O velho assustou-se ao ver a bisonha figura dos dois, mas, depois de tê-los reconhecido, abraçou-os como se fossem seus próprios filhos. Durante algumas horas, Enki e Enhegal ouviram o relato do amigo sobre Lagash e a morte do ensil anterior.

– Mas você não me contou o motivo de sua viagem – disse Ush, após terminar sua narrativa.

– Achamos um lugar magnífico para viver e vou levá-lo numa carroça – respondeu Enki. – É uma promessa, mesmo se for a última ação da minha vida.

– Bem, esperemos não ser a última ação de nossas vidas. Posso estar velho, mas não estou disposto a morrer ainda.

– Você viverá no Meluhha e morrerá daqui cem anos – respondeu Enhegal.

– Está ótimo – interrompeu Enki – mas agora precisamos de sua ajuda.

Durante os minutos seguintes, Enki explicou a razão da viagem. Desejava levar de volta ao Meluhha um grande número de artesãos para construir uma cidade.

– A maioria deles trabalha para o templo – comentou Ush. – Deveria falar com seu avô Atabaste. Ele pode liberá-los.

– Acha seguro?

– Não, pensando melhor, é uma tolice. Embora saiba do amor dele por você, ele não pode falar com seus artesãos e mandá-los para deus sabe onde.

– Então?

– Só me resta fazê-lo. Conheço alguns artesãos ansiosos em sair de Lagash. Um deles quase enlouqueceu após a malta esfomeada matar e devorar a esposa e filhos.

– Que abominação!

– Sim, absolutamente terrível. Mas isso não é novidade; aconteceu quando ainda vivia aqui.

– Ouvi rumores, mas nunca soube ter sido tão brutal assim – respondeu Enki.

– Mas seu avô sabia disso e Atabaste também. Ele quase morreu quando a turba atacou o templo à procura de comida.

– Sejamos objetivos – expressou-se Enki, tentando voltar ao assunto principal. – Quando pode ir ao templo e conseguir bons artesãos?

– A discrição é fundamental. Meu mestre Enetarzi está sempre me chamando. Confia em mim porque sou aleijado. Assim sou o único a lhe servir cerveja, pois teme ser envenenado.

– Isso é um inconveniente, não é?

– Para ser honesto, era, mas agora será bastante interessante para nós.

– Como assim? – perguntou Enhegal.

– Esse homem e seus amigos vivem conspirando contra o novo ensil. Como sou eu a lhe servir de comida e bebida, fico na sala e escuto toda a tramoia.

– E há algo interessante? – perguntou Enki

– Não, por enquanto não. Estão sempre discutindo o mesmo assunto. Mas a paciência deles com o novo ensil está diminuindo rapidamente. Quem sabe se tal insídia não nos pode ser de alguma valia?

# 17

A maioria dos melhores artesãos trabalhava para o templo. Muito poucos bons artesãos tinham suas próprias lojas e estes eram principalmente joalheiros. Construtores, ferreiros, alguns joalheiros, tecelões e costureiras eram serventes mal-remunerados do templo. Muitos eram escravos obrigados a vender seu trabalho para saldar dívidas jamais liquidadas devido aos juros exorbitantes do templo.

Depois de algumas investigações, Ush descobriu um grupo grande de artesãos ansiosos por mudar de vida. Só não fugiam do templo porque não tinham para onde ir. Ao ouvirem as histórias de Ush sobre o Meluhha, muitos demonstraram interesse imediato em partir e levar a família. Alguns eram velhos e recusaram enfrentar uma aventura. Todavia os mais jovens não tinham dúvida: teriam uma vida melhor com Enki.

Embora Ush convencesse vários deles, quiseram conhecer Enki. Assim, à noite, ele foi para o setor dos artesãos e conversou com eles. Naturalmente, muitos tinham dúvidas e Enki respondeu a maioria delas. A figura alta e viril de Enki instilou confiança neles. Em poucos dias, Enki reunira gente suficiente para seu projeto.

Enki viera com algumas joias valiosas pertencentes a Eannatum e as vendeu em troca de carroças e bois para puxá-las, além de comida e armas. Estabelecera um ponto de encontro fora das muralhas e designara uma data de partida. O dia escolhido era especial; toda Lagash estaria ocupada com cerimônias em louvação ao deus Ningursu. A maioria dos guardas estaria no templo e os portões só teriam alguns cuja preocupação principal seria com invasores. Marcaram esse dia para a fuga.

# 18

Como Enki tinha algum tempo livre, achou por bem visitar sua mãe Enmenana. Havia partido sem se despedir e, embora se vissem raramente, precisava visitá-la. Ela vivia com o pai Atabaste em alojamentos anexos ao templo de Ningursu. Após se esgueirar pelos prédios do templo, encontrou-a repousando após o jantar. Como ela pensou se tratar de um criado, deu-lhe ordens para ir embora. Mas, ao se apresentar, ela o reconheceu. Levantou-se do leito e o abraçou carinhosamente.

– Oh, meu querido, por onde tem andado? Você está horrível. Onde está seu cabelo e barba?

Escolhendo bem as palavras, narrou suas aventuras, enquanto se sentavam e a mãe lhe oferecia um pouco de cerveja quente.

– Como pôde me deixar sem uma palavra? Eu o amo mesmo não o tendo criado. Você está errado. Desse modo, você não me deu a devida consideração.

– Não quis incomodá-la. Podia estar ocupada.

– Não estava ocupada; estava me divertindo.

– Entendo.

– Não, não entende. Todos me chamam de cadela por fazer amor com os homens. Eu não me preocupo com a opinião dos outros. Ninguém pode me julgar. Depois da morte de seu pai, quase enlouqueci. Nem você nem qualquer um poderia substituí-lo. Não gostava de você; lembrava-me demais do seu pai. Também não gosto de seu avô Eannatum; sempre me julgou severamente. Jogou você contra mim.

– Minha senhora não deveria dizer isso. Ele nunca abriu a boca para dizer uma palavra contra sua pessoa. Pelo contrário, sempre inventou desculpas para justificar sua ausência.

– Sim, eu sei, ele é um homem maravilhoso e eu sou uma megera, não é?

– Pare suas lamentações, Enmenana – disse uma voz atrás deles. Ambos se viraram para ver Atabaste entrar no quarto. – Menino danado, você realmente está diferente. Por onde esteve? – perguntou Atabaste, enquanto se aproximava de Enki. Ele se levantou e abraçou e beijou o avô. Levou uns minutos falando do Meluhha, mas não lhe disse as verdadeiras razões de ter vindo a Lagash.

– Vim comprar alguns bens para nosso povo.

– Você sempre foi um péssimo mentiroso – afirmou Atabaste, enquanto vertia um pouco de cerveja na taça. – Mas, se não pode me contar suas verdadeiras intenções, pelo menos cale-se, mas não invente historinhas. Você nunca foi bom nessas artes. Essa é uma qualidade não herdada de sua mãe.

– Como ousa? – comentou Enmenana, enquanto ria da brincadeira do pai.

– Continue bebendo e deixe-me conversar com meu neto – respondeu sorrindo para a filha e, virando-se para Enki, perguntou-lhe: – Você pretende construir uma cidade, deus sabe onde, não é mesmo?

Surpreso, Enki não respondeu. Não mencionara a construção da cidade. Por acaso um dos artesãos do templo lhe contara algo?

– Não cheguei a sumo sacerdote contando histórias divertidas. Conquistei meu lugar devido aos meus poderes e lhe digo: os deuses me revelam tudo.

– Tudo como?

– Você vai construir uma cidade e veio buscar trabalhadores – e, vendo a expressão de espanto de Enki, prosseguiu:

– Não se preocupe, meu menino. Além de ser do meu sangue, você é protegido dos deuses. Nunca iria contra meu sangue nem contra os desejos dos deuses. Mas tenho um conselho a lhe dar.

– Sou todo ouvidos, vovô.

– Pense bem na sua pátria. A Suméria tem muito a oferecer, mas só pegue o melhor. Mas não tente imitar a Suméria. Não deixe um homem governar os demais, pois se tornará um tirano. Você pode não se tornar um, mas alguém após você irá se tornar. Não construa templos enormes para os deuses e não deixe os bastardos preguiçosos de sua sociedade se tornarem sacerdotes. São bons para nada. Sei disso, pois sou um deles. E, acima de tudo, não ofereça sacrifícios humanos.

– Fico surpreso ao vê-lo me dar tais conselhos.

– Surpreso? Sou o sumo sacerdote, mas não concordo com tudo feito no templo. Mas um único homem não pode nada contra a tradição. Maldita tradição!

– É de seu conhecimento o fato de ter convidado alguns de seus artesãos a vir comigo?

– Está me fazendo um favor – respondeu humildemente, e como notou a surpresa de Enki, complementou: – São artistas maravilhosos, mas, ao se tornarem escravos do templo, passaram a fazer tudo de modo perfunctório. Como não ganham mais se produzirem mais, fazem apenas o suficiente para sobreviver. Você não faria o mesmo se estivesse no lugar deles? Eu faria!

Essas palavras fizeram Enki refletir. Não planejara como construiria a cidade. Provavelmente seria um amontoado de casas sem qualquer distribuição especial como era em Lagash. Não pensara em construir templos ou palácios, mas agora, sob o feitiço das palavras do avô, começou a imaginar como seria sua cidade. Havia de ser algo diferente e grandioso. Algo ímpar!

## 19

Dois dias antes da data de partida estabelecida por Enki, um artesão do templo chamado Luutu revelou a trama aos sacerdotes. Esperava ver suas dívidas perdoadas. O sacerdote reportou ao chefe da guarda. O ensil Namahani, ao ser informado, emitiu ordens para prender Enki. Luutu dera a localização de Enki, delatando estar acampado fora das muralhas; assim enviaram uma guarnição para prendê-lo. Quando chegaram, Enki não estava. Enhegal os viu chegando e seu coração disparou enquanto os guardas se aproximavam.

– Você é Enki?

A primeira reação foi de negar, mas, com um raciocínio rápido, concluiu terem sido delatados por alguém. Se dissesse quem era, ainda assim seria preso e Enki continuaria foragido. Mas se confirmasse ser quem procuravam, seu primo estaria a salvo e poderia libertá-lo.

– Sou eu.

– Venha conosco. Está preso – ordenou o chefe do esquadrão.

Sem opor resistência, os guardas amarraram suas mãos e levaram Enhegal à prisão de Namahani, ao lado da cozinha real.

Quando Enki ouviu falar da prisão do primo, foi conversar com Ush. O velho criado escutara Enetarzi tramar a morte do ensil na véspera da festa de Ningursu. Solicitara uma audiência e o ensil estabelecera um horário tarde de noite para recebê-lo.

– Há quatro homens dispostos a partir com você e poderão ajudá-lo. Todos os dias eles vão até o templo buscar grãos e levar as sacas até a cozinha do palácio do ensil. Você pode entrar com eles e esperar até Enetarzi matar o ensil. Nesse instante, haverá um tumulto enorme. Sem dúvida, isso atrairá os guardas aos aposentos reais. Nessa hora, tudo será mais fácil.

– Como ter certeza de uma algazarra?

– Enetarzi não sabe, mas o jovem ensil é muito cuidadoso. Os aposentos dos guardas ficam próximos aos do rei. Ele sem dúvida gritará por socorro e eles hão de acudi-lo. Nessa hora, é certo de haver uma luta infernal.

À noite, Enki e seus quatro camaradas foram ao templo, apanharam os sacos de trigo e dirigiram-se ao palácio do ensil. Como os guardas conheciam bem os carregadores de sacos de grãos, não tiveram dificuldades em entrar.

Enquanto isso, Enetarzi chegava aos portões do palácio, junto com os três amigos. Foram admitidos nos aposentos particulares de Namahani. Depois de cumprimentar o jovem ensil, Enetarzi atacou Namahani com uma faca escondida nas vestes e o apunhalou ao lhe dar o presente. Não era, todavia, do conhecimento de Enetarzi o plano de seus pretensos amigos. Tinham planejado matá-lo quando ele assassinasse o ensil. Seriam festejados como vingadores da morte do rei e assumiriam o poder na ausência de outros candidatos. Dessa forma, quando Enetarzi apunhalou o rei-sacerdote, ele também foi atacado.

Mas os eventos não saíram do modo planejado pelos traidores: enquanto o ensil estava sendo apunhalado, gritou pelos guardas. Eles entraram nos aposentos reais para protegê-lo. Viram o rei caído e os outros três apunhalando Enetarzi. Seguiu-se uma luta furiosa e os guardas mataram os traidores. Como Ush predissera, a gritaria alarmou o palácio e os demais guardas afluíram para os aposentos reais.

Quando os guardas da prisão acorreram aos aposentos do rei, Enki e seus amigos libertaram Enhegal e os demais presos. Tiraram proveito do tumulto instaurado no palácio e desapareceram na escuridão da noite.

No dia seguinte, a cidade amanheceu assustada. O ensil havia sido morto, os traidores também e a cidade estava acéfala. Como sumo sacerdote, Atabaste deu ordens a todos de ir à tarde ao templo de Ningursu quando um novo ensil seria apresentado. Nesse ínterim, reuniu os principais nobres e escolheram o novo chefe da cidade – um homem velho fácil de controlar. Quando todos foram ao templo, Enki, com quase quinhentas pessoas, a maioria deles artesãos e pedreiros e suas famílias, deixou a cidade sem ser molestado.

Após cruzarem o rio Tigre, um dos artesãos aproximou-se de Enki e lhe disse:

– Atabaste me incumbiu de lhe entregar esta joia.

Olhou para a mão do homem e viu uma pulseira dourada incrustada de pedras preciosas.

– Pediu para dizer o quanto o ama. Ele estará rezando por nossa boa fortuna.

Os olhos de Enki encheram-se de lágrimas.

– Também me disse para lembrá-lo do seu elo mágico com as águas. Use a água a seu favor e você será um deus, disse-me ele.

Sempre a mesma insinuação sobre as águas. Parecia uma ideia fixa de Atabaste, mas Enki não acreditava em deuses nem da terra, nem do céu e muito menos das águas. Afinal de contas, de acordo com as lendas de seu povo, esses mesmos deuses quase exterminaram a humanidade alguns séculos atrás quando submergiram o mundo.

Dessa vez a viagem de volta foi melhor. Enki conhecia o caminho e tinham bastante comida. O velho Ush veio com eles, montado numa carroça, e não parava de sorrir de felicidade. Como não pretendiam passar por Anjira, tomaram um atalho para o vale do Meluhha. Depois de ter estado fora durante quase seis meses, Enki chegou com seu grupo.

Os anjiras estavam a ponto de deixar o platô, pois a inundação estava prevista para poucos dias. Humma estava com uma barriga enorme e aguardava seu primeiro filho para qualquer momento. Todos demonstravam estar sumamente felizes, especialmente Humma, que parecia só estar esperando pelo marido para ter seu filho.

Eannatum estava contente como uma criança com a chegada dos dois netos e com a qualidade dos artesãos trazidos por Enki.

– Quando você falou sobre a magia de Nin-Kasi, não entendi bem. Mas agora compreendi. A maioria desses homens enfrentara a fome em Lagash, e para tal você usaria a magia de nossa deusa da abundância e da boca cheia. Sim, Nin-Kasi é uma representação maravilhosa da riqueza e da prosperidade. Essa é a maior atração do nosso vale: a possibilidade de enriquecer em paz.

Enki estava a ponto de responder quando Daksha chegou visivelmente irritado e os interrompeu.

– Você trouxe ainda mais gente para se unir a você.

– Eles me ajudarão a construir uma cidade – respondeu Enki, tentando dar-lhe seu melhor sorriso. – Deveríamos chamá-la de Daksha em sua homenagem.

– É uma ideia maravilhosa. É um nome forte – disse Eannatum sorrindo.

– De modo algum. Não quero ter uma cidade com meu nome – respondeu Daksha, já um pouco menos contrariado. – Prefiro o nome de meu pai: Marichi.

– Então é isso – exclamou Enki –, iremos chamá-la de Marichi.

Enki piscou o olho para Eannatum. O velho entendeu o motivo dessa gentileza. Enki não se preocupava com o nome, mas desejava ver Daksha mais como um amigo. O ancião não tinha nenhum amor pelo genro e o modo rude como era tratado em público teria feito Enki se aborrecer se não fosse calmo o suficiente para nunca discutir com ele.

Depois de pensar por um instante, Daksha proferiu majestosamente:

– Sim, será Marichi. Esta é minha decisão final.

# 20

Alguns dias depois, os anjiras partiram para sua aldeia no Baluquistão e Eannatum foi junto com eles. Ele quis ficar, mas Enki o convenceu a partir. O local de construção não era adequado para ele. Danistha, uma das irmãs de Humma decidiu ficar com ela, embora Kratu, seu marido fosse contra. Ele ia discutir com ela, porém a mulher tinha um temperamento intragável e ele decidiu não discutir. Permaneceu dócil aos seus desejos.

Um dia depois da partida de Daksha com a maioria dos sumérios, a fim de passar o verão em Anjira, Humma começou a sentir as primeiras dores do parto. Danistha despachou todo o mundo e ajudou a irmã. Algumas horas depois, ela veio com um bebê embrulhado em panos e mostrou-o a um tenso Enki. Era um menino, um forte e bem constituído macho. Enki em lágrimas segurou-o e o abraçou afetuosamente.

– Tire suas mãos sujas do bebê – grunhiu Danistha, arrancando o menino das mãos do pai. – Meu pai ordenou chamá-lo de Virabhadra, se fosse menino. Assim Virabhadra será o nome dele.

– Um pai deveria poder escolher o nome de seu primogênito – retrucou Enki, enquanto tentava estampar um sorriso no rosto contrariado.

– Não neste caso. Daksha já decidiu isto. Será Virabhadra – respondeu a mulher, enquanto lhe dava as costas e levava embora o bebê para ser nutrido pela mãe. Enki não só se sentia contrariado porque tinha pensado em outro nome, mas também porque Danistha o tratara desdenhosamente na frente de todo mundo.

De repente, gargalhou e, com uma voz tonitruante, rugiu:

– Então será Virabhadra.

Enhegal entendeu a reação do primo. Ele estava absolutamente furioso, mas com aquela explosão tinha posto uma pedra no assunto e estava pronto a se dedicar a assuntos mais prementes.

Depois de ter visitado e cuidado da esposa, Enki fez uma reunião com os construtores. Eram homens acostumados a construir casas e edifícios grandes, mas nenhum deles havia construído uma cidade a partir do nada. Desde a sua conversa com Atabaste, Enki imaginara como construiria sua cidade, agora chamada de Marichi (no futuro, seria chamada Amri).

– Devemos construir nossa cidade a partir de dois pontos principais. O primeiro é uma avenida central e, à direita, construiremos um edifício imponente onde guardaremos as colheitas. Também será propício para congregar as pessoas como ponto de encontro a fim de discutirem os problemas pessoais e os da cidade.

– Uma avenida, uma rua grande e larga como a praça de um templo? Mas é um desperdício de espaço – expressou um dos construtores sumérios.

– Espaço não é problema. Temos de sobra. A ideia não é reproduzir Lagash ou outra cidade da Suméria. Elas são um amontoado de casas. As pessoas mal conseguem andar pelas ruelas. Precisamos de ruas largas de forma a possibilitar o trânsito de gente e de carroças.

– Parece uma ideia boa, mas criará um corredor de vento e a sujeira entrará nas casas.

– Não, se construirmos as janelas na lateral das casas – respondeu Enki.

Mas nós não temos pedras suficientes para construir uma cidade aqui – proferiu Kratu, o marido da mal-humorada Danistha. – Deveríamos abandonar a ideia de construir a aldeia aqui.

– Nós não usaremos pedras para construir as casas, mas tijolos.

– Tijolos? – perguntou Kratu.

Todo o mundo riu de sua ignorância. 'Como era possível não conhecer tijolos', disseram. Kratu sentiu-se humilhado e Enki, o único a não rir dele, deu-lhe maiores explicações. Ele, contudo, não pareceu entender.

– Isso é muito fraco. Casas feitas de tijolo ruirão. Precisamos de pedras.

– Não se preocupe, Kratu. Temos construído edifícios enormes com tijolos por muitos séculos. Se for bem construído, durará por muito tempo.

– Nunca morarei numa casa feita de tijolos – respondeu Kratu, desdenhosamente.

Como Enki não quis esticar a discussão, mudou de assunto e começou a dividir seus homens em vários grupos.

– Quem sabe construir um forno de tijolos?

Imediatamente três homens se prontificaram; já haviam feito isso antes. Enki, então, os nomeou responsáveis pela produção de tijolos.

– Qual o tamanho dos tijolos? – perguntou um deles.

Olhando para o chão, com uma pequena vareta, Enki desenhou o tamanho apropriado. Então, perguntou quem faria uma forma de madeira. Um dos homens disse ser marceneiro. Afirmou ter feito várias armações de madeira. Sugeriu com suas mãos a medida de sete centímetros de espessura. O carpinteiro então mediu os desenhos traçados por Enki. Teriam cerca de vinte e quatro de comprimento por quatorze de largura por sete centímetros de espessura. Esse tamanho seria o formato do tijolo padrão ao longo dos séculos e todos, de norte ao sul, usariam tal medida.

– Kratu, você pode organizar seus anjiras para trazerem água e barro aos moldadores de tijolo?

Como os anjiras não tinham nenhum conhecimento específico, esse pesado fardo ficaria sendo a incumbência deles. Kratu concordou com a cabeça, mas pelo seu semblante Enki notou seu desapontamento.

– Essa é uma atividade muito importante, Kratu. Seus anjiras serão vitais na olaria. Se não mantiverem o ritmo de fornecimento de barro, nós não poderemos construir nossa cidade. Você poderá se incumbir dessa tarefa?

Kratu estufou o peito e respondeu positivamente.

– Precisamos de madeira para ser usado no forno e nos locais de construção. Quem irá coordenar tal tarefa? – perguntou Enki.

– Farei isso. Há uma floresta perto daqui e levarei alguns homens e cortaremos a madeira – disse Kharaman, um dos anjiras. Ele fora um dos primeiros aliados de Enki quando se mudara para o planalto.

– Certo, Kharaman cortará a madeira – disse Enki. – Precisamos de construtores. Quem tem experiência com tal tarefa?

Vários homens se prontificaram em construir as casas. Durante alguns minutos, discutiram o tipo de residência a ser construída. As casas deveriam ser aproximadamente as mesmas, com um pátio interno e algo completamente novo, algo sugerido por um dos sumérios.

– Sempre achei inoportuno defecar e urinar na frente das pessoas. Tais intimidades deveriam ser realizadas num lugar reservado. Gostaria de saber se podemos construir um quarto só para isso.

Alguns dos homens riram, mas Enki tinha o mesmo pensamento e interveio:

– Concordo. As atividades naturais devem ser feitas reservadamente.

– E como disporemos dos excrementos? Você vai levá-los na mão? – perguntou um dos sumérios, levando o assunto de forma jocosa.

– Deveríamos pensar num meio de a água lavá-los para fora – respondeu o primeiro homem seriamente.

– Para tal seria preciso ter um balde cheio de água e um modo de dispor dos excrementos – disse outro homem, enquanto levava o assunto mais seriamente.

– Seria bom construirmos uma caneleta de tijolo de forma para permitir os excrementos e a água suja escoar da casa. – afirmou Enki.

– Essa caneleta de água deveria levar os excrementos de volta ao rio – disse um outro.

– Isso é uma boa ideia – disse Enki. – Mas, se voltar ao rio, temos de pensar num modo de trazer a água às casas. Evitará o esforço de carregar baldes de água do rio. Alguém tem uma ideia de como poderíamos fazer isso?

– Em Shuruppak, vi usarem um tipo de bomba. É uma roda grande puxada por bois. Mergulham-se sacos no rio e, com o giro da roda, o saco retira a água do rio para, na volta, derramá-la num canal. A água flui então para a cidade. Poderíamos fazer algo parecido.

– Você seria capaz de construir tal dispositivo? – perguntou Enki.

– Bem – respondeu o homem, enquanto coçava a cabeça –, só vi isso uma única vez, mas provavelmente com os materiais certos e algumas tentativas, conseguirei fazê-lo.

– Faça seu melhor. Essa é sua tarefa – ordenou Enki.

– Não vamos construir um templo ou um palácio para você? – perguntou outro homem.

– Absolutamente não. Vou morar numa casa comum, assim como todo mundo. Quanto ao templo, você estaria disposto a gastar grande parte de seu tempo para construir um etemenanki?

– Deus me perdoe. Odeio templos, sacerdotes e sacrifícios sangrentos.

Todos começaram a falar ruidosamente e os sumérios concordaram: não haveria templos. Esses homens fugiram do templo e odiavam os sacerdotes. Não viam nenhum propósito em construir algo majestoso para nada. 'Os deuses não necessitam de uma casa enorme, pois vivem no céu', disse um deles. Pelo lado dos anjiras, nunca tiveram qualquer tipo de local de adoração. Seus deuses eram louvados em plena natureza.

– Está decidido. Não teremos nenhum templo. Os deuses serão louvados em nossos corações.

– De qualquer maneira, ainda temos de planejar como será o edifício grande – disse um dos homens.

– Bem lembrado – disse Enki alegremente. – Pensei muito a respeito disso. Minha ideia é substituir algumas das funções do templo, tais como depósito para as sementes, um lugar de reunião para discutir assuntos importantes e poderia ser também um local onde os jovens se encontrassem.

– Isso me deu uma ideia. Poderíamos construir uma piscina – disse um dos sumérios.

Como ninguém tinha visto tal construção, o homem passou alguns minutos explicando a função da piscina. No palácio do ensil de Uruck, havia uma piscina e os nobres eram convidados pelo rei a nadar e festejar em volta dela. Era uma honra ser convidado, e esse homem teve a chance de construir tal piscina, antes de ter sido capturado pelas tropas de Lagash. Ao terminar sua explicação, a ideia tomou forma na mente de todos e, em vez de uma piscina pequena como o ensil tinha, propuseram um lugar amplo onde as crianças e os jovens pudessem se divertir.

Por mais de uma hora conversaram sobre isso. Planejaram como levar a água do rio e como trocá-la de vez em quando, pois ficaria suja após certo tempo. A ideia era revolucionária para aqueles tempos. Marichi teria uma piscina comunal, como também as futuras cidades do vale também construiriam a sua própria, copiando Marichi.

Era quase meio-dia e todos estavam famintos. Sem dizer uma palavra, Enki levantou-se e com um gesto convidou todos a segui-lo. Caminhou para um lugar cheio de plantas. Testou a direção de vento com o dedo molhado de saliva e, então, com uma vara, desenhou uma linha reta no chão. Caminhou por mais de setecentos metros, enquanto arranhava o chão com a vara. Parou e então, deu uma guinada de noventa graus. Caminhou por aproximadamente cinquenta metros na nova direção. Parou e voltou todo o caminho, sempre riscando uma linha reta no chão. Ao alcançar o ponto de partida, olhou para trás e abriu os braços, apontando-os para onde riscara o chão e então disse:

– Esta será nossa avenida central.

# 21

Uma atividade febril tomou conta de todos. Homens e mulheres trabalhavam incessantemente. Por várias vezes, Enki trabalhou em lugares diferentes. Recolheu barro do rio junto com Kratu e depois se apressou em ajudar Kharaman a cortar madeira e transportá-la nas carroças. Era um tempo duro, mas Enki parecia estar se divertindo. Sempre ao chegar ao local do trabalho, animava as pessoas e, como tinha uma bela voz de barítono, cantava enquanto trabalhava. As pessoas cantavam com ele e as atividades pegavam o ritmo da música e as obras se desenvolviam a contento.

Os anjiras estavam acostumados a trabalhar juntos, porém eram lentos. As atividades precisavam ser detalhadas várias vezes antes de a entenderem e executarem. Mesmo sendo pessoas simples, faziam seu trabalho com entusiasmo. Por outro lado, os sumérios trabalhavam melhor e mais rapidamente, mas era comum vê-los se queixar um pouco de tudo. O calor, os mosquitos e o trabalho duro eram motivos para blasfemar contra o destino e os deuses. Com eles, Enki usou seu bom humor e, ao flagrar alguém reclamando, ele ria e aventava possibilidade do queixoso retornar a Lagash. Imediatamente, a pessoa parava de se lamuriar. Em Lagash, fora escravo e, em Marichi, era um homem livre.

O forno de tijolos foi construído e começou a produzir tijolos a um passo rápido. O chão onde passaria a avenida central fora limpo e todas as ervas daninhas arrancadas. Sempre seguindo as instruções de Enki, os operários começaram primeiro a construir as casas. Pelos cálculos de Enki, a aldeia iria abrigar cerca de três mil pessoas, exigindo, portanto, cerca de setecentas casas. Assim, a atividade principal foi de construir casas para que, quando os anjiras voltassem, tivessem lugar para morar.

Um dos principais problemas enfrentados por Enki era o fato de os recém-chegados não falarem o brahui. Ele ensinou a língua o mais rápido possível. Houve alguns erros devido à falta adequada de comunicação entre sumérios e anjiras, mas disso nada mais sério adveio.

Alguns contratempos atrasaram a construção do grande edifício planejado para ser um lugar de reunião e depósito. Quando começaram a edificá-lo, alguém propôs construir o prédio num lugar mais elevado, pois assim os ratos não teriam acesso. Para tal, construíram uma plataforma de madeira sobre postes e colocaram formas parecidas com xícaras invertidas em cada poste para impedir os ratos de escalarem. A madeira foi cortada e os marceneiros tiveram uma trabalheira insana para armarem a plataforma elevada. A construção do prédio central consumiu oito meses, mesmo com a ajuda de mulheres e crianças.

Levaram quase cinco meses para construir todas as casas e, quando os anjiras chegaram, Marichi estava quase pronta. A rua principal fora pavimentada com tijolos e ver aqueles tijolos avermelhados brilhando ao sol era uma visão fascinante para pessoas desacostumadas com cidades planejadas. As exclamações de admiração foram a coroação do esforço de Enki. Em questão de horas, escolheram suas casas e se acomodaram nas novas residências.

Portas e janelas chamaram a atenção dos anjiras. Em sua aldeia natal, as casas tinham apenas uma passagem fechada com peles de carneiro. Nunca tinham visto uma porta de madeira nem uma janela. Os anjiras receberam informações sobre como usá-las. O banheiro era uma novidade. Muitos se recusaram a usá-lo. Preferiam ir ao bosque vizinho para fazer suas necessidades, como haviam feito durante anos. Já os mais jovens se adaptaram rapidamente e acharam bem-vindas as novidades.

Quando Eannatum chegou e foi cumprimentado pelos netos, foi logo conduzido à sua nova residência. Era uma casa comum, construída a partir do padrão determinado por Enki. Eannatum visitou a casa e Enki notou seu olhar sério.

– Onde você vai morar? – perguntou Eannatum.

– Ao lado. Somos vizinhos.

– Posso vê-la?

Enki o levou até a casa vizinha e, mesmo antes de entrar na casa, Eannatum parou e olhou para ele.

– Não posso entender a razão de não ter construído um palácio para nós. Desta forma iremos viver igual aos demais. Onde está o grande templo, o etemenanki dos deuses?

– Não haverá templos, nem palácios, nem zigurates – respondeu Enki, possuído por um fervor incomum. – Isto não será um arremedo de Lagash ou Uruck. Não adoraremos deuses sanguinários. Aqui é Meluhha, a terra da abundância, do trigo e do mel, uma terra de justiça. Todos os homens serão tratados igualmente e trabalharão juntos para obterem resultados melhores. Construirei um reino sem reis. Será uma terra de iguais.

# 22

Construir uma aldeia foi a mais fácil das empreitadas, em vista da maior tarefa a ser realizada: transformar dois povos diferentes numa única sociedade. Alguns dias depois da chegada dos anjiras, Enki solicitou uma reunião com os homens casados. Ao solicitar isso, evitaria a presença de adolescentes. Temia causar embaraços, não com ele, mas com os anciões anjiras; eles só admitiam homens mais velhos no conselho. Poucas exceções foram permitidas e, entre elas, Enhegal foi uma. Enki precisava de todo o apoio, pois imaginava enfrentar resistências às suas ideias.

No início da manhã, reuniu os homens – uns quatrocentos – e começou a expor suas ideias:

– Nossa aldeia precisa não só de pessoas à procura de paz. É fundamental termos leis.

– Seguiremos as leis de nossos antepassados – interrompeu Daksha.

– Concordo – respondeu Enki –, mas há atividades novas a exigir normas. Por exemplo, começaremos a plantar e a colheita será guardada em nosso depósito central. Cada pessoa poderá retirar até o limite de sua colheita pessoal. Se quiser mais, deverá pagar pelo excedente.

– Pagar? Qual o significado dessa palavra? – perguntou um dos anciões anjiras.

– Ao trabalhar para a comunidade ou para alguém, a pessoa receberá um selo em troca por esse serviço. Tal selo terá um valor e com esse valor e outros ajuntados, poderá trocá-los por uma mercadoria ou serviço.

– E quem dirá quanto vale um trabalho? – perguntou outro anjira.

– Isso é algo a ser negociado entre o necessitado do serviço ou da mercadoria e o provedor da satisfação dessa necessidade. Para se estabelecer um valor, ou seja, um preço, será preciso se alcançar um acordo mútuo.

– E se não concordarem? – perguntou Daksha.

– A transação não será feita.

– Isso é algo muito complicado – retrucou Daksha. – O sistema dos nossos antepassados é melhor: todos têm direito a tudo produzido pela aldeia.

– Isso é perfeito quando a aldeia é pobre como a sua – interveio um dos sumérios. – Mas, quando fica mais rica, não é justo, porque alguns não farão nada e seus olhos se encherão de cobiça sobre o fruto do trabalho dos demais.

– Isso pode acontecer com vocês, mas não conosco – respondeu um dos anciões anjiras. – Somos um povo laborioso.

– Pode não acontecer agora, porque têm pouco a compartilhar. Mas, quando uma pessoa fica rica e a outra é pobre, esse há de querer as posses do rico, e isso não é justo.

– Injusto é existirem pobres – respondeu Daksha.

– Essa é a vida – respondeu o sumério. – Enriquece quem provê a satisfação dos demais. Já, se não tiver nada a oferecer, continua-se pobre. É simples.

– Esse não é um sistema justo – vociferou Daksha. – Os anjiras não aceitarão um negócio dessa natureza.

Daquele momento em diante, o alvoroço tomou conta da reunião. Enki tomou tempo para apaziguá-los. Quando finalmente se acalmaram, Enki retomou a palavra.

– Tentemos conversar como amigos. Haveremos de achar uma solução conciliatória. Proporcionaremos a todos os meios para viver bem. Os sumérios ensinarão aos anjiras as técnicas de plantação, assim como as demais técnicas conhecidas. Pelo seu lado, os anjiras hão de nos ajudar e serão remunerados por isso. Se houver boa-vontade, nossos problemas serão resolvidos. Precisamos testar esse sistema.

– E se não funcionar? – perguntou Daksha.

– Faremos funcionar, meu pai. Proponho estabelecer dois conselhos. Um dos anciões, que solucionarão todos os assuntos relativos às leis, sob as ordens de Daksha, chefe dos anjiras, e um conselho executor.

– Enki deve ser o chefe do conselho executor. Ele cumprirá as determinações do conselho dos anciões – interveio Enhegal. A maioria dos homens concordou e Enki levantou os braços para acalmá-los.

– Terei a honra de ser o chefe-executor, todavia devemos escolher seis homens, três anjiras e três sumérios para me ajudarem na tarefa.

Concordaram e escolheram Enhegal e dois sumérios. Pelo lado dos anjiras, Kratu, Kharaman e outro anjira foram eleitos para trabalhar junto com Enki.

– Tentaremos seu sistema, mas há de nos conduzir à confusão – disse Daksha. – Por exemplo, falamos muito sobre o tal selo, mas alguém já viu um?

– Foi bom ter mencionado o assunto, meu pai. Permita mostrar-lhe um. Assim falando, tirou de uma bolsa um selo feito de uma pedra chamada esteatita, bastante comum nas montanhas Suleiman. Entregou-a a Daksha. O ancião a examinou com um ar de desdém.

– Ao trazer dez sacos de grão ao nosso depósito, a pessoa receberá um selo igual a esse. Como pode ver, tem um desenho e um símbolo. Esses traços nos dizem quantos sacos vale. Poderá trocar esse selo com outras pessoas de forma a permutar por outras mercadorias.

– Diabo de sistema complicado – amaldiçoou Daksha. – Não vai funcionar nunca.

# 23

Quando os sumérios ensinaram seus métodos de plantação, os anjiras, especialmente os mais jovens, aprenderam depressa. Certa manhã, uma das mulheres sumérias estava limpando certa porção de terra, quando viu várias flores brancas. Era uma lástima destruir flores tão bonitas, assim ela as apanhou e as levou para casa. Pôs a braçada de flores num jarro e foi para a cozinha providenciar comida para a família. No próximo dia, as flores secaram e a brisa espalhou os tufos pela casa. Quando notou, começou a recolhê-los. Olhou-os atentamente e chamou o marido.

– Olha como esses tufos brancos lembram o linho. Poderíamos tecêlos e fazer um belo tecido. Não acha?

– Você é a especialista. Tenta. Nenhum mal pode advir disso – respondeu o marido. Ela trabalhara durante anos com o pai dela, fabricando tecidos de linho.

– Vou tentar.

Ela voltou aos campos e recolheu quantas flores pôde e retornou à casa. Deixou-as secar na sombra, longe do vento, para não espalhá-las. No próximo dia, estavam secas e ela começou a torcê-las em fios com as mãos. Depois de certo tempo, conseguiu suficientes linhas para tecer um tecido. Para a segunda fase da operação, precisava de uma roca para afinar as linhas, além de um tear para fazer o tecido.

Quando começou a separar as sementes dos tufos, ela apertou com os dedos algumas delas e notou uma substância oleosa. Cheirou-a e depois prensou quantas pôde, e produziu um pouco de óleo. Colocou o óleo numa panela e o fritou. Como não fazia quase fumaça, sentiu-se satisfeita. Chamou o marido. Pediu pelo tipo de máquinas para afinar a linha e tecer.

No final da tarde, o marido conversou com Enhegal. O jovem não compreendeu a princípio, todavia, mais tarde, comentou o assunto com Enki, que imediatamente entendeu o uso e disparou à casa da mulher. Ela ficou feliz em lhe mostrar os resultados de seu trabalho.

– Você conseguiu algo de grande importância, minha cara – disse Enki, após ver e sentir nas mãos o pedaço de tecido.

– Sei disso, Enki – respondeu a mulher. – Podemos fazer tecidos disso e óleo de cozinha também.

– Óleo de cozinha? Daquela flor?

– Sim. Eu amassei as sementes e extraí óleo delas. Cozinhei um pouco e o resultado é excelente. Tem um gosto bom e não faz muita fumaça como o óleo de sésamo.

– Você me deu uma ideia – disse Enki.

E antes de Enhegal aturdi-lo com suas intermináveis perguntas, complementou:

– Enhegal, vamos escolher uma porção grande de terra e plantar essa flor. Temos de providenciar várias rocas e quantos teares pudermos produzir. Também precisaremos de algumas prensas para produzir óleo e barris de madeira para estocar o óleo. – E, olhando para o marido, disse-lhe: – Você e sua esposa ensinarão às outras mulheres como fazer tecidos e óleo de cozinha. Preciso de uma grande produção.

– Para quê, Enki? – perguntou Enhegal.

E com um ar de mistério, respondeu: – Eu lhe direi no devido tempo.

– Como chamaremos essa flor? – perguntou o marido.

– Os anjiras chamam de panhi. É um nome melodioso – respondeu a esposa.

– Panhi será – declarou Enki, feliz como uma criança. Haviam descoberto o uso do algodão.

# 24

Um dia, quando as pessoas trabalhavam nos campos e Enki os ajudava, apareceu um elefante. Ele adentrou o campo urrando e jogando a tromba de um lado para outro. As pessoas fugiram espavoridas. Porém, Enki calmamente enfrentou o animal. Ele queria a colheita e Enki não estava disposto a lhe dar três meses de trabalho duro. O animal aproximou-se e Enki levantou sua destra.

– Meu irmão, não entre neste campo. Nós trabalhamos por meses e dependemos da colheita. Se deseja comida, venha comigo e eu lhe darei palha.

Calmamente e com um ar soberano, o animal ouviu as palavras do homem e o cheirou. Por alguma razão desconhecida, sentia em Enki alguém inofensivo. Nunca vira um homem antes, mas estava acostumado com macacos e eles eventualmente caminhavam sobre duas pernas. O elefante não tinha medo de macacos, assim levantou sua trompa. Enki aproximou-se do animal e acariciou sua cabeça, enquanto falava gentilmente com ele. Quando viu o animal mais tranquilo, disse-lhe:

– Venha, meu amigo. Siga-me e lhe darei comida e água. Você será um príncipe em minha casa e eu serei um rei entre sua espécie.

Ele caminhou lentamente para Marichi e o elefante o seguiu. Marcharam juntos por quase uma hora e, ao chegarem perto da aldeia, as pessoas saíam das casas para observar o inusitado evento. Homem e animal entraram na cidade e Enki o conduziu ao depósito onde uma quantia apreciável de casca de grãos estava disponível. Ele deu a casca ao animal. Ele a cheirou e, depois, usando o trompa para apanhá-la, comeu. Todos ficaram maravilhados, pois nunca tinham visto um elefante de tão perto. Então Enki teve uma ideia e decidiu colocá-la à prova.

– Meu amigo, terá de me ajudar a erguer este tronco para ganhar mais comida – e apontou para uma árvore caída. – Erga-a para mim. Deve ser fácil para você.

O animal olhou para ele e para o tronco caído e, após alguns instantes de hesitação, dirigiu-se até o local, enrolou a trompa ao redor do tronco e o ergueu facilmente. Não parecia ser tão pesado quanto realmente era. Enki lhe mostrou onde levar o tronco e o animal docilmente carregou-o e, quando chegou ao local, Enki lhe disse para depositá-lo.

Nada poderia ter surpreendido mais as pessoas. Só um deus podia comandar animais. Irromperam numa algazarra de alegria, assustando o animal. Enki o acalmou com carícias na cabeçorra, enquanto o elefante levantava a trompa no ar e rugia imponente.

A partir daquele momento, todos os dias, o animal vinha comer e Enki o usava para levar pesos e puxar carroças cheias de madeira. Pareciam bons amigos. Enki falava com ele como a um homem. Por seu lado, o doce animal olhava para Enki com um olhar de doçura, parecendo entendê-lo.

Os anjiras tinham um festival primaveral de fertilidade onde os jovens montavam os touros Brahma. Montar tal animal feroz era uma demonstração de coragem e muitas moças em idade de casar escolhiam seus maridos devido ao destemor em montar os touros. Era, não obstante, um esporte muito perigoso. Além do touro corcovear, impedindo de se ficar montado, o animal costumava se virar contra o cavaleiro e chifrá-lo. Os longos chifres frequentemente matavam ou incapacitavam bons rapazes.

Os anjiras montaram um curral onde os homens entravam e, enquanto um ou dois desviavam a atenção do animal, outro tentava montá-lo. Ficar montado por alguns momentos já era motivo de júbilo. Nesse instante, saltavam das costas do touro e corriam para se protegerem das chifradas. Enki e alguns dos sumérios assistiam a tal esporte e as moças aplaudiam alegremente os homens.

Um dos touros mais temidos era Nandi (alegria). Era impecavelmente branco; 1300 quilos de pura ferocidade capaz de devastar qualquer um no seu caminho. Quando conseguiram trazê-lo do pasto, um dos anjiras gritou para Enki montar o animal. Ele não tinha intenção de arriscar sua vida num esporte tão perigoso e recusou com um sorriso, mas os demais anjiras começaram a estimulá-lo a montar o touro. Uma recusa permitiria chamá-lo de covarde. Se fosse confirmado como poltrão, ninguém o seguiria. Enki sabia disso também e não teve outra escolha a enfrentar o monstro.

Saltou da cerca e encaminhou-se ao animal. O touro estava correndo furioso pelo curral que todos haviam deixado só para ele. Ele reinava magnífico naquele lugar. Enki aproximou-se e o animal parou de correr. Bufando, olhou para ele. Começou cavando o chão com a pata dianteira e abaixou a cabeça, soprando fortemente o ar pelas narinas. Com o coração a bater desenfreado, Enki foi se aproximando. Parecia estar falando com o animal como se falasse com um amigo:

– Fique tranquilo, velho amigo, não quero feri-lo.

O animal parecia entender e não o atacou. Fez-se um silêncio entre os assistentes, enquanto aguardavam o que estava para acontecer. Enki se aproximou e, subitamente, entrou numa espécie de transe; tudo lhe parecia distante e, como se estivesse caminhando num sonho, aproximou-se de Nandi. Chegara perto do gigante branco. De repente, o animal parou de soprar e cavar o chão. Então Enki esticou seu braço direito e acariciou a cabeçorra de Nandi. O animal estava estranhamente tranquilo e Enki moveu-se para ficar ao seu lado. Era muito alto e, para montá-lo, Enki teria de segurar nos chifres e usá-los como apoio. Ainda como se estivesse num sonho, segurou o chifre do animal e, com um forte impulso, montou na besta. Nandi não reagiu. Ficou estático como se fosse uma estátua. Então, quando Enki estava firmemente montado no animal, ele sussurrou em seu ouvido:

– Caminhe, velho amigo, caminhe.

Nandi passeou ao longo do curral enqu,anto as pessoas estavam pasmas. Enki já ganhara a confiança como um deus, pois domesticara o elefante, mas ninguém obtivera êxito com Nandi.

Uma das moças começou a gritar "Nandi, Nandi". E, como se fossem manobrados por fios invisíveis, todos começaram a gritar "Nandi, Nandi". Não estavam gritando para o imponente touro, mas para ele. Naquele momento, os gritos o despertaram de seu estupor.

Daquele dia em diante, Enki passou a ser chamado de Nandi. Ganhara a antonomásia devido a sua tranquila coragem. Tornara-se Nandi, a alegria pura, a alegria dominando a violência.

## 25

Era comum as pessoas trabalharem os campos pela manhã; a tarde era por demais quente. Logo no início da estada em Marichi, viram animais de grande porte se aproximando. Amedrontados, muitos abandonaram os campos e procuraram refúgio na cidade. Nandi armou alguns homens para proteger os campos, mas, quando alguns tigres passearam em Marichi, à noite, as pessoas reclamaram apavoradas. Precisavam de uma muralha ao redor da cidade. Após discutir o assunto com os conselhos, Enki começou a cercar a cidade com um alto muro feito de tijolos.

Um dia, enquanto almoçava em casa, Enhegal entrou como um tufão, como era seu hábito.

– Um homem foi morto por um urso.

Nandi parou de comer e saiu com Enhegal. Apressaram-se até o campo onde o homem fora encontrado dilacerado.

– Estava trabalhando sozinho? Onde estavam os vigias?

– Ninguém sabe ao certo, Nandi. Mas é preciso agir. Não podemos deixar os animais nos atacarem.

– Não exagere, Enhegal. Esta é a primeira vítima fatal.

– Entendo sua preocupação pelos animais, mas, se não os enxotarmos, nossa gente se recusará a trabalhar.

Nandi acenou com a cabeça tristemente. Sua primeira obrigação era para com seu povo. Naquele momento, alguns dos homens aproximaram-se.

– Vamos montar grupos de caça e matar os mais perigosos – declarou Kratu.

– Infelizmente teremos de caçá-los – respondeu Nandi. – Mas há algo a fazer antes – e, quando todos o olhavam, complementou: – Enxotar os bandos de gazelas para longe, pois assim os predadores os seguirão. Não precisaremos matar os animais selvagens inutilmente.

Os homens concordaram e, nos dias seguintes, sob a liderança de Kratu e Enhegal, vários grupos de caça foram montados. Os resultados foram logo sentidos, mas a matança dos animais foi muito além do esperado. Kratu e seus homens não expulsaram as gazelas. Simplesmente as mataram e levaram a carne e a pele a Marichi. Como apenas haviam retirado a carne e a pele, deixando a carcaça no campo, outros carnívoros foram atraídos para os locais de caça. Quando Nandi soube do fato, foi conversar com Kratu.

– Tínhamos concordado em enxotar os herbívoros e não matá-los. Assim atraímos animais ainda mais ferozes.

– Nós os mataremos também – respondeu Kratu arrogantemente.

– Essa não é a solução, Kratu. Nós não podemos passar nosso tempo matando animais. Temos centenas de outras atividades a realizar.

– Bem, você faz tudo do seu modo e deixe os animais comigo.

Nandi tomou um longo hausto. Precisava de homens para construir a muralha e também para cortar madeira, fabricar barris e envasar o óleo de algodão nos recipientes. Também necessitava de gente para fabricar carroças e para puxar os bois. Não podia dispor de homens apenas para caçadas. Era um desperdício de tempo e recursos. Mas como podia explicar isso ao teimoso e arrogante Kratu? Como lhe dizer para cessar de matar animais só pelo prazer de fazê-lo? Então viu Kharaman de pé, escutando a discussão.

– Vamos decidir este assunto agora. Você e mais cinco caçarão os animais perigosos, enquanto os demais trabalharão sob as ordens de Kharaman e Enhegal para construir a muralha, as carroças e os barris. Concorda?

– É impossível. É uma tarefa para centenas de homens – respondeu Kratu indignado.

– Eu não penso assim – e como viu Kharaman ansioso em conduzir os homens para algo mais produtivo, virou-se para ele e perguntou: – Você não concorda, Kharaman?

– Sim, mestre Nandi. Nós não podemos perder mais tempo e esforço em matanças inúteis. A muralha precisa ser construída. Ela nos trará segurança contra os animais e os dhanavas.

– Dhanavas? – perguntou Enhegal.

– Sim, é como chamamos os moradores de Mehrghar e das aldeias vizinhas.

– Mehrghar é muito longe. Os dhanavas poderão vir até aqui e nos ameaçar?

– Nunca se sabe. De qualquer maneira, é melhor sermos precavidos – respondeu Kharaman.

– Nunca pensei em tal possibilidade, mas Kharaman tem razão. Não sabemos quais as intenções dos dhanavas. Prevenir é melhor que remediar.

Com o apoio de Kharaman, Nandi conseguiu levar de volta a maioria dos homens ao trabalho. Tinha pouco tempo para realizar muito; a inundação estava prestes a chegar.

## 26

Alguns meses depois, quando as colheitas deram frutos, os sumérios ficaram surpresos com a abundância. Pelo fato de a terra ser mais fértil, eles puderam obter melhores resultados. Já na Suméria, o solo era mais seco. Porém, o sistema de selos não era bem compreendido pelos anjiras mais velhos. Uma pessoa quis vender seus bens por um preço muito alto e o comprador, em vez de procurar por um preço mais barato em outro lugar, tentou levar a mercadoria à força. Nandi interveio para explicar como deviam se proceder as trocas. Todavia, aos poucos, foram se acostumando ao novo sistema e, após alguns anos, os selos tornaram-se um sucesso e ninguém queria voltar ao sistema anterior de trocas.

A plantação de algodão produziu milhares de toneladas. Nandi desenvolvera uma prensa cuja produtividade era bem superior à prensa trazida da Suméria. O excedente de óleo de algodão gerou boas ideias em Nandi. A descobridora do algodão mostrou às demais como trabalhar com a roca e como produzir tecidos no tear. Em alguns meses, o excedente de tecidos abarrotava o depósito central. Um dos sumérios, tingidor de tecidos, fez experiências com tintas vegetais em tecidos de algodão cru. Algumas das mulheres aprenderam as técnicas de pintura e fizeram belíssimos desenhos nos tecidos.

Um dia, logo antes da inundação, Nandi viu um grupo de anjiras se preparando para partir. Resolveu conversar com Daksha em sua casa.

– Está partindo, meu pai?

– Está na hora de voltar a Anjira.

– Você não está feliz aqui?

– Felicidade não tem nada a ver com isso. Nós temos uma tradição e devemos segui-la. Passamos o inverno em Marichi e agora passaremos o verão em Anjira.

– Pensei tê-lo convencido a ficar em Marichi. Precisamos de sua liderança. Os anjiras o amam.

– Pensa me enganar com suas palavras? Ninguém vai me convencer a mudar meus modos? Eu não gosto de você. Casou-se com minha filha é porque ela está apaixonada por você, mas tenho razão: você só pensa em você e seus planos. Você a deixou sozinha quando estava grávida para correr atrás de seus sonhos. É inconcebível um homem deixar a esposa sozinha quando ela está grávida.

– Ela não estava só. Ficou com a irmã.

– Dá no mesmo. Você não estava ao seu lado.

– Ela nunca reclamou – retrucou humildemente.

– Humma nunca reclama. É uma mulher de fibra.

Daksha lhe deu as costas. Vendo-o partir, Nandi perguntou-se qual o caminho para obter sua amizade. Sempre sorria quando o sogro esbrevejava para ele, mas não estava dando resultado; Daksha vociferava cada vez mais alto. Quem sabe se não devesse ser direto e ser honesto com ele? Provavelmente essa não era uma atitude prudente: ele não iria tolerar ser chamado de velha mula teimosa. O sogro iria pegar em armas, e ele não tinha intenção de feri-lo.

Na manhã seguinte, metade dos anjiras partiram com Daksha, mas, desta vez, Eannatum ficou em Marichi. A maioria dos que partiam eram pessoas mais velhas. Para os jovens, os novos tempos chegaram e o progresso era considerado bom. Não havia nenhum modo de convencer Daksha de suas boas intenções. Com a partida dele, após essa discussão, todas as pontes da compreensão foram queimadas.

## 27

Quando a inundação chegou, todos permaneceram no planalto. As águas cobriram as terras baixas e, naquele ano, viera um pouco mais forte. As pessoas se dedicaram então à produção de algodão. Nandi os obrigava a trabalhar duro e os anjiras não estavam acostumados a tal esforço. Reclamaram amargamente. Porém, Nandi era o primeiro a trabalhar e o último a ir para casa, sem nunca se queixar do esforço.

Certa noite, quando retornou tarde, sua esposa estava esperando por ele. Chegou suado e dirigiu-se ao quarto reservado à limpeza pessoal. A água foi posta num balde e, após ficar nu e se molhar, esfregou o corpo com plantas oleosas. Depois de limpo, despejou a água sobre a cabeça. Humma o ajudou e, enquanto tomava banho, ela lhe falou sobre uma tragédia da qual desconhecia.

– Um dos meninos estava brincando na ribeira e a correnteza do rio o carregou.

– Meu Deus! Alguém conseguiu salvá-lo?

– Não, infelizmente, não havia nenhum adulto por perto e as outras crianças tiveram medo de entrar na água. De qualquer maneira, até mesmo se um excelente nadador estivesse lá, não poderia fazer muito. A correnteza submergiu o menino muito depressa. Quando o corpo ressurgiu, estava muito longe. Ninguém poderia salvá-lo.

– É preciso avisar aos meninos para não brincarem perto da ribeira nesta época do ano.

– Tenho pensado em algo diferente – e, ao ver o marido prestando atenção, prosseguiu: – Deveríamos reunir todos os meninos, especialmente pela manhã, quando brincam, e lhes ensinar atividades úteis.

– Tais como...?

– Veja bem, nossa gente é uma mistura de sumérios e de anjiras. Cada um recebe dos pais a tradição de seu povo. Muitos deles sequer falam nosso idioma e seus pais não encorajam o aprendizado. Se crescerem desse modo, teremos dois tipos diferentes de pessoas vivendo junto.

– Não sabia disso. Para mim, todos os sumérios falavam brahui.

– É melhor chamar essa língua de outro nome. Tantas novas palavras foram introduzidas a ponto de os anjiras terem dificuldade de entender o novo idioma. Muitos sumérios se recusam a falar nosso idioma e ainda ensinam aos filhos a língua de seus antepassados.

– Terei uma conversa com eles.

– Não, esse não é o assunto principal. Podemos obter melhores resultados se nós ensinarmos as crianças. É um modo de mesclar ambas as raças.

Como tinha terminado de tomar banho, secou o corpo com uma toalha e depois vestiu um saiote limpo de algodão. Enquanto se secava e se vestia, Humma discursava sobre sua ideia de uma sala de aula.

– Poderíamos juntá-los todas as manhãs e eu poderia lhes ensinar nosso idioma. Depois disso, um homem, talvez você ou outra pessoa, ensinaria os meninos a caçar e lutar, enquanto outra mulher ensinaria as meninas como cozinhar e coser, e todas as atividades domésticas. Qual é a sua opinião?

– Tínhamos algo parecido em Lagash, mas era só para os filhos dos nobres. Diariamente íamos ao templo e os sacerdotes nos ensinavam a ler e a escrever, além de algumas noções de números e assuntos correlatos. Sua ideia é muito melhor, pois vai ensinar a todos. Também deveríamos ensinar nosso método de ler, escrever, e contar.

– Isso seria um aprimoramento, mas deveríamos começar imediatamente. Ao retirar as crianças das ruas, evitaremos mais acidentes.

– Use sua persuasão e as mulheres a ajudarão. Falarei amanhã com os pais e explicarei sua ideia.

– E se alguém recusar?

– Nós não podemos obrigá-los a nos obedecer. Temos de convencê-los. Se não aceitarem nossas ideias, é porque uma das duas opções aconteceu: ou não fomos persuasivos o suficiente, ou estamos equivocados.

## 28

A inundação veio e depois partiu, enquanto Marichi continuou crescendo com o nascimento de mais infantes. Humma e outras pessoas, inclusive Nandi, ensinaram às crianças o novo modo de vida. Humma tinha razão: o idioma brahui foi substituído pelo shindi; o nome da região. No princípio, alguns pais não quiseram enviar seus filhos à escola de Humma, mas, depois de certo tempo, as próprias crianças pediam para ir, pois estavam sendo excluídas das brincadeiras. Os pais cederam e os jovens até treze anos passaram a frequentar a escola.

Uma manhã, os anjiras voltaram para passar o inverno em Marichi. As atividades de inverno começaram com a volta ao campo. Depois de alguns meses, veio a colheita. Nessa época, Nandi pediu uma reunião no edifício central e, quando se reuniram os membros de ambos os conselhos, revelou seu plano.

– Como todos sabem, trouxemos muitos materiais de Lagash, mas agora tudo isso já foi consumido. Temos falta de matérias-primas como estanho e cobre para produzir bronze. Precisamos substituir arados e ferramentas desgastadas. É imperativo enviarmos um grupo a Susa para comprar novos artefatos.

– Em suma, pretende partir novamente – disse Daksha amargamente. – Vai usar seus famosos selos para negociar? As pessoas de lá aceitarão isso?

– Provavelmente não, agora. Não nos conhecem, mas temos um bom par de produtos para usar como permuta.

– Então é esse o motivo pelo qual tem pressionado tanto as pessoas? – perguntou Daksha visivelmente agastado. – Não entendo a razão dessa nova forma de vida.

– São os sinais dos tempos, meu pai. Moramos em casas boas, bem protegidas dos animais e dos inimigos, e a comida é farta. Temos várias melhorias nas casas, tais como água corrente e velas feitas de cera vegetal nos dando luz, mas nós não temos tudo. Ninguém tem tudo. Dessa forma, temos de oferecer algo em troca. Este é o modo moderno de vida: nós negociamos e melhoramos nossas vidas.

– Sempre fui contra seu sistema – vociferou Daksha. – Antes de você, vivíamos muito bem sem todo esse modo moderno de vida. Em vez de uma vida tranquila, você nos trouxe uma atividade incessante na qual homem algum encontra prazer e tempo para descanso.

– Há um preço a ser pago, meu pai. Morar numa casa confortável é melhor a vagar pela selva com chuva e neve a cair sobre nós. A vida ao ar livre parece mais agradável, mas as consequências são funestas. Nossas crianças morrem e nossas mulheres envelhecem cedo de cansaço. Morar em cidades é compartilhar atividades e nos proteger de perigos externos. Todavia, como disse, há um preço a ser pago. Porém, concordo com meu pai, nenhum sistema é perfeito.

Por um momento, Daksha permaneceu quieto, como se estivesse refletindo sobre as palavras de Nandi. Nandi tirou imediata vantagem disso e prosseguiu antes de o ancião continuar a tergiversar.

– Pretendo viajar imediatamente para Susa, onde negociarei nossos materiais por estanho. Mandarei de volta Enhegal a Marichi com todas as carroças cheias das permutas. Precisamos de outros objetos e, mesmo sendo Susa uma colônia de Uruck, não poderá prover a maioria dos produtos da Suméria. Por enquanto não haveria motivo de visitar a Suméria, mas preciso saber se estariam inclinados a negociar conosco. Portanto, levarei uma carroça com nossos bens a Lagash e descobrirei.

– Por Anu, Enki – exclamou Eannatum, a única pessoa a não chamá-lo de Nandi. – Não vá para Lagash. É perigoso demais. Você poderia ir a Eridu. Eles têm um comércio forte e um porto movimentado. Negociam bens da Suméria com a maioria das aldeias da costa do mar Interno (golfo Persa). Visitam terras distantes, tais como o Kemet (Egito). Você deveria procurar nosso bom amigo Ebihil. Você se lembra dele, não lembra? Você esteve lá comigo quando tinha treze anos.

– Mas, vovô, Eridu fica no outro lado da Suméria. Teria de atravessar o país.

– Tem razão. Seria muito arriscado cruzá-la sozinho numa carroça. Precisaria de proteção de uma escolta armada. Deixe para outra vez.

– Pensarei em sua sugestão sobre Eridu e Ebihil, mas de qualquer maneira estamos partindo para Susa em, no máximo, duas semanas. Enquanto estiver fora com Enhegal, Kharaman será o chefe do conselho executor até o retorno de Enhegal.

– Você deveria voltar com Enhegal, Enki – disse Eannatum com uma expressão preocupada.

– Não insista, meu amigo – interrompeu Daksha. – Quando Nandi põe algo na cabeça, ele o fará mesmo enfrentando deuses e demônios.

Eannatum sorriu para Daksha, mas era um sorriso triste: as palavras de Daksha eram amargas e seu comentário azedo.

– Pelo visto, solicitou a reunião apenas para nos informar da sua decisão – disse Daksha, fitando Nandi nos olhos. – Você não está pedindo nosso conselho nem nossa permissão. Você decidiu tudo e, pronto, isso será feito.

– Não veja os fatos por esse ângulo, meu pai. Escutarei os seus conselhos.

– Sim, eu sei, mas no final você seguirá seu desejo. Nandi ainda quis sorrir para o sogro, mas não teve mais forças para discutir com ele. Assim, calou-se. Sim, concordou no íntimo; Daksha tinha razão: seguiria sua vontade para o bem de sua gente e nada nesse mundo o demoveria.

## 29

Nandi levou três semanas para preparar dez carroças repletas de tecidos e barris de óleo, além das demais providências para viajar pelo planalto Iraniano. Partiu com trinta homens, a maioria sumérios, e quatro guerreiros de Anjira, bons de luta e de caça. Esperava alcançar Susa em dois meses. Na última viagem, havia feito um mapa rudimentar e dessa vez não se perderia.

O clima, não obstante, não parecia ajudá-los. Outono, no planalto Iraniano, era frio e chuvoso. Não havia trilhas nem estradas e encontrar o melhor caminho pela lama, pela neve e entre as pedras não era tarefa fácil. As pedras poderiam quebrar as rodas e não tinham nenhum modo de consertar carroças quebradas.

De um vilarejo para outro, viajavam lentamente. Os bois eram a principal preocupação de Nandi. Tudo era feito para alimentá-los bem e protegê-los do clima rigoroso. Quando chovia demais, Nandi se recusava a viajar. A chuva poderia estragar os tecidos e debilitar os bois. Conversava com os animais como se falasse com uma criança. Dera nome a cada um deles e os animais o olhavam calmos, parecendo amá-lo. Dava trigo e palha pessoalmente ao boi mais fraco, que precisava de mais cuidados. Com tal atenção, não perdeu um animal sequer e não teve uma carroça quebrada, mas levou quase três meses. Em condições normais, tal viagem poderia ser feita em quarenta dias.

Ao se aproximar de Susa, um dos cachorros da comitiva começou a latir. Enhegal e os anjiras pararam e sacaram das espadas. Nandi deu ordens para se protegerem e, em menos de um minuto, quarenta homens escondidos entre as pedras os atacaram. A luta tornou-se renhida e furiosa. O grupo de Nandi lutava por suas vidas. Como resistiram bravamente, os bandidos desistiram do assalto e se retiraram. Ninguém fora seriamente ferido, mas os corações estavam quase saindo pela boca. Daquele momento em diante, Nandi deu ordens para acelerar a marcha; queria chegar a Susa o mais rápido possível.

Foi um dia alegre quando avistaram Susa. Chegaram ao final da tarde e descansaram. No dia seguinte, Nandi foi ao mercado ao ar livre. Deu graças ao avô paterno por ter lhe ensinado a negociar tão bem. Em primeiro lugar, fez uma demonstração rápida do óleo e o negociante entendeu estar adquirindo algo de superior qualidade. Ele e seus colegas de profissão compraram todos os barris, menos uma carroça de barris e de tecidos. Essa fora separada por Nandi para levar à Suméria. O tecido foi até mais fácil de vender; não precisou de nenhuma demonstração. Vendeu a outro grupo de comerciantes. Disseram-lhe, contudo, preferir tecidos de algodão cru em vez de tingido; seria mais fácil adaptar ao gosto do cliente. Nandi comprometeu-se de, na próxima vez, trazer os tecidos crus, mas queria o mesmo preço como se fossem tingidos. Após alguma discussão, concluíram por um preço médio conveniente a ambos.

Após um dia inteiro de negociações e transferências de materiais do depósito do comprador para as carroças, foram a uma taverna beber e relaxar um pouco. Naquela noite, Nandi comeu bem e bebeu um pouco mais do que o costumeiro. Como não tinha resistência ao álcool, a amarga cerveja suméria o deixou logo atordoado.

– Hoje estou me sentindo um vitorioso – disse, depois de beber mais um copo de cerveja.

– Você se sente um vitorioso todos os dias – respondeu Enhegal, levemente bêbedo.

– Você tem razão. Devemos nos sentir assim sempre. Se a pessoa não é um vitorioso ainda, há de perseverar no caminho da vitória.

No dia seguinte, Nandi despertou por volta de meio-dia. A cabeça pesava. Jurou nunca mais beber. Deu ordens a Enhegal para partir na manhã subsequente para Marichi e levar tudo com cuidado extremo.

– Não apresse meus bebês. Eles o levarão para casa, mas não os vergaste nem fale palavrões. Eles são nossos amigos.

Sabendo do amor extremo de Nandi pelos seus bois, Enhegal concordou com a cabeça. De fato, sem eles, jamais teriam conseguido realizar tal jornada.

Na manhã da partida, sentindo-se melhor, Nandi seguiu com uma carroça cheia de tecidos e barris de óleo, dois bois, três sumérios para protegê-lo e muita coragem. Estava voltando para Lagash e, embora seu coração tremesse de medo, sua mente estava firme no propósito de abrir um mercado novo para seus bens.

Levaram uma semana para cruzar a parte ocidental do vale até o rio Tigre. Atravessaram o rio em uma barcaça e rumaram a cidade. Ainda longe, ao ver pessoas fugindo de Lagash, conversou com elas e se inteirou da situação. Uma confederação de cidades inimigas a tinha destruído e a cidade ardia em chamas. Era necessário reconstruí-la.

– É um desperdício de tempo ir até lá. Seguirei a sugestão de meu avô: vamos para Eridu.

– Mas, Enki, Eridu está no outro lado do vale. Além de cruzá-lo e evitar as cidades perigosas, ainda nos resta atravessar o Eufrates. Podemos ser mortos ou, pior, escravizados.

– Temos duas opções. A primeira é voltar e a outra é ir a Eridu. Ambas são arriscadas. A primeira conduz à derrota e a segunda...

O silêncio caiu entre os amigos, mas um deles, um titânico ferreiro, praguejou todos os palavrões conhecidos, como se tivesse sido repentinamente possuído por um espírito perverso e, então, bradou feito um louco:

– Para Eridu. À vitória.

Teriam de enfrentar uns setecentos quilômetros, atravessando a Suméria, um lugar repleto de exércitos em permanente luta um contra o outro, reis tirânicos com o mau hábito de oferecer seus inimigos em sacrifício a deuses sanguinários. Isso sem mencionar desertos áridos, dispostos a torrá-los vivos. Eridu, naquele momento, parecia estar no fim do mundo.

# 30

Os rios Eufrates e Tigre se unem e formam o lago Hammar. A partir de tal lago, a água flui pelo rio de Shat-el-Arab ao golfo Persa. Os sumérios chamavam-no de mar Interior. Eridu era uma das cidades mais velhas do mundo, situada no lago Hammar. Tinha sido fundada por volta de 5.000 a.C. e era bem conhecida na Suméria pelo seu dinâmico porto de onde navios velejavam para vários lugares do mar Vermelho.

Para os quatro homens chegarem a Eridu, foi uma viagem cansativa, mas, como disseram, os deuses estavam com eles. Não tiveram nenhum problema especial em atravessar a Suméria e a cruzaram em três semanas. Ao entrar em Eridu, pela manhã, a atenção deles foi atraída pelo grande porto, onde mais de sessenta navios estavam ancorados e outros barcos menores de pesca velejavam pelo lago.

Enki não se lembrava onde ficava a casa de Ebihil e tiveram certa dificuldade em achá-la. O comerciante era bem conhecido nas docas do porto, mas quase ninguém sabia onde morava. Finalmente, depois de ter falado com mais de uma dúzia de pessoas, alguém informou o endereço correto. Mas chegar até lá era outro problema: algumas das ruas eram estreitas demais para permitir a passagem de carroças. Tiveram de fazer um longo desvio para evitá-las. Levaram quase meio dia para encontrarem a casa de Ebihil, onde só chegaram no início da tarde.

Depois de ter sido anunciado no portão de frente de Ebihil, Enki esperou por quase um quarto de hora. O porteiro voltou e permitiu a entrada de Enki. Os demais acompanhantes deveriam esperar do lado de fora da mansão. Foi levado a um aposento e Ebihil o examinou como se fosse uma mercadoria a ser comprada. Enki sorriu para ele. Pelas informações de Eannatum, Ebihil tinha a mesma idade do avô, mas parecia um homem cansado, com as costas curvadas e o rosto cheio de rugas. Ebihil não se lembrou dele, mas o nome de Eannatum operou milagres.

– Sinto muito por fazê-lo esperar, meu jovem, mas estava lidando com outros assuntos. Como vai meu velho amigo Eannatum? Ainda está vivendo em Lagash, após ter sido devastada?

Durante alguns minutos, Enki contou suas aventuras, mas escondeu o local preciso onde viviam. Ebihil perguntou como poderia ajudá-lo. Enki lhe explicou de maneira sucinta.

– Na realidade, não estou preocupado em negociar os bens, pois são apenas amostras. Meu desejo é descobrir se poderemos negociar nossos produtos por Eridu numa base duradoura.

– Em primeiro lugar, vamos vê-los. Se for tão bom quanto apregoa, negociaremos. Mas estou disposto a comprar toda a madeira que puder trazer.

– Esse era meu receio – confessou Enki. – Tenho certa apreensão em cortar madeira e a terra ficar nua. Em pouco tempo, o vale não será muito diferente da Suméria.

– Bem, meu jovem, há remédio para tudo. Basta replantar. Se fizer isso, não terá dificuldades.

– Não estou preocupado comigo, mas com as gerações futuras. Podem se tornar gananciosas e derrubar todas as árvores e não replantá-las.

– Tem razão. A saída é considerar as árvores como sagradas e quem cortar uma terá a obrigação de replantá-la, ou os deuses o punirão.

– Odeio envolver os deuses em tal assunto.

Ebihil sorriu, chegou mais perto e, quase sussurrando, disse-lhe:

– Ah! Temos um descrente aqui. Você é como eu; não acredito nessa tolice de deuses e demônios inventados pelos sacerdotes, mas é perigoso ser infiel. Não se importe com os deuses. Se existem, é problema deles, mas você deve usar o medo das pessoas para obter os resultados almejados.

– Prefiro usar o bom senso.

– Fala assim devido à sua juventude. Terá um deserto em poucos séculos. Mas não importa, vamos ver essa maravilhosa mercadoria de sua misteriosa terra.

Levantaram-se e se encaminharam para fora da casa. Ebihil olhou cuidadosamente para o tecido de algodão e afirmou necessitar de um tratamento especial para amolecê-lo. Gostou do toque; não era tão rústico como o linho. Quanto ao óleo de algodão, disse não ter como avaliá-lo. Nessa hora, surgiu-lhe uma ideia: usar um pouco para cozinhar o jantar. Como Enki concordou, chamou seus criados e mandou levar o barril à cozinha. Deu ordens ao cozinheiro para cozinhar alguns pratos usando o tal óleo. Então, chamou o mordomo e pediu para convidar seus principais sócios; tinha algo novo a lhes mostrar.

– Meus sócios e eu controlamos mais da metade do comércio de Eridu. Compramos quase tudo de fora e negociamos com a maioria das cidades sumérias. Se concordarem em permutar seus produtos, compraremos tudo de você.

Logo após aquela conversa, Ebihil deu ordens aos criados para hospedar os homens de Enki nos quartos dos criados. Enki foi levado a um largo aposento para descansar e se refrescar. Um criado lhe foi designado para ajudá-lo a se vestir. Como tinham algum tempo antes do jantar, Enki tomou um banho e dormiu algumas horas, revigorando-se.

À noite, foi servido um jantar maravilhoso e Enki foi apresentado aos oito homens mais ricos de Eridu. O avô tinha razão: Ebihil tinha sido a escolha certa. Olharam os produtos, provaram o óleo de algodão e o cozinheiro foi trazido à presença deles. O mestre da cozinha deu perfeito testemunho a respeito da excelência do óleo de algodão.

Os nove homens se sentaram a sós durante alguns minutos depois do jantar e discutiram o volume inicial da primeira partida. Um preço de compra foi estabelecido. Enki foi então readmitido à sala e as condições lhe foram apresentadas. Ele se assustou com o volume inicial; o montante era superior a qualquer quantidade imaginada.

Imediatamente pôs sua mente a trabalhar. Poderia produzir a demanda de seus novos sócios em Eridu, mas como traria uma quantidade tão grande de mercadoria de tão longe. Fez cálculos mentais. O número de carroças, bois e gente para a caravana eram superiores a qualquer possibilidade de curto prazo.

Com a partida dos sócios, Ebihil notou seu semblante preocupado e lhe perguntou:

– Qual é o problema? Você vai se tornar um homem rico.

– Para ser honesto, estou pasmo. Nunca duvidei de a Suméria ser um mercado maravilhoso, mas tenho duas situações a resolver. A primeira é a produção. Preciso multiplicar a atual produção por dez ou mais. Contudo, minha aflição se torna imensa com o segundo problema.

– Abra seu coração, meu jovem. Não sou apenas seu sócio, mas também um velho amigo de sua família.

– Sim, eu sei: eu confio em você. O assunto principal é como transportar tudo. A viagem de vinda demonstrou ser completamente impossível viajar por terra. Levamos quase quatro meses para chegar aqui e com um custo pesado. Para trazer uma caravana dez vezes maior, precisarei de um exército para protegê-la.

Ebihil chamou um dos criados e lhe pediu mais vinho. Enquanto o homem partiu e voltou, Ebihil andou pelos aposentos e, então, enquanto estava sendo servido, disse:

– Você vive próximo a um rio. Todos os rios conhecidos afluem para o mar. Como todas as águas se conectam, poderá trazer tudo de navio.

– Pensei nisso, mas ninguém em minha cidade é marinheiro. Não sabemos nada sobre o mar.

– Isso é um embaraço – respondeu Ebihil. – Mas há alguém capaz de saber a resposta. Chama-se Balulu. Ele tem uma dúzia de navios velejando pelo mar Interior e é o principal transportador de nossas mercadorias.

– Ele poderá nos ajudar?

– Se Balulu não puder, ninguém mais poderá. Ele tem os melhores capitães sob seu comando.

– Podemos falar com ele amanhã?

– Enviarei meu mordomo amanhã de manhã à sua casa e veremos se pode nos receber. Mas deixe-me adverti-lo: é um homem diferente de nós – e, como viu o olhar de dúvida no rosto de Enki, prosseguiu: – Prefere camas viris a lençóis macios, se entende minhas palavras. Tenha cuidado para não aborrecê-lo ou não negociará. Se não gosta de tais pessoas, tente esconder seus sentimentos e tratá-lo como uma dama. Ele adora isso.

# 31

Ao meio-dia, Balulu enviou sua resposta: iria favorecê-los à noite com sua augusta presença em um jantar fabuloso em sua mansão. Ebihil providenciou roupas novas para ele e Enki. Uma costureira foi trazida às pressas e fez túnicas com o algodão de Enki. Como Balulu simplesmente amava o vermelho, Ebihil se vestiria com um tecido impresso com motivos vermelhos e pediu à costureira para fazer uma túnica curta vermelho-vivo para Enki.

Fez as últimas recomendações:

– Enki, não importa como Balulu se comporte, trate-o como uma dama. Se você cair nas suas boas graças, ele abrirá as portas de céu para você. Mas, se falhar, não poderá usar o porto de Eridu; ele possui a maioria das docas e o ensil é seu irmão mais velho.

À noite, bem vestidos e perfumados, os dois homens foram à mansão de Balulu, próxima ao porto. Foram escoltados por guardas; à noite, o porto era um lugar perigoso devido a um grande número dos ladrões e assassinos. Os criados de Balulu já estavam esperando por eles e os levaram a um terraço onde o lago Hammar se descortinava placidamente. Enquanto aguardavam a entrada de Balulu, foram servidos de um excelente vinho em taças prateadas.

Após alguns minutos, Balulu fez sua entrada triunfante na sala. Enki ficou surpreso com sua figura: parecia uma mulher. Estava vestido com um tecido de linho transparente branco e usava os cabelos longos penteados como uma dama. Era uma figura roliça e caminhava com passos curtos sobre um par de saltos altos.

– Meu querido Ebihil, chamo isto de uma agradável surpresa. Perdi a conta da sua última visita – e, olhando para Enki, proferiu alegremente, numa voz de soprano: – E ainda por cima me trouxe um jovem de rara beleza. Não é esta uma surpresa gloriosa?

Beijou Ebihil nas faces e foi fazer o mesmo com Enki.

– Hum, ele cheira bem. Um nobre de nascença, eu lhes digo – enquanto beijava as faces de Enki.

Passaram os próximos minutos conversando sobre política, a predominância de Uruck e como a guerra era nefasta para os negócios. Depois disso, passaram à mesa e Balulu demonstrou ser um excelente anfitrião.

Enki nunca tinha visto tal variedade de pratos. Ebihil informou a Balulu o motivo de sua visita. Mostrou, então, o tecido de algodão de suas roupas. Balulu pareceu interessado. Levantou-se e aproximou-se de Enki. Sentou-se ao seu lado e tocou no pano, mas também olhou para suas pernas musculosas. Ele até as tocou de raspão, como se não tivesse feito isso de propósito.

– Excelente tecido, bastante forte e macio – comentou com um ar concupiscente para Enki.

Estava falando do tecido ou das suas pernas, perguntou-se Enki, enquanto sorria de volta para ele e meneava a cabeça em assentimento.

– Como Balulu poderá ser útil? – Perguntou, virando-se para Ebihil, mas ainda tocando o tecido e acariciando discretamente as pernas de Enki.

Ebihil historiou a grande transação encomendada a Enki e da necessidade de seu conhecimento em navegação. Nessa hora, ele parou de afagar Enki e passou a prestar atenção. Negócios antes do prazer, concluiu Enki.

– E onde fica essa terra secreta, meu querido? – perguntou Balulu, olhando astutamente para Enki.

– Para ser honesto, não sei, mas desenhei um mapa e talvez, se eu lhe mostrar, poderá me dizer.

– Quem, eu? – respondeu Balulu, rindo. – Não entendo nada de mar e morro de medo dele. Nunca estive a bordo de um navio em toda minha vida.

– Como você é o maior proprietário de navios de Eridu, há de encontrar um meio de me ajudar. Pretendo trazer todos meus bens a bordo de seus navios.

– Sou realmente o maior dono de navios do mundo inteiro, mas a maioria de minha frota foi herdada de meu falecido pai. Com meu tirocínio para negócios, quase dobrei a frota recebida, mas não tem nada a ver com meus parcos conhecimentos marítimos. Tenho excelentes capitães para fazer tal trabalho para mim.

– Talvez um de seus capitães possa nos ajudar – interveio Ebihil. – Enki ficaria feliz com qualquer ajuda.

– Estou certo disso, não é mesmo, meu belo Enki? – respondeu Balulu, enquanto colocava sua mão tão acima na perna de Enki a ponto de quase tocar no seu sexo. Enki tinha de pôr um paradeiro naquela situação.

Não estava disposto a fazer sexo com Balulu, embora precisasse desesperadamente de sua ajuda.

– Sim, mestre Balulu. Estou muito ansioso para volver à minha casa e prover o solicitado por mestre Ebihil. Estou com saudades de minha esposa e quero voltar logo a vê-la e ao meu filho também.

Imediatamente, o rosto de Balulu mudou. Entendeu as palavras polidas de Enki. Bem, ele pensou, se o homem não gostava de amor entre homens, era problema dele. Mas, afinal de contas, ele estava lhe trazendo um bom negócio: encher vários navios de mercadoria em ambos os sentidos era um negócio irrecusável. Daquele momento em diante, Balulu deixou de se comportar como uma cadela no cio e se transformou em um sagaz homem de negócios.

– Precisaremos de alguém com sólida experiência para descobrir onde é sua terra e como chegar lá. Capitão Sirara poderá nos ajudar a achar o caminho.

– Quando poderemos falar com ele, mestre Balulu?

– Ele é aguardado para os próximos dias. Enquanto isso, terei o maior prazer em hospedá-lo.

– Agradeço sua amável oferta, mas prefiro esperar na casa de Ebihil. Ele me convidou primeiro e ficará ofendido se eu recusar. Não é mesmo, mestre Ebihil?

Ebihil concordou com a cabeça e Balulu resignou-se: Enki jamais seria seu amante.

Passaram o resto da noite comendo, bebendo, e ouvindo as histórias de Balulu. Era um homem extremamente divertido. Contava histórias incríveis sobre a maioria das pessoas famosas da Suméria. Enki nunca sabia quando ele falava a verdade ou inventava suas mirabolantes aventuras. De qualquer maneira, após Balulu parar de assediá-lo, tornou-se uma pessoa encantadora.

Os dias passaram morosamente. Enki e seus amigos não tinham nada a fazer e passearam pela cidade. Seus amigos ficavam muito tempo nas tavernas, bebendo à noite e se divertindo com prostitutas, enquanto Enki jantava com Ebihil. Quase diariamente, Ebihil convidava pessoas à sua casa e festejava com jovens bonitas pagas generosamente para diverti-los. Quando o bacanal começava, Enki ia para seu quarto e sonhava com Humma.

Depois de quase quinze dias, Balulu apareceu na casa de Ebihil sem qualquer aviso. Trouxe com ele um homem forte e atarracado. Pelo rosto bronzeado, parecia um velho lobo de mar. Dessa vez Balulu veio vestido feito homem, mas continuava com seus modos femininos bem afetados.

– Este é mestre Sirara, um de meus melhores capitães. Por favor, mostre-lhe seu mapa e ele nos ajudará.

Enki abriu o mapa rústico e o mostrou a Sirara. Ele resmungou e grunhiu várias vezes, parecendo entender. Utilizando o pergaminho de Enki como mapa, desenhou um esboço do mar Interior. Pela primeira vez, falou com uma voz grave e levemente rouquenha:

– No tempo de Nimrud, primeiro rei de Uruck, o deus de todos os marinheiros, Urshanabi, descobriu Magan, próximo a um grande rio chamado Meluhha. É o mesmo nome pelo qual chama seu rio. Ele velejou a nordeste. A mesma direção apontada por você. Se formos por esse caminho – disse, mostrando um lugar no mapa –, provavelmente acharemos seu rio e então subiremos a corrente até sua cidade. Não será fácil, mas, com um pouco de sorte, teremos sucesso.

– Isso é uma aventura e tanto para arriscar um de meus navios – atalhou Balulu.

– Vai valer a pena, mestre Balulu. Pode imaginar quanto ganhará com o frete? – respondeu Enki.

– Pode imaginar o prejuízo se perder um dos meus navios? É preciso avaliar isso melhor.

– Pensei já ter tomado sua decisão ou não teria vindo aqui com mestre Sirara – expressou-se Enki.

– Só agora percebi o quão é longe.

– Sejamos direto. Minha terra não é tão distante como o Kemet, onde negocia regularmente. Portanto, deve estar querendo uma garantia, quem sabe?

– Uma garantia seria perfeito.

– Não tenho nada de real valor comigo. Só tenho a probabilidade de negócios futuros. Pode não ser o bastante, mas, além disso, só posso lhe dar minha palavra.

– Deixe-me pensar um pouco e lhe darei uma resposta.

Embora Enki estivesse desapontado com a resposta de Balulu, conseguiu estampar seu melhor sorriso e se curvou ligeiramente. Enquanto olhava Balulu se afastar, pensou: se não negociasse com Balulu, quem mais poderia ajudá-lo?

Para surpresa de Enki, naquela mesma tarde, Sirara voltou com a resposta.

– Meu mestre concorda, mas teremos de esperar um pouco. O navio designado para essa tarefa vai passar por alguns consertos.

– Tudo bem, capitão Sirara. E quanto tempo deve levar para ficar pronto?

– Deve levar uns três meses.

– Meu Deus, três meses? É muito tempo.

– É uma longa viagem e nós não queremos afundar em pleno mar, queremos?

Mesmo contrariado, Enki não podia fazer nada a não ser esperar. Mesmo se decidisse partir a pé, levaria quase o mesmo tempo. Muniu-se de paciência e aguardou.

## 32

Três meses depois, quando o navio deixou o porto de Eridu, Enki sentiu começar uma nova fase de sua vida. Balulu acenou com um lenço branco e chorava como uma velha senhora. Os homens no porto pensaram se tratar de amantes a se despedir. Todavia, Balulu era como uma tia velha dizendo adeus a um sobrinho querido. Enki, não obstante, logo se preocupou com assuntos mais prementes. Partira de Marichi há oito meses e estava ansioso em chegar logo. Não só estava preocupado com sua mulher, como também com a cidade. Enhegal voltara em segurança? Teriam plantado no tempo certo? E a colheita foi boa? Tinha tanto assunto em sua mente, mas, ao deixar as águas calmas do Shat-el-Arab e adentrar no mar Interior, suas preocupações mudaram rapidamente: dos assuntos de Marichi para seu estômago. Nunca sentira tamanho enjôo como quando as ondas balançavam o barco.

Quando Enki e seus amigos se acostumaram com o balanço do navio, passaram a apreciar a beleza do mar e do litoral, pois o vinham margeando o tempo todo. Sirara e a tripulação trabalhavam duro, mantendo o navio em ordem. Depois de uma semana, pararam em uma baía e Sirara foi buscar água em terra firme.

– Este é o último lugar conhecido onde encontraremos água. De agora em diante, é preciso contar com a sorte e talvez possamos achar uma aldeia de pescadores. Temos de orar aos deuses para serem pacíficos.

Essa era outra das preocupações de Enki. Não conhecia o litoral e não sabia nada a respeito dos moradores daqueles lugares.

Depois de outros dez dias de viagem, Sirara começou a se preocupar: só tinham água para mais alguns dias. Pela tarde, contudo, avistaram uma aldeia e Sirara deu ordens à tripulação para levar o barco o mais próximo possível da beira-mar para desembarcarem. Enki se dispôs a ir e assim, ao pôr-do-sol, desembarcaram bem próximos do vilarejo. As pessoas vieram recebê-los e pelo sorriso deles pareciam pacíficos. Estavam surpresos com Sirara e Enki e com os dois marujos acompanhantes. Essas pessoas jamais haviam visto pessoas de tez branca. Quando falaram com eles, Enki entendeu se tratar de algum tipo de idioma aparentado com o brahui. Não encontrou maiores dificuldades em se comunicar com eles.

À noite, enquanto comiam peixe frito sentados ao redor de uma fogueira, trocaram ideias sobre suas vidas.

– Como se chama sua aldeia?

– Sotkakoh.

– É um vilarejo muito agradável, não é?

– Não sei. Nunca estive em outro lugar – respondeu o chefe com um sorriso infantil. – E você? Para onde está indo?

– Vamos para uma cidade construída ao lado de um rio grande, o Meluhha. Conhece?

– Há um rio grande a menos de dois dias daqui – comentou o chefe do vilarejo. – Estivemos em seu estuário, mas nunca fomos rio acima.

Pela expressão de dúvida de Enki, o chefe deu-lhe maiores explicações.

– Sua correnteza é muito forte.

Enki traduziu a conversa para Sirara e o rosto do capitão demonstrou preocupação. Enki o tranquilizou.

– Se esses homens acostumados com o mar têm medo do rio, deveríamos levar isto em consideração – retrucou Sirara.

– Sim, mas os barcos deles não são tão grandes como o nosso. Se chegarmos antes da inundação, não teremos nada a temer.

– Assim o espero.

No dia seguinte partiram com bastante comida e água. Enki estava ainda mais ansioso em chegar; estava fora há quase nove meses.

Exatamente da forma como o chefe do vilarejo falara, no segundo dia, eles viram o estuário do Meluhha. Manobraram o barco à esquerda e dirigiram-se ao norte, rio acima. O fluxo de rio era forte, mas não bastante para impedir o navio de se mover lentamente e ganhar a luta contra o curso d'água. Enki ficou na proa, como se fosse um menino, todo entusiasmado, esperando ver sua adorada Marichi a cada curva do rio.

Levaram um dia inteiro e mais uma manhã para chegar a Marichi. Quando viu sua cidade numa das curvas do rio, começou a saltar e gritar como se fosse uma criança. Sirara riu de sua reação e, pela primeira vez, Enki viu o sorriso no rosto do capitão. Todos a bordo estavam contentes, até mesmo os marinheiros sumérios.

Quando o barco atracou na margem, Enki desembarcou depressa e quase todos da cidade vieram vê-lo. A maioria das pessoas nunca tinha visto um barco e quiseram subir a bordo. Humma e o jovem Virabhadra vieram correndo para encontrá-lo, e ele abraçou e beijou sua esposa. O menino de dois anos abraçava a perna da mãe, enquanto olhava o beijo apaixonado daquele homem desconhecido. Depois de ter beijado Humma, enquanto todos os assistiam, Enki lembrou-se do filho, agarrou-o e o abraçou também. O menino ficou assustado e começou a chorar, enquanto apontava os braços para a mãe, como se quisesse ser salvo daquele estranho. Humma o pegou nos braços e falou com o marido.

– Ele o esqueceu. Você demorou demais.

– Eu lhe contarei todas minhas aventuras, mas agora quero saber tudo sobre Marichi. Enhegal está aqui? Está tudo certo? Como foi a inundação? Todo o mundo trabalhou nos campos?

– Uau! Vai devagar. Tudo está bem. Enhegal lhe contará tudo. Mas agora venha para casa comigo.

Pelo sorriso matreiro entendeu o convite. Antes de administrar a cidade, ele tinha de ser marido. Viu quando a esposa entregou o menino à irmã, enquanto lhe dizia para cuidar dele por algum tempo. Então arrastou seu homem à casa.

Após uma noite satisfatória, Enki foi se encontrar com Eannatum e Enhegal, além de seus outros amigos. Tudo correra a contento enquanto estivera fora; de repente, lembrou-se de Sirara. Humma o envolvera tanto a ponto de esquecer do capitão e seus marinheiros. Ele os procurou e eles tinham dormido no barco. Cumprimentaram-se e Sirara foi logo lhe dizendo:

– O navio não deve ficar atracado na margem do rio. A correnteza é forte e pode estourar as cordas. Nesse caso, vamos perder a embarcação.

Imediatamente, Nandi solicitou uma reunião de ambos os conselhos. Naquela tarde, reuniram-se e Enki apresentou Sirara e explicou seu plano. Pelos relatos, ficaram sabendo da plena aceitação dos produtos. Poderiam vender quanto quisessem. Nandi explicou os problemas de transporte e a navegação era a única forma de transportar a quantidade solicitada pela Suméria. Aproveitou para falar sobre o problema de ancoragem da embarcação. Seria preciso construir um porto protegido com docas e depósitos.

O porto precisava ser escavado na ribeira, de forma a ancorar os navios num ambiente seguro. Como a inundação estava para chegar em um mês, o trabalho deveria ser iniciado de imediato para abrigar o navio e evitar perdê-lo.

– Eu me pergunto quando iremos parar de construir – perguntou Daksha, visivelmente agastado.

– Receio, meu pai, ser essa uma atividade ininterrupta. Sempre estaremos construindo novos depósitos, novas casas ou reformando casas velhas. É...

– Sim, eu sei – atalhou Daksha –, é o preço da tal civilização.

Enki sorriu e meneou a cabeça.

– Preferia muito mais minha vida como era antes – murmurou Daksha. Em vez de respondê-lo, Nandi propôs dividir os homens em grupos e atacar o problema imediatamente. Se a inundação viesse, o risco de perderem a embarcação era muito grande, e, sem navio, como fariam para transportar os bens vendidos para a Suméria?

# 33

Nos dias seguintes, Marichi se viu possuída de uma atividade frenética. Enquanto um grupo de homens cavava o chão para abrir uma pequena angra, outro produzia tijolos para cobrir a parede do porto e outro construía docas e depósitos. Depois de três semanas de intenso trabalho, conseguiram abrir uma pequena baía a fim de terem um porto seguro. A última atividade seria derrubar um minúsculo istmo, separando o rio da angra. Aquela parede de dois metros de largura não fora escavada, permitindo o porto ser construído em terra seca. A ideia era demolir o istmo e deixar a água fluir na angra. Quando a pequena baía artificial estivesse cheia de água, trariam o navio de Sirara e o ancorariam na doca.

Quando alguém se referir ao clima, nunca deve estar certo sobre nada. Pelos seus cálculos, ainda tinham uma semana, mas ninguém avisou ao rio para só chegar na data marcada. Quando iam derrubar a parede para permitir a água fluir na angra, a cidade despertou com um rugido distante. A inundação estava vindo e, dessa vez, o barulho parecia ainda mais assustador. O rugir da inundação despertou Nandi. Imediatamente lembrou-se do porto e do navio. Era preciso levar o barco para a segurança do porto. Disparou porta afora e a distancia entre sua casa e o porto, cerca de cem metros.

A inundação ainda estava bastante distante. Levaria pelo menos uma hora para demolirem a barreira e não tinha tempo disponível. Gritou para Sirara no convés do navio, e lhe informou do perigo iminente. Sirara deu ordens aos marinheiros e foram para terra firme. Amarraram o navio com todas as cordas disponíveis, e, depois, subiram sobre a elevação; tinham visto a parede de água avançando sobre eles.

– O navio resistirá? – perguntou Nandi.

– Duvido – respondeu Sirara displicentemente.

Não esperaram muito. Em menos de dois minutos, a água chegou furiosamente. Nandi nunca tinha visto a enxurrada chegar com tal velocidade e altura. Presenciara três inundações, porém nenhuma delas era tão terrível como essa. Olharam para o navio enquanto as águas atingiam sua lateral. Como se fosse uma simples canoa, as águas emborcaram o navio e em questão de segundos desapareceu. Nandi sentiu seu coração confranger-se. O tempo gasto esperando pelo navio e todas as dificuldades enfrentadas, soçobraram como se fosse um barril inútil.

Estava a ponto de dizer algo quando um dos anjiras chegou gritando:

– Nandi, Nandi, a água está a ponto de inundar a cidade.

Não tinham tempo a perder. Correram para a parte norte da cidade. Aquele lado da cidade tinha uma muralha e Nandi acreditava aguentar o impacto, mas água é sempre imprevisível. Nessa hora, temeu pelo pior. Vários homens olhavam a água, batendo em vagas sucessivas contra a muralha. Nandi subiu no muro e olhou para o horizonte, e viu ainda mais ondas a caminho. Aquela parte do planalto tinha um declive suave, facilitando a escalada da enxurrada. A água chegava com força contra a muralha. Haviam construído tal proteção contra animais selvagens, mas agora estava sendo útil contra a inundação. Mas a parede não fora terminada e ainda era uma parede fina de tijolos.

– Você está vendo aquele lado da muralha? – disse Enhegal, apontando para uma parte do muro onde faltavam tijolos. – Está fadada a cair. Se ruir, a água invadirá a cidade.

– De onde vem tanta água? – resmungou Nandi.

– Quem sabe? Quais as providências a tomar? – retrucou Enhegal, enquanto olhava para Nandi, aguardando um comando. Durante um instante, permaneceu quieto e então deu as ordens.

– Corra e traga o maior número possível de sacos cheios de areia.

– Não temos muitos sacos disponíveis.

– Diga a Humma para reunir todas as mulheres e costurar quantos sacos puder. Os jovens ajudarão a encher os sacos com areia e terra, e diga aos homens para empilharem os sacos nesse lado da muralha para termos uma segunda parede de proteção. Vá!

Enhegal distribuiu as ordens. Humma conseguiu reunir todas as mulheres disponíveis rapidamente e começaram a coser os sacos com poucos pontos de costura, mas o bastante para fechá-los. Os adolescentes ajudaram a enchê-los e os homens os carregaram e os empilharam. Enquanto Humma trabalhava febrilmente, Enhegal conseguiu achar cinquenta sacos. Mandou enchê-los de areia e os trouxe, com outros homens. Empilhou-os antes de as ondas baterem na parede. Isso ajudou a muralha a suportar a primeira vaga, a maior e mais forte da enxurrada. Em menos de dez minutos, os sacos de Humma começaram a chegar e ajudaram a muralha a aguentar os impactos seguintes. Depois da meia hora, a água diminuiu de fúria e mais nenhum vagalhão veio dificultar os esforços de proteger a cidade.

O coração de Nandi estivera batendo tão rápido que, se ele não fosse um homem forte, provavelmente teria tido um mal súbito ou algo parecido. Quando ele observou as águas se tornarem mais tranquilas, sentiu um alívio e sentou-se no chão junto com os demais homens. Todos estavam exaustos e seus corpos estavam moídos do esforço e do medo. Venceram o primeiro combate contra o rio, mas era necessário tomar providências a fim de impedir futuros desastres. Era preciso reforçar as muralhas, abrir canais e construir paredes nos campos para desviar a água de forma a diminuir o impacto.

Naquele momento, lembrou-se da perda do navio. Balulu lhe daria outro navio? Duvidava muito. Quando as águas ficaram menos furiosas e a situação sob controle, viu Sirara e seus marinheiros. Eles tinham trabalhado ombro a ombro com os demais. Aproximou-se de Sirara e sentaram-se no chão para descansar.

– E agora, capitão? Não temos mais navio – questionou Nandi.

– Nada melhor poderia ter nos acontecido – respondeu Sirara com seu rosto impassível.

– Como assim?

– Balulu nos deu o menor e mais velho de seus navios. Esse barco era frágil. Tive de seguir o litoral, pois nunca suportaria uma tempestade em mar aberto. Por causa disso, perdi muito tempo vindo para cá, quando poderia ter cortado caminho pelo mar Interior.

– Há navios melhores?

– Sem dúvida. Eu mesmo posso construir um melhor.

– Você pode construir um navio melhor?

– Com uma das mãos amarrada nas costas – respondeu Sirara, com um ar de desprezo.

– Você construiria um para nós?

– Um não, vários – respondeu Sirara. Nandi sorriu e ele prosseguiu: – Eu lhe direi a razão de ajudá-lo. Eu estou cansado da Suméria. Estou aqui há umas semanas e nunca vi tantas pessoas felizes. Todos estão sempre sorrindo e não é igual a nossa terra. Não há escravos e, acima de tudo, não há guerra. Não tolero mais a guerra. Perdi esposa e filhos em Uruck, quando foram cercados pelas forças de Umma.

Essa era uma faceta nova. Nandi desconhecia o passado desse homem. Acostumara-se a ver um capitão severo e, subitamente, muito para sua surpresa, descobria ser um homem gentil, mas muito sofrido. Como Sirara viu Nandi sorrir e concordar com a cabeça, aquilo o encorajou a prosseguir.

– Minha ideia é construir uma frota de navios e me mudar para Marichi. Temos madeira maravilhosa para construir bons navios. Além disso, podemos levar madeira para a Suméria. Você veio de Lagash e sabe o quanto eles precisam dela. Só com o algodão e a madeira podemos enriquecer esta região.

– Minha única preocupação é evitar a formação de poucas pessoas ricas escravizando as demais. Você viu como a riqueza se tornou razão para escândalo na Suméria. Temos milhares de pessoas miseráveis, enquanto um grupo vive sem trabalhar. A falta de trabalho traz ruína aos homens, porque enchem o tempo com atividades inúteis e suas cabeças transbordam de pensamentos perversos. Tornam-se um perigo para si próprios com vícios abomináveis, fantasias estranhas e comportamentos exóticos.

Sirara entendeu as palavras de Nandi. Referia-se a pessoas como Balulu e Ebihil.

– Tento dar o exemplo aqui. Mesmo sendo o lugal de Marichi, não me atribuí qualquer título ou privilégios. Se as pessoas simples me consideram um deus, não usei tal prerrogativa para ter uma casa maior nem exigir deferências especiais.

– Realmente achei estranho não encontrar templos e palácios. Mas entendo agora a razão em não construir nada desse tipo.

– Como os anjiras eram nômades, nunca tiveram templos. Habituaram-se a adorar seus deuses e antepassados em seus corações. Quem achou estranho foram os sumérios, mas, como eram pobres, odiavam o templo e seus cultos estranhos, aceitaram a falta de templos com alegria.

Sirara olhou seriamente a Nandi e lhe perguntou:

– Sua preocupação é comigo, não é mesmo?

– Meu amigo, você é importantíssimo para nossos planos. Se viver como os demais puder ser razão de desgosto, podemos pensar em outro modo de convivência. Você poderia nos ajudar a construir os navios e negociar nossos produtos enquanto continua vivendo em Eridu.

– Você é um homem sábio, meu amigo – respondeu Sirara, enquanto batia suavemente com a palma da mão no ombro de Nandi. – Você realmente deve ser um *anunnaki* nascido para ajudar essas pessoas. Não se preocupe comigo, porque não construirei palácios nem mudarei o modo de vida de Marichi. Minha casa é o mar, mas, quando vier à terra, terei uma casa como todos têm. Nunca me senti tão bem como aqui; entrosado com essas pessoas felizes e sorridentes.

Os sumérios acreditavam em *anunnakis*, filhos do céu, espíritos ou homens enviados em missão especial para ajudar os mortais. Mas, no seu íntimo, Nandi não se via como um *anunnaki*. Sentia-se apenas como um homem, ansioso em ser feliz, sentindo-se bem quando via seu povo prosperar.

– Assim seja – respondeu Nandi. – Você é bem-vindo entre nós.

# 34

Desta vez, a inundação levou algumas semanas a mais para ir embora. Quando as águas abandonaram as planícies circunvizinhas, Nandi convocou nova reunião de ambos os conselhos. Convidou Sirara e alguns outros homens não pertencentes aos conselhos por terem provado ser merecedores e sábios. Aguardara pelo retorno de Daksha de Anjira; não queria fazer uma reunião sem o chefe dos anjiras e se ver envolvido em mais problemas com o sogro.

– Então você quase morreu nesse verão – proferiu Daksha com desdém.

– Essa foi uma inundação muito mais forte, realmente, mas aguentamos bem – respondeu Nandi calmamente.

– Já disse isso e repito: este lugar não é apropriado para se viver no inverno.

– Precisamos apenas fortalecer a muralha do lado norte da cidade – atalhou Kratu. – Se nós a fortalecermos e construirmos canais para desviar a água, até mesmo as mais fortes enxurradas não nos incomodarão.

Tal intervenção foi uma agradável surpresa para Nandi. Pela primeira vez, observou um anjira se opor a Daksha, e logo seu genro, dando maior peso às suas palavras. Daksha se fechou num mutismo profundo e parecia não estar presente.

– É uma boa ideia. Devemos designar Kratu como o chefe de tais melhorias – disse Nandi imediatamente.

Todos concordaram e Kratu foi eleito coordenador do grupo de trabalhadores.

– Deixe-me expor alguns outros pontos – disse Nandi. – A Suméria está disposta a comprar uma quantidade enorme de óleo de algodão e de tecidos. É uma quantidade tão grande impossível de prover de imediato. Precisamos ampliar nossa plantação em pelo menos dez vezes; algo inexequível em curto prazo.

– Precisamos é de mais pessoas trabalhando nos campos – interveio Enhegal.

– Sim, mas onde conseguiremos mais gente? – perguntou Nandi. – Não podemos trazê-los da Suméria. Seria muito arriscado convidar mais pessoas de nossas cidades.

– Não entendo o motivo de não convidarmos bons trabalhadores de sua terra – afirmou Kharaman.

– Gostaria de responder, se me permitem – interveio Sirara, dominando bem o shindi. – Se os governantes da Suméria descobrirem o quanto ainda somos fracos, tentariam nos conquistar. Somos apenas uma aldeia com poucos guerreiros para defendê-la. Os *ensiles*, nossos reis, são criaturas perversas. Não devemos revelar nossa localização.

– Sirara tem razão. Infelizmente, nossos reis são pessoas depravadas. Eles nos poriam em ferros e nos forçariam a trabalhar como escravos – confirmou Nandi e, depois de uma pausa, mudou de assunto: – Todos conhecem mestre Sirara. Ele está disposto a construir um novo barco para nós. Este é um dos assuntos principais de nosso programa de trabalho. Devemos colocá-lo como responsável de um grupo de carpinteiros a fim de cumprir essa tarefa.

Mais uma vez, sem debates, os conselheiros aprovaram a proposta de Nandi.

– Mesmo assim ainda temos de achar gente perto daqui – disse Kratu.

– Sim, positivamente é a única forma – concordou Nandi. – Embora não tenha visto outras pessoas ao redor daqui, é possível haver grupos com o mesmo hábito de passar o inverno no vale.

– Os dhanavas de Mehrghar é um grupo grande e eles passam o inverno no vale – comentou Kharaman.

– Você deve estar louco se pensa em convidar os dhanavas a viver aqui conosco – disse Kratu visivelmente apavorado.

– Não, mas deve haver outros grupos desconhecidos – retrucou Kharaman contrariado.

– Essa é uma boa ideia – interveio Nandi. – Poderíamos procurá-los e, caso os encontremos, podemos convidá-los a nos conhecer. Talvez possamos convencê-los a ficarem e trabalharem conosco.

– E quem os procuraria? A maioria de nós estará trabalhando – comentou Kratu.

– Farei isto – respondeu Nandi. – Não preciso de um grupo grande para me acompanhar: cinco ou seis homens será o suficiente.

Os conselhos concordaram, mas, quando já estavam deixando a reunião, Daksha acordou do seu aparente transe.

– Você deve ser um louco possuído – berrou a pleno pulmões. – Mais uma vez vai deixar minha filha para correr atrás de quimeras. Basta ela estar grávida e você inventa um modo de fugir. Agora vai trazer mais gente estranha. Seremos obrigados a conviver com pessoas de costumes diferentes dos nossos. Um dia vai acordar com uma faca na garganta.

A violenta repreensão de Daksha paralisou todos, como se estivessem pregados no chão. Olharam para os dois homens, preocupados com o desfecho.

– Sim, meu pai, você tem razão. Terei extremo cuidado para não trazer pessoas vis entre nós. Deverão ser pessoas da mesma origem dos anjiras, com famílias, anciões, mulheres e crianças. E os vigiaremos até estarmos seguros de não sermos atacados à traição.

– Palavras, palavras. Só sabe falar e mais nada – vociferou Daksha. Deu as costas e saiu pisando duro, seguido de perto por seus amigos anciões.

O resto dos conselheiros olhou surpreso para Nandi. Lívido, ele sorriu de volta para eles como se nada tivesse acontecido. Com tal sorriso, ele transformava as palavras de Daksha em algo a não ser levado a sério. Mas, quando viu o sogro apressar-se para fora do salão de reuniões, ficou preocupado: um dia, a ira de Daksha poderia ser motivo de uma tragédia.

# 35

Enquanto Nandi vagava pelo norte à procura de outras tribos com o mesmo hábito dos anjiras, lembrou-se da última conversa com Humma. Ela não lhe dissera estar esperando mais um rebento; queria surpreendê-lo, mas soubera do fato pela explosão de Daksha. Ela não o repreendeu por partir novamente, porém o advertiu amorosamente sobre Virabhadra. Era agora um menino de três anos e precisava de um pai presente. O menino era louco por ele, porém Nandi nunca tinha tempo para o filho. Ela lhe perguntou se não podia arranjar algum momento para brincar com o menino. Claro, respondeu, sempre há um tempo livre para quem se ama. E então a esposa lhe perguntou se gostava do menino, e ele respondeu Afirmativamente. Algo, porém, em sua mente lhe disse, por razões ignoradas, para não confiar nele. Não revelou esse estranho sentimento sobre Virabhadra à esposa.

– Ridículo – resmungou, enquanto montava o elefante. – Como podia desconfiar de um menino de três anos? Devia ser a falta de costume em lidar com crianças. Contudo, uma vez mais, algo no fundo da sua alma lhe avisou que estava se iludindo.

– Nandi, Nandi, há um acampamento a nossa frente – gritou um dos homens, tirando-o do devaneio. Olhou e viu o agrupamento de pessoas quase escondido entre arbustos e árvores. Não era um acampamento grande, umas mil pessoas, no máximo.

Ao se aproximarem, as pessoas saíram das tendas a fim de receber os oito homens. Ficaram maravilhados: nunca viram pessoas montadas em elefantes. Nandi sorriu e os saudou, gesticulando com as mãos vazias para confirmar as intenções pacíficas. Ao adentrar no acampamento, desmontaram. Os homens os cercaram. Pareciam amigáveis. Olhavam-no com curiosidade, provavelmente porque era o único homem branco e, com certeza, jamais vira alguém dessa cor. Depois de cumprimentá-los, ficou mais tranquilo, pois falavam um idioma semelhante ao brahui. Foram convidados a beber água e conversar com o chefe dos anciões. Eram de um vilarejo chamado Mehi, no planalto do Baluquistão, com os mesmos hábitos dos anjiras.

Após meia hora de exposição, Nandi conseguira deixar suas ideias bem claras.

– Venham e conheçam nossa cidade. Se gostarem de nosso modo de vida, podem ficar em nossa cidade ou lhe ajudaremos a construir uma aldeia semelhante próxima de nós.

– E se não gostarmos?

– São livres para partir quando quiserem.

– Vamos primeiro deliberar sobre o assunto.

– Excelente! Devem mesmo. É minha ideia ir ao norte com o intuito de achar outros grupos e convidá-los também a conhecer Marichi. Em menos de um mês, estarei de volta e, se quiserem conhecer minha cidade, seu grupo pode nos acompanhar. Se gostar do modo como vivemos, poderão ficar o verão conosco e observarão como estamos bem protegidos da inundação. Se não gostarem de nossa cidade, ainda terão tempo de voltar para Mehi.

Eles concordaram e, no dia seguinte, Nandi e sua equipagem partiram.

Durante um mês, Nandi encontrou vários grupos das aldeias de Nal, Siah Damb, Nokjo Shahdinzai, Nundara e Kuli. Convenceu as pessoas de Nal, Nundara e Kuli a visitarem Marichi e voltarem com ele. No caminho, encontrou-se com o grupo de Mehi e foram todos juntos para Marichi.

Quando os recém-chegados viram a cidade, ficaram pasmos. Como homens podiam construir tal cidade com muralhas tão altas? Devidamente instruídos por Nandi, as pessoas de Marichi acolheram os recém-chegados com simpatia e lhes mostraram a cidade.

– Me ajude a convencê-los a ficar – disse Nandi a Humma. – Se as mulheres desejarem ficar, os homens as seguirão.

Ela meneou a cabeça enquanto sorria. Afastou-se do marido e aproximou-se das recém-chegadas. Apresentou-se e inspecionou o pescoço das mulheres. Pelo número de colares e pulseiras, sabia quem eram as mais importantes do grupo. Observou uma das mais importantes e aproximou-se, sorrindo. Perguntou-lhe o nome e, após ter recebido a resposta, convidou-a a acompanhá-la. Arrastou-a suavemente pelo braço e as demais a acompanharam.

A primeira demonstração de Humma foi levá-las à própria casa. As mulheres acharam o pátio interno e o bem-cuidado jardim encantador. Então ela os levou ao banheiro e explicou o funcionamento. Tomou seu tempo mostrando a vantagem da água corrente, de onde e como vinha e para onde ia após a higiene íntima.

– Não há nada mais fácil para banhar as crianças. Você os põe aqui embaixo – disse, apontando o lugar certo. – E depois puxa esta corda.

Quando a água caiu, Humma escutou as exclamações da mais pura admiração. Então saíram da casa e Humma levou as mulheres à escola. As crianças estavam reunidas no prédio central. Divididas em grupos de acordo com a faixa etária, as crianças eram instruídas em atividades úteis e eventualmente lúdicas.

– Todas nossas crianças se ocupam com atividades próprias de cada idade, enquanto as mulheres trabalham em casa, ou ajudam o marido nos campos, ou ordenham as vacas e as cabras.

Pela expressão de felicidade das mulheres, Humma sabia estar no bom caminho. Era uma preocupação a menos: não haveria crianças chorando, agarradas nas pernas das mães, enquanto elas tentavam realizar as atividades domésticas. Nem crianças correndo feito selvagens com o perigo nos calcanhares. Comentavam umas com as outras o modo maravilhoso de lidar com os problemas diários.

– Neste mesmo edifício temos um mercado. Juntamos aqui todos os bens necessários à nossa vida e pagamos por meio de selos.

Examinaram os selos e Humma despendeu boa hora explicando como funcionavam. Não foi tarefa fácil, pois jamais haviam usado tal método, mas eram inteligentes e compreenderam o ponto principal: quanto mais selos possuíam, mais objetos, comida e serviços poderiam adquirir.

Conduziu-as ao mercado e puderam observar a variedade de frutas, legumes, grãos, peixes e carnes. Tudo parecia fresco e, nessa hora, as mulheres ficaram excitadas. Era o paraíso na terra.

– Com esse sistema, não precisamos sair em campo para catar nossa comida diária – comentou Humma. – A maioria dos legumes foi plantada em nossa horta. Disso resulta podermos dedicar nosso tempo a assuntos mais importantes. Algumas cuidam das crianças, outras da horta, enquanto há quem trabalhe com os maridos em confecção de joias ou tecelagem.

Nesse instante, chegaram a uma banca de joias. As mulheres ficaram fascinadas pela delicadeza dos adornos. Humma presenteou joias e tecidos estampados de algodão a algumas das mulheres e entregou alguns selos a outras para também terem o gosto de adquirir algo do seu desejo. Parecia um bando de gansos selvagens, correndo de um lado para outro, mostrando às amigas suas compras. O frenesi demonstrado era a certeza da plena aceitação do modo de vida de Marichi. Nesse estado de satisfação, as mulheres forçariam os homens a permanecerem.

À noite, enquanto as mulheres informavam aos maridos as novidades do dia e lhes mostravam os presentes ganhos, eles não precisaram de muito convencimento para ficar em Marichi. Só alguns, mormente os mais velhos, estavam reticentes e preferiam partir. A resposta era invariavelmente:

– Pode ir embora se quiser, mas irá só: ficarei aqui com as crianças.

Tal resposta mostrava ao marido a sua falta de opção a não ser ficar. Como voltaria aàaldeia sem a mulher? Quem cozinharia para ele? E com quem se deitaria à noite?

Todos ficaram em Marichi.

## 36

Quando o Meluhha inundou o vale, as pessoas permaneceram em Marichi, trabalhando na fabricação de tecidos e na produção de óleo de algodão. Não obstante, Nandi viu a necessidade de mais produção para poder atender a demanda da Suméria. A cidade dobrara de tamanho e alcançara dez mil habitantes. Planejara, quando a inundação amainasse, abrir novos campos de plantação, cada vez mais distantes de Marichi. Discutiu o assunto com os conselheiros e estabeleceram um plano. Nandi procuraria por novos habitantes, mas não os traria para Marichi: construiriam uma nova cidade para eles.

Quando a inundação foi embora e Daksha voltou de Anjira com ainda menos gente – alguns anciões tinham morrido –, Nandi lhe relatou o plano. Mais uma vez, Daksha teve uma reação violenta. Mais uma vez, Nandi sorriu e escutou as imprecações sem retrucar.

Humma teve outro menino e, dessa vez, permitiram a Nandi dar-lhe o nome: Uddalaka.

Nandi partiu com seus homens e seus bebês, como ele chamava seus elefantes. Dirigiu-se mais ao norte e, como aconteceu no ano anterior, encontrou alguns grupos de dravídicos. Como sempre, foi recebido como um deus. Uma vez mais, conseguiu reunir um grupo grande de várias aldeias que o seguiu para Marichi. Novamente, Humma foi de importância vital em convencer as mulheres a adotarem o novo estilo de vida. Uma vez mais, ficaram com Nandi, mas, dessa vez, todos foram levados à nova e vizinha cidade, batizada de Dhal, construída sob a liderança de Enhegal e Kharaman.

A metade dos habitantes de Dhal era composta de jovens recém-casados de Marichi, o restante era de recém-chegados. Kharaman sugeriu permanecer pelo menos três anos na nova cidade para ajudá-los. Nandi consentiu, mesmo lastimando a perda de alguém a lhe dar apoio nos debates do conselho.

Dhal ficava a quase vinte quilômetros de Marichi e fora construída longe do rio, a fim de se prevenir do efeito de novas enchentes. Por outro lado, o solo era mais árido e Nandi reuniu homens com o intuito de construir um canal. Tal obra possibilitaria levar a água do rio até as novas plantações.

Na Suméria, Nandi conhecera canais, mas a maioria tinha um metro de largura e não eram profundos. No seu plano, deviam cavar um canal bem maior a fim de possibilitar a navegação de barcos. Dessa forma poderiam escoar a produção de Dhal até o porto de Marichi. Planejou cavar um canal de quatro metros de largura por dois de profundidade.

O trabalho demonstrou ser insano e o canal de dez quilômetros de comprimento levou dois anos para ser concluído. Como última tarefa, eles precisavam derrubar a barreira do rio para permitir a água afluir no canal.

Quando a água entrou, as paredes laterais do canal cederam sob a ação da força da água. Nandi acorreu e mandou bloquear a torrente com sacos de areia num determinado ponto mais acima no canal. Feito isso, apenas parte do trabalho desabou. Se não tivesse barrado o curso da água, o canal inteiro estaria arruinado.

Com ar aflito, Kharaman perguntou qual seria a solução do problema.

– Só há uma solução. Vamos amurar as paredes. Contudo, não devemos fazê-lo com muros retos, e sim ligeiramente inclinados. Dessa forma, a água não solapará a parte mais baixa da murada.

Discutiram o assunto durante algum tempo e decidiram tentar tal método numa curta extensão. Escolheram aproximadamente dez metros e fizeram novas escavações, inclinando a parede. Enhegal sugeriu uma argamassa mais forte. Foi usado um estuque feito de gesso, água e cola vegetal, em vez de barro. Tal argamassa fora usada na construção de edifícios altos em Marichi, mas nunca num canal.

Provou-se perfeito. Quando a água adentrou no trecho selecionando para teste, as paredes inclinadas suportaram e a força da corrente não solapou as paredes. Um canal assim levaria mais um ano para ser concluído e, quando o terminaram, as pessoas de Dhal festejaram por vários dias com seus vizinhos de Marichi. Tomado de uma alegria juvenil, Nandi dançou como nunca o fizera antes.

Enquanto dançava, as moças juntaram-se para assisti-lo. Muitas falaram com Humma, elogiando o marido como o homem mais bonito do mundo. Humma concordou, enquanto sorria. Realmente era uma bela visão observar a dança daquele homem alto, possuidor de um ritmo e elegância sem rival. Em certo ponto da festa, Nandi começou a cantar, e sua voz melodiosa e forte agregou todos em sua volta para escutá-lo. Humma estava orgulhosa de ser casada com um homem tão proeminente.

O segundo filho de Humma com Nandi, Uddalaka, era o amado de Nandi. O tempo indisponível para Virabhadra era destinado a Uddalaka. Todos achavam o menino uma doce criatura. Seria um bom líder quando crescesse, afirmavam, satisfeitos com seu comportamento amável. Sem dúvida, era bem diferente de Virabhadra. O mais velho tinha um temperamento violento e suas brincadeiras com os amigos da mesma idade eram ríspidas. Como Uddalaka tinha a pele escura e lembrava muito a fisionomia da mãe, Daksha o considerava como seu verdadeiro neto. Já Virabhadra tinha a pele branca como Nandi. O velho chefe não só o rejeitou devido à cor da pele, mas também por causa do seu aspecto feroz, pois, mesmo sendo uma criança, parecia mais um selvagem.

Todos os dias quando Nandi chegava imundo da construção ou de outra atividade e ia tomar seu banho, o pequeno Uddalaka agarrava sua mão e o convidava: – Vamos tomar banho, papai! – Quem poderia recusar tal convite? Enquanto Uddalaka era obediente e carinhoso, Virabhadra distanciava-se cada vez mais do pai e Nandi também se distanciava cada vez mais dele.

Uma noite, quando Nandi chegou à casa, Uddalaka não estava ali para tomar o banho com ele.

– Onde está Uddalaka?

– Ele não está bem – respondeu Humma com um ar preocupado. – Dormiu o dia todo. Fui obrigada a despertá-lo para lhe dar de comer. Não quis comer e está com febre.

– Você ministrou-lhe seus remédios?

– Sim, eu lhe dei um chá para fazê-lo suar. A febre deve baixar logo.

Nandi tomou seu banho e foi ver o menino. Estava dormindo e Nandi tocou sua testa. Estava febril. A criança tremia e resmungava palavras desconexas.

– Devíamos colocá-lo debaixo de água fria. Ele está muito quente – disse Nandi.

– Fiz isso duas vezes hoje, mas podemos dar-lhe um banho novamente.

Levantou-o e, junto com Nandi, despiram-no e o levaram para tomar um banho frio. O menino acordou e, ao ver o pai, enlaçou-o pelo pescoço.

– Papai, estou doente.

– Você vai melhorar. Vamos tomar conta de você.

Deram-lhe um banho e a temperatura cedeu. Nandi o vestiu com roupas limpas, levou-o de volta à cama e sentou-se ao seu lado. O menino deu-lhe a mão e ficaram juntos durante algum tempo. Uddalaka dormiu e Humma chamou o marido para jantar. Só naquele momento, sentiu fome, mas, mesmo faminto, comeu pouco. Os pais sentaram-se ao lado de Uddalaka e até mesmo Virabhadra parecia preocupado. Era um menino de sete anos, mas tratava bem seu irmão mais novo.

Ao amanhecer, Nandi acordou e notou Uddalaka quieto. Pôs a mão na testa para ver como estava e a febre parecia ter cedido. O menino estava frio. À primeira vista achou ótimo, mas ao olhar melhor observou um dos olhos aberto. Assustou-se e sacudiu a criança levemente para acordá-la. Não houve reação. Naquele momento, Humma acordou e viu o marido mexendo no menino. Precipitou-se para perto deles. Ela o chamou alto e o menino não se mexeu. Ela o sacudiu e não houve nenhuma resposta. Naquele momento, os pais entenderam a gravidade da situação: o adorável Uddalaka os havia deixado.

Marichi acordou com os gritos de Humma e berros de Nandi. Os vizinhos e parentes de Nandi se apressaram para se inteirar do motivo da comoção. Ao ver o pequeno Uddalaka morto, caíam também no mais sentido pranto.

Enterrar a criança foi outro drama; Nandi o segurava tão apertado e chorava tanto, a ponto de Eannatum intervir e tranquilizá-lo. O homem parecia enlouquecido de dor. Após o enterro, Nandi estava num estado de estupor, a ponto de levar dois dias para se recuperar. Quando o fez, Humma conversou com ele e tentou colocá-lo de pé novamente.

– Nosso bebê foi para o mundo dos deuses – disse Humma, afagando a cabeça do marido. – Ele não está morto. Apenas mudou de residência.

– Sei disso, mas estou chorando porque perdi meu filho, uma criatura doce sem igual. Estou triste devido ao meu egoísmo de querer tê-lo perto de mim.

– Você tem todo o direito, mas nossa gente precisa de você. Todo o trabalho de construção de Karchat parou. As pessoas estão desorientadas e precisam de sua liderança.

Naquele momento, Nandi se lembrou: estavam construindo uma nova cidade: Karchat. Humma tinha razão: as pessoas precisavam dele. Não um homem devastado, mas um líder jovial a conduzi-los ao trabalho com alegria. Tomou um banho, vestiu a roupa, comeu algo e deixou a casa. Havia muito trabalho a sua espera e a tristeza precisava ser soprada para longe. Nandi – Alegria – estava de volta.

# 37

Com o passar do tempo, Nandi construiu uma série de cidades. A cada ano mais tribos nômades eram atraídas pelo novo estilo de vida. Nandi viu-se envolvido na construção dessas cidades, mais tarde chamadas pelo nome de Chupunika, Gorandi, Dula, Atri, Pandi Wahi, Murad e Lohri. A maioria das cidades levava o nome dos chefes. A produção crescia e o comércio com a Suméria trazia bons resultados. Não só uma grande quantidade de bens sumérios afluía ao Meluhha ou Shindi, como o lugar estava sendo chamado, mas também um forte mercado interno de trocas desenvolveu-se.

Num desses dias, Nandi estava fora de casa, construindo uma nova cidade para novos habitantes do vale, além de recém-casados das cidades já existentes. Como era costume, Daksha veio de Anjira passar o inverno e visitou Humma. Mais uma vez, notou sua solidão.

– Então o estúpido de seu marido está fora de novo. Pelo jeito, ele não gosta de ficar em casa e tomar conta de você.

– Não diga isso, pai. Nandi é um excelente marido. Você sabe disso.

– Não sei de nada. Não o vejo perto de você. Aliás, ele nunca está aqui. Deveria viver ao seu lado e lhe dar outros filhos.

Naquele momento, Virabhadra entrou em casa e escutou a discussão do avô com a mãe. Não entrou no quarto e ficou ouvindo na sala contígua.

– Eu considero Nandi diretamente responsável pela morte de Uddalaka. Deveria estar aqui para substituir Uddalaka por outros filhos.

– Isso é uma arrematada tolice, meu pai. Como Nandi pode ser responsável pela morte de Uddalaka? Ele amava o menino loucamente. E sobre outros filhos não dependem dele ou de mim. Fazemos amor como qualquer outro casal, mas a deusa Amba não nos envia outro. De qualquer modo, ainda temos Virabhadra.

– Aquilo não é seu filho: é uma cria do inferno. Nunca vi alguém tão alucinado. Parece possesso por maus espíritos.

– Pelo amor de Amba, meu pai, não repita isso novamente. Virabhadra é um bom rapaz. Pode ser um pouco turbulento, mas é inteligente. Quando se tornar adulto, seu temperamento se acalmará. É um líder natural e todos os jovens o seguem.

– Não passam de arruaceiros e o seu Virabhadra é o pior deles. O pai nunca o repreende e nem você. Alguém tão enlouquecido como Virabhadra deveria ser tratado a rédea curta ou então ficará incontrolável.

– Você está totalmente enganado, meu pai. Nandi o repreende severamente. Às vezes é até mesmo um pouco severo demais. Sempre falo com ele e lhe dou conselhos. Nandi está construindo um país e ele é sumamente importante nesse empreendimento. Eu sou a primeira a encorajá-lo a fim de trabalhar para o bem de nossa gente.

– Então você deve ser tão louca quanto ele. Não sei como atura um marido sujo e mal-vestido. Sempre se intrometendo na vida dos outros e lhes dizendo como proceder, como se fosse o chefe absoluto da cidade.

– Então esse é o problema. Você está zangado porque perdeu sua proeminência na tribo e agora tudo está sendo determinado por Nandi.

Com o rosto congestionando e uma expressão de ódio, Daksha levantou-se e esbofeteou Humma, enquanto vociferava:

– Como ousa me responder desse modo? Não tenho inveja de ninguém. Ainda sou o chefe aqui. Respeite-me, menina.

Naquele momento, Virabhadra entrou no quarto para proteger sua mãe. Seu rosto assustou Daksha. Não era um rapazola de treze de anos se aproximando. Parecia um dragão de três metros, mostrando suas garras e dentes. Virabhadra empurrou Daksha violentamente enquanto berrava:

– Saia daqui, seu velho imbecil, ou eu o mato.

Humma tentou acalmá-lo, mas ele ouvira as palavras de desdouro referente à sua pessoa. Sob o comando do ódio ao avô, seu desejo era dilacerá-lo. Ao ver o filho desnorteado, Humma o agarrou pela cintura enquanto gritava ao pai para sair imediatamente. Depois de ter sido empurrado pelo neto e se assustar com sua expressão de ódio, Daksha o obedeceu sem discutir.

Quando o ancião saiu, Virabhadra foi acometido de um ataque de fúria. Transtornado, começou a jogar os objetos pela casa, enquanto a mãe pedia calma. Por um a dois minutos, parecia um demente, mas, como Humma lhe falava docemente, ele foi se acalmando. Então, o ataque de fúria cessou. Nesse instante, com a expressão cansada, ele caiu prostrado no chão. Durante quase dez minutos, parecia ter deixado o corpo, enquanto, com os olhos abertos e vidrados, sua mente vagava. Humma conseguiu trazê-lo de volta ao passar, por várias vezes, um lenço molhado na testa. Ao sair do estado catatônico, Virabhadra sorriu de modo singelo e deixou a casa para falar com os amigos, como se nada tivesse acontecido: parecia até mesmo feliz.

Ao ver o filho sair, sorrindo, e chamar os amigos num tom alegre, ela se sentou e pôs a cabeça entre as mãos. Seu corpo tremia. Sentiu uma febre súbita, além de uma intensa dor de cabeça. Estava mortalmente preocupada com Virabhadra: ele não podia ser normal. Ninguém podia ter um ataque de demência e depois proceder como se nada tivesse acontecido. Seu filho tinha problemas e só um idiota não o veria, e Humma não era nenhuma tola.

## 38

Enquanto ocorriam esses eventos, no plano espiritual, Rudra, o coordenador do projeto Meluhha, reuniu seus principais assistentes. Eles relataram os detalhes da operação e muitos deles eram espíritos de Ahtilantê, vindos a ajudar pessoas expurgadas.

– Mestre Rudra, se me permite perguntar; qual o motivo de termos tão poucos espíritos de Ahtilantê renascidos no Shindi?

– É uma excelente pergunta, meu amigo, e terei prazer em lhe explicar tais fatos, mas, antes de responder à sua pergunta, sinto necessidade de elucidar pontos importantes sobre o processo de reencarnação. Nada disso é novidade para alguns, mas, ao me repetir, iluminarei pontos ainda obscuros.

Os oito assistentes se sentaram em torno da mesa redonda para escutarem a conferência a ser proferida pelo coordenador. O processo era conhecido, mas Rudra apreciava começar os assuntos desde o início, mesmo correndo o risco de ser repetitivo e enfadonho.

– Enquanto, entre os animais, a reencarnação funciona por meio de mecanismos quase inteiramente automatizados da natureza, o processo de reencarnação do espírito é integralmente dirigido pela espiritualidade superior e começa algumas horas antes da fecundação, quando o espírito é trazido, frequentemente em estado inconsciente e já miniaturizado por indução magnética. A presença do seu psiquismo irá estimular a corrida do espermatozoide compatível com as características físicas que desenvolverá na vida que se inicia para fecundar o óvulo previamente selecionado pela equipe espiritual responsável por sua encarnação. No momento em que ocorre a concepção, o corpo fluídico do espírito reencarnante é fixado em volta da cintura materna, ligado ao ovo por um fio muito tênue. Ao multiplicar-se, o ovo atrai lentamente o restante do corpo espiritual. Gradualmente, o espírito transfere imensa quantidade de dados que irá determinar o desenvolvimento do embrião. Sua mente atua fortemente na formação do cérebro, transmitindo-lhe milhões de informações. Após o nascimento, essas informações vão sendo reativadas no cérebro e desde as menores atividades até as mais complexas entram em ação de acordo com o desenvolvimento da criança. Portanto, cuidados, estímulos e alimentação adequada são fundamentais nos primeiros anos de existência.

“Desde muito cedo, o espírito começa também a sofrer a influência da sociedade e do ambiente que o cerca. O conceito de certo e errado de cada sociedade, as tradições familiares, os hábitos e o comportamento social interferem decisivamente na formação da nova personalidade. Todavia, esse processo irá repousar sobre uma base pré-existente: a experiência e evolução espiritual incrustada no espírito, amalgamado de outras existências. Se nós estamos tratando de um espírito evoluído, tais ensinamentos serão mais bem entendidos e rapidamente postos em ação. Todavia, se o espírito ainda se encontra em fases inferiores da humanidade, os ensinamentos serão apenas parcialmente compreendidos e será necessária uma constante repetição para fixá-los à mente.”

Deu uma pausa a fim de permitir a absorção dos ensinamentos e depois prosseguiu em seu modo didático.

– Permita repetir a importância da influência de sociedade na personalidade e no comportamento. Os conceitos de individualismo e de vitória pessoal como principal objetivo da existência geram violência, destemperança e competição entre as pessoas. É o caso da cultura da Suméria. Em Shindi, nossos coordenadores Mitraton e Mykael tiveram o cuidado em iniciar uma cultura utilizando-se do concurso de um ahtilante muito evoluído, e nossos guardiãos não permitiram alambaques soltos na região. Ao valorizar o trabalho coletivo e o espírito de cooperação, desejamos consolidar esses ideais nessa cultura incipiente. Pretendemos diminuir os efeitos da ganância, da violência, do egoísmo, da astúcia e do culto à personalidade com suas consequências funestas.

– Sobre isso podemos ficar tranquilos – interrompeu um dos assistentes. – O Shindi vai bem.

– Não podemos tomar nada como garantido, meu caro. Shindi começou há pouco. Não passou ainda por testes.

– Quais os testes, mestre Rudra?

– Diversos. A própria natureza instável do rio Meluhha os colocará em situações difíceis. Vejamos como reagirão quando acontecer uma inundação devastadora. Abandonarão suas casas e voltarão ao modo de vida anterior? Ou unir-se-ão e reconstruirão suas cidades? Estão felizes com a atual condição ou haverá dissensões internas? Como resolverão suas diferenças? Por outro lado, mesmo sem sabê-lo, estão cercados por tribos selvagens as quais não entraram em choque ainda. Tornar-se-ão belicosos e violentos? Ou se defenderão sem se corromper em vis massacres? Todos esses eventos moldarão o caráter nacional e lhes permitirão ser forte sem violência, industriosos sem rapacidade e fraternais sem romantismos piegas. Só quando essas condições forem testadas, o Shindi se tornará um lugar apropriado para os ahtilantes renascerem.

– Em quanto tempo poderemos preparar a reencarnação do grosso do contingente de ahtilantes?

– O Shindi deverá passar por testes sem a presença de Enki, ou Nandi, como o chamam. Precisamos nos assegurar se, de fato, já estão prontos para saltos maiores.

– Estou tão preocupada com os ahtilantes – expressou-se uma das assistentes. – Como sabe, meu marido de prévia existência foi degradado em condições lastimáveis e estou ansiosa por vê-lo recuperado. Quando pergunto a Uriel sobre nossos irmãos ahtilantes, recebo invariavelmente a mesma resposta: não podem ser visitados ainda. Qual o motivo dessa recusa, mestre Rudra? Deixamos Ahtilantê para ajudá-los a resgatar o passado.

Rudra calou-se por quase dois minutos, ficou com a cabeça erguida como se estivesse procurando a resposta do dilema no teto. Após esse interregno, proferiu:

– Eu lhes mostrarei algo terrível, e seus amigos não devem saber disso. Há de ser um segredo bem guardado entre nós. – Mais uma vez, hesitou e, após uma curta pausa, arrematou: – Provavelmente lamentarei esse dia, mas confio em Deus. Se a verdade não mata o espírito, fá-lo-á mais forte. Sigam me.

# 39

Jamais haviam visto um hangar tão gigantesco. Com mais de cinco quilômetros de comprimento e trezentos metros de Largura. A edificação ficava situada nas trevas – uma dimensão a qual não tinham acesso. Rudra recomendara conter as emoções.

– Mestre Rudra, seja bem-vindo. Recebemos há pouco a liberação especial de lorde Mykael a fim de permitir a entrada do grupo nas instalações – disse o abrutalhado guardião numa das muitas entradas do galpão.

Nesse instante, os participantes entenderam o motivo de Rudra ter ficado calado enquanto olhava o teto: falara mentalmente com Mykael, pleiteando autorização para o grupo visitar as dependências.

Adentraram no hangar. Observaram um teto situado a cinquenta metros de altura, dando ao lugar um aspecto ainda mais grandioso. A escuridão do lugar era quebrada por pequenas luzes avermelhadas colocadas no teto numa distância de cinquenta metros uma das outras. Quando seus olhos se acostumaram com o lugar, notaram quinze filas de camas, ocupando o edifício. Em cada cama, havia um ahtilante, afivelado por laços fluídicos, aprisionando-o ao leito.

O grupo caminhou entre as camas, acompanhado do guardião, que se virou para Rudra e comentou:

– Estes são os principais alambaques capturados na fortaleza de Razidaraka. Como pode ver, ainda se encontram em estado lastimável.

Em questão de minutos, Rudra explicou aos participantes o drama de Razidaraka. Fora o principal alambaque revoltoso. Devido à sua atuação desastrosa, conseguira reunir quase um terço dos alambaques numa cruzada contra as forças de Varuna. Estimulara uma guerra cujas consequências foram superiores a duzentos milhões de vítimas, uma devastação ecológica provocada por resíduos tóxicos e uma onda de crimes, vícios, ataques e assassinatos jamais presenciados. Foi, finalmente, derrotado quando a Lua Negra de Karion o sugou para seu interior, junto com seus principais aliados e comandados.

O grupo ficou impressionado com os espíritos deitados nas camas. A maioria apresentava o corpo disforme. Alguns salivavam uma baba negra pelo canto da bocarra escancarada. Quase todos apresentavam um líquido viscoso cinza escuro escorrendo do meio da testa. Do telhado, equipamentos sugavam o material pestilento do ambiente. Máquinas automáticas varriam o piso todos os quartos de hora, embora o chão absorvesse o grosso do material exsudado.

Algumas pessoas do grupo sentiram-se doentes com a visão e o cheiro nauseabundo daqueles farrapos humanos. Alguns quase desfaleceram. Rudra convocou mais guardiãos e mandou levá-los à enfermaria. Já a assistente instigadora da visita não parecia se emocionar com nada presenciado até então. Rudra entendeu o motivo de sua concentração: estava à procura do marido.

Por mais de quinze minutos, viu-a caminhar entre as filas, investigando cada um dos acamados em estado catatônico. Rudra permitiu a sua busca, enquanto trocava informações sobre o estado dos internos com o chefe da guarda, mas vigiava-a com o canto do olho. Subitamente, ela estacou. Ficou olhando com uma atitude séria para um arremedo de ser humano. De longe, Rudra observou um homem deformado. Naquele instante, Rudra deslizou em direção à assistente.

– Mestre Rudra, este é meu marido? Minha mente recusa a possibilidade, mas meu coração me afirma sê-lo.

– Como dizê-lo, minha cara amiga? Se você esteve à procura do amor de sua vida, do belo homem dedicado a fazê-la feliz, não o encontrará mais como costumava ser. Contudo, mesmo ciente de se tratar de um escroque e um assassino, um político responsável pela ruína de muitas vidas, sua procura se encerra neste instante. Serei obrigado a concordar com seu coração. Sim, este espírito é seu marido.

Imaginou vê-la debulhar-se em lágrimas, mas, para sua surpresa, ela respondeu, num tom sério:

– Agora entendo o motivo de preparamos o Shindi a fim de se tornar um lugar adequado para o renascimento dos ahtilantes. Meu marido precisa conhecer a verdadeira razão da existência. Não podemos pisotear, roubar, matar, enganar apenas para sermos declarados vencedores. Meu marido há de aprender a se tornar humano e não apenas uma máquina de ganhar dinheiro.

# 40

Os anos se passaram e as aldeias cresceram. A maioria da produção de tecidos e óleo de algodão era enviada a Marichi e de lá singrava para a Suméria nos navios de Sirara. Balulu recebera um barco de Nandi como pagamento do afundado. Ebihil, Balulu e seus sócios tinham a primazia de negociar os produtos shindis na Suméria. A madeira também era um dos principais produtos vendidos pelos shindis à Suméria e toda quantidade enviada era adquirida pelos sumérios.

Um dia, quando Sirara voltou de uma das suas viagens regulares a Eridu, encontrou-se com Nandi e lhe contou sobre certas novidades preocupantes. Conversaram no navio de Sirara, enquanto assistiam aos marinheiros descarregarem os bens sumérios.

– Balulu morreu – informou Sirara. – Ninguém sabe como, mas todos seus navios e negócios foram para um sobrinho.

– Como isso afetará nossa situação?

– Não estou certo, mas conversei com o novo dono e ele expressou o desejo de enviar seus navios até Marichi a fim de transportar quanta madeira puder.

– Não gosto disso.

– É devido à extração de madeira? Ainda temos muitas florestas e transportar a madeira não será problema, pois você domesticou os elefantes. Eles carregarão as toras até o porto.

– Minha preocupação não é com a extração da madeira nem com a substituição das árvores cortadas por novas, mas a influência dos sumérios entre nós. Se esse homem aprender o caminho a Dilmun, como chamam nossa terra, ninguém sabe se algum dia não ele não reunirá um exército para tentar nos conquistar.

– Você está exagerando, meu caro. Não acredito nisso.

– Provavelmente é excesso de zelo, mas conheço nossa gente. Os *ensiles* são gananciosos. Qual o motivo de pagarem nosso preço se podem nos dominar facilmente e ter tudo gratuitamente?

Balançando a cabeça de um lado para o outro, Sirara demonstrava sua dúvida. Mas, de fato, Nandi tinha razão, pois os shindis não tinham exércitos e os homens não tinham experiência guerreira. O capitão olhou ao longe, como se esperasse uma resposta vinda do horizonte. Depois de uma pausa, retomou a conversa:

– Temos uma solução. Deveríamos construir um porto intermediário entre Shindi e a Suméria. Isso resolverá um dos meus problemas: o rio Meluhha.

– Sim, sim, já falamos sobre isso várias vezes. Você está sempre reclamando do rio.

– Mas é verdade, Nandi. A correnteza do rio dificulta a navegação. Quando o rio inunda, então não consigo navegar.

– Mas é só um período do ano.

– Você está brincando? É metade do tempo. Cada navio poderia fazer umas doze viagens por ano enquanto só conseguimos realizar cinco. Estamos perdendo dinheiro – e antes de Nandi responder, trouxe à baila outro argumento: – E há o assunto da água. Preciso me reabastecer de água duas vezes durante a viagem. Se Sotkakoh estivesse no meio da viagem, bastaria uma única parada. E você sabe, já esteve lá; Sotkakoh não é um porto propício. Nossos navios ficam ao largo enquanto buscamos água num bote.

– Certo! Você tem razão. Procuremos outra aldeia melhor situada.

– Ora, Nandi, já procurei e não há nenhuma bem localizada.

– Qual é a proposta? Construir um porto?

– Qual o problema? Você construiu quase trinta cidades ao redor de Marichi. Seria apenas um vilarejo com um porto.

Um dos marinheiros os interrompeu com um assunto do navio. Sirara afastou-se para cuidar do problema, dando a Nandi tempo para pensar melhor no assunto. A proposta de Sirara tinha seu lado atraente: resolveria algumas situações de conflito entre as aldeias e Marichi, assim como impediria os sumérios de trazerem a guerra à sua terra.

Sim, pensou, outra cidade poderia ser a solução para suas dores de cabeça com as aldeias. Negócios são voláteis. Por várias vezes quando levaram os frutos da produção de algodão a Eridu, Ebihil pagou menos do combinado. Quando Ebihil conseguia revender seus produtos, ele pagava o acordado. Mas algumas vezes a situação para os sumérios não era propícia, pois eles também tinham seus problemas. Às vezes era uma guerra entre cidades, ou a inundação do rio Eufrates, ou então pura falta de sorte.

Mas quando Nandi tinha de fazer o acerto das várias transações com as aldeias, eles nunca entendiam essas flutuações de preço e exigiam o preço previamente estabelecido. Marichi sempre pagava a diferença e isso recaía nos homens comuns.

Naquele momento, Marichi se voltava contra Nandi e ele tinha dificuldades em explicar o risco dos negócios. Acabava por pagar a diferença do seu bolso. Agora, se todas as aldeias levassem seus produtos diretamente a um porto intermediário, então poderiam lidar diretamente com o entreposto dos sumérios. Assim, Marichi não pagaria tal diferença e suas dificuldades terminariam.

Sirara retornou e estava a ponto de recomeçar sua arenga. Nandi o interrompeu com um sorriso.

– Não há necessidade de me convencer, Sirara. Vou pensar no assunto e discuti-lo com os anciões das aldeias. Em algumas semanas teremos nossa festa anual e os chefes virão a Marichi. Se formos construir um porto intermediário, deve ser um projeto sólido. Trata-se de um grande investimento e preciso da colaboração de todos.

– Imaginei apenas um vilarejo a me dar apoio enquanto viajo. Você parece estar planejando algo maior. Será aconselhável?

– Só o tempo dirá. De qualquer maneira, não é algo a ser feito sem refletir. Se nós vamos continuar comercializando com a Suméria e eles irão apanhar nossos bens em nossos portos, preciso da aprovação deles também para esse projeto. Não vamos construir um porto para vê-lo vazio, enquanto os sumérios não atracam lá e vêm diretamente a Marichi.

– Isso requererá sua visita pessoal. Nunca resolverão algo tão importante com um simples capitão.

– Você não é um simples capitão, mas concordo com você. Negociarei pessoalmente com eles. Não quero começar algo tão grande apenas com promessas. Eles precisam investir também ou podem vir depois com desculpas ridículas e não nos pagarem.

Sirara olhou para Nandi e sorriu ironicamente, enquanto lhe dizia:

– Ó homem para gostar de encrencas!

# 41

Os festejos anuais para celebrar a fertilidade eram tempos alegres. As pessoas se casavam, jovens encontravam-se com outros de sua idade, novo amores se iniciavam e alianças eram consolidadas. Os chefes das aldeias compareciam com seus aldeões, traziam sua produção e recebiam os selos correspondentes. Como se tratava de um banquete coletivo, todos traziam cordeiros e gado a ser repartido. A fartura imperava no banquete por vários dias. Nandi aproveitou a ocasião para convencer os chefes do projeto de um porto intermediário. Convencê-los e obter a aprovação foi uma tarefa demorada, mas, no final, aquiesceram.

No banquete ao ar livre, eles tinham o hábito de ingerir uma bebida forte feita de raízes, ervas e álcool extraído de frutas. Naquela noite, quando os chefes estavam bebendo com Daksha, Nandi chegou de sua casa. Tomara um demorado banho e seus longos cabelos haviam sido penteados e perfumados com essências raras. Vestira-se como a ocasião demandava e, ao chegar, cumprimentou todos com um sorriso amigável, até ouvir a voz a qual ultimamente só fazia aborrecê-lo.

– Então o porco tomou um banho afinal. Ele está sempre imundo e fedendo como um suíno. Mais parece um louco caminhando entre as sepulturas à procura de ossos e crânios.

Calmamente, Nandi virou-se para Daksha. Todos se calaram. Era notória a implicância do sogro de Nandi.

– É um prazer vê-lo, querido pai – respondeu Nandi com um ar sério, enquanto se inclinava levemente em sinal de deferência.

– Não sou seu pai, seu salafrário estúpido – respondeu o ancião, enquanto se levantava. Nesse momento, seu adiantado estado de embriaguez era visível.

– Eu o considero como um pai.

– Não, você não me considera. O pior engano da minha vida foi permitir seu casamento com minha filha. Você fez a vida dela miserável. Enquanto meu outro genro me deu muitos netos, você só me deu uma peste chamada Virabhadra – e, então, cuspiu no chão com desdém. – Você é responsável pela morte de meu Uddalaka, o único ato decente realizado em sua maldita vida.

Nandi estava lívido. Nunca o velho fora tão áspero em público e na frente de pessoas tão importantes. Qual deveria ser sua reação? Então, num instante, tomou uma decisão: não daria crédito a um bêbedo. Virou-se e lentamente afastou-se com um sorriso amarelo no rosto.

– Como ousa dar-me as costas – gritou Daksha, enquanto tirava a adaga da cintura e partia atrás de Nandi.

Alguém naquele momento gritou "cuidado", e Nandi se virou apenas para ver Daksha, um velho, bêbedo e desajeitado, tentar lhe dar uma estocada. Foi fácil evitar o golpe e quando Nandi saiu de lado, Daksha perdeu o equilíbrio e caiu.

Com crescente ira, Daksha levantou-se e olhou para Nandi. Novamente, cambaleou em sua direção para esfaqueá-lo, quando gritou e deixou sua arma cair. Seu braço direito tentou alcançar algo nas costas. Caiu então de joelhos, estremeceu e o sangue esguichou da boca. Com urro rouco, caiu de frente ao chão e, então, Nandi entendeu o motivo do estrebucho: Virabhadra tinha apunhalado Daksha.

Nandi correu para o ancião caído. Ainda estava vivo. Tentou ajudá-lo, mas estava em choque. Quando Nandi retirou o punhal das costas, mais sangue esguichou da boca e do ferimento. Em minutos, Daksha estava morto.

Quando Virabhadra apunhalou o avô e o velho caiu, outras pessoas saíram do estupor e agarraram o rapaz de quinze anos. Levaram-no embora. De imediato, Humma foi chamada. Quando chegou e viu seu pai numa poça de sangue, estacou lívida e assustada. Sua primeira impressão foi culpar Nandi por ter matado o pai, pois ele estava debruçado sobre ele, tentando estancar o sangue.

– Você fez isto? – ela perguntou.

Com os olhos cheios de lágrimas, Nandi conseguiu negar com a cabeça. Alguém lhe informou:

– Foi Virabhadra. Estava defendendo o pai.

Quando ela ouviu o nome do filho, sentiu sua cabeça rodar, sua vista escurecer e caiu de joelhos, abrindo a boca em busca de ar. Seu filho não pôde ter feito isso! Nesse instante, sua mente encontrou um meio de fugir do fato. Em questão de segundos, pensou, acordaria daquele pesadelo e tudo estaria bem.

Os dias após a morte de Daksha não foram nada alegres. Os anciões julgaram Virabhadra e ele foi libertado; todos concordaram na hipótese de tentativa de salvar seu pai do ataque de Daksha, defendida por Kratu, seu tio. Não obstante, Nandi estava devastado; não havia necessidade de tê-lo morto. Era apenas um velho enfraquecido, facilmente dominável com um mínimo de força. Contudo, vira a expressão no rosto do filho e jamais a esqueceria. O assassinato de Daksha não fora algo feito no calor de um combate, mas realizado com insana alegria, um ato de intenso prazer, como se fora uma vingança longamente arquitetada. – Meu filho poderia ser um assassino frio? – perguntou-se por várias vezes. O fato de ser violento não lhe era desconhecido, mas ser assim tão cruel? Teria ele gerado um demônio?

# 42

Os meses seguintes foram de lenta agonia. Nandi não tinha nenhuma vontade de ir a Eridu, pois Humma sofrera uma estranha mudança. De uma pessoa luminosa e alegre, tornara-se taciturna. Reação estranha a dela: não dissera nada a Virabhadra, nem uma palavra de repreensão e muito menos de compreensão. Era como se Virabhadra não existisse. Já com Nandi, raramente lhe falava. Apenas respondia às suas perguntas da forma mais monossilábica possível.

Nas primeiras semanas, Nandi tentou consolar a esposa com doces palavras, mas, quando começava a falar, ela saía do quarto. Havia de ser paciente, ele se disse, o tempo cura tudo. Mas, com o decorrer dos dias, a situação tornou-se mais tensa: ao entabular qualquer assunto não relacionado com o almoço ou o jantar, ela desandava a chorar. Ao tentar confortá-la, ela se fechava como uma concha.

Fazer amor estava fora de cogitação. Nandi não podia sequer tocá-la. Ela se encolhia e virava-se de costas para ele. O tempo cura tudo, continuava a repetir. Todavia, o maior motivo de preocupação era o fato de ela não se alimentar. Conversou com ela sobre isso, e ela respondeu com murmúrios incompreensíveis. Evitou deixar Marichi e tentou ficar o mais próximo dela quanto possível, mas parecia contraproducente; quanto mais ela o via, mais o evitava.

Nandi teve a ideia de pedir ajuda a Danistha, a irmã de Humma. Dirigiu-se até sua casa e ela o recebeu na soleira da porta. Explicou a situação e solicitou seu concurso.

– Eu não vou fazer nada. Não vou ajudá-lo a recuperar minha irmã. Você a perdeu e deveria deixá-la ir embora.

– Mas, Danistha, ela nunca pediu para partir. Ela é livre para decidir seu destino. Meu desejo...

– Seu desejo, seu desejo – interrompeu bruscamente. – É só esse seu pensamento. Você é egoísta. Só pensa nos seus desejos.

– Você está me julgando severamente; dediquei minha vida às pessoas...

– Não é verdade – atalhou Danistha. – Você só pensa em você. As pessoas são seus escravos para você atingir seus sonhos de grandeza.

– Isso não é...

– Nada me convencerá do contrário. Você é responsável pela morte de meu pai. Virabhadra foi apenas um instrumento de sua ambição. Ele é um bom rapaz. Você o usou contra meu pai. Diga-me, Nandi, qual deveria ser a reação de um homem orgulhoso como meu pai? Subordinar-se às suas ordens? Pode imaginar um líder valoroso se sujeitar a uma posição inferior?

– Daksha era o chefe do conselho de anciões.

– Uma posição miserável na qual ninguém dá valor. Um homem como Daksha jamais aceitaria um título sem o devido comando – disse Danistha. Aproveitando o ar estupefato de Nandi, ela arrematou furiosa: – Você é um elefante a atropelar as pessoas: se não cumprirem suas ordens, você as esmaga.

– Estou perdendo meu tempo aqui, Danistha. Você já me julgou e nada mudará sua mente. Mas, escute-me bem, seu julgamento não me afeta. Odeie-me ou ame-me, isso não me preocupa, mas Humma está acima de nossas diferenças. Ela precisa de um conselho amigo. Se for para continuar viva, pode partir quando quiser. Eu a quero sã e viva.

– Claro, sua consciência não toleraria outra morte.

– Por Amba, pare com suas acusações. Humma é agora nossa prioridade. Temos...

Antes de complementar seu raciocínio, Danistha virou-se e bateu a porta na sua cara. Durante um segundo, permaneceu paralisado. Deu meia volta e saiu enfurecido. Ao caminhar pelas ruas, respirou profundamente e foi aplacando sua ira. Naquele momento, sentia-se impotente. Não sabia como proceder para salvar sua mulher.

As semanas passaram e Humma não mudou de atitude. Alimentava-se esporadicamente e perdera peso a ponto de ficar pele e osso. Assustado com sua figura esquelética, Nandi decidiu confrontá-la. Se não o fizesse, provavelmente ela morreria. À noite, vendo-a deitada na cama, conversou com ela. Com ternura, declarou mais uma vez seu amor, sua eterna preocupação com sua saúde. Desejava apenas o reatamento, o retorno à normalidade, voltar a se amarem como um casal normal. Expressou sua tristeza pela morte de Daksha e, se dependesse dele, nada disso teria acontecido. Ela o escutou sem dizer uma palavra. Nandi assustou-se com seus olhos vítreos. Era como se ela não estivesse mais ali. Após dizer tudo, calou-se e aguardou uma resposta. Após um instante, ela virou-se lentamente na cama, fechou os olhos e puxou a coberta até cobrir a cabeça.

No próximo dia, Nandi viu Humma deitada. Não quis incomodá-la e saiu de casa para se encontrar com Enhegal. Ao chegar, encontrou-o com o segundo filho recém-nascido nos braços. O avô Eannatum também estava lá e parecia alquebrado. Expressava-se com dificuldade. Nandi não comentou o isolamento de Humma e conversaram sobre o futuro, enquanto comia uma papa de cevada.

Ao meio-dia, Nandi retornou a casa e observou Humma ainda adormecida. Era estranho, pois sempre acordava cedo e preparava a comida. Chamou-a suavemente e ela não se moveu. Aproximou-se dela, observou os olhos abertos. Tocou nela suavemente, mas ao mexer nela, seu braço esquerdo ficou pendente ao lado do corpo. Naquele momento, seu coração disparou. Lívido de medo, chamou-a e a sacudiu. Estava gelada. Após sacudi-la, sua cabeça ficou numa posição estranha e aquilo lhe deu a temível certeza: a morte visitara Humma.

Os gritos e o choro atraíram os vizinhos à sua casa. Quando entraram, viram Nandi segurando Humma nos braços e lamentando-se aos prantos. Mais uma vez, todo o horror de enterrar um ser amado passou pela sua mente. Sentiu-se subjugado perante uma força misteriosa chamada destino. Como um homem pode enfrentar tal adversário? Suas realizações pareciam esvair-se pelos dedos como areia do deserto. Esse sentimento o fazia sentir-se como uma noz carregada por ondas tempestuosas. Achava-se lançado de um lado ao outro, sem comando de sua vida. E dominar o destino era imperioso para alguém como ele: não podia tolerar o sentimento de ser uma folha morta soprada pelos ventos do destino.

## 43

Como sempre, a inundação veio e a inundação se foi, e Nandi teve sua quota de inferno. Nos primeiros dias após a morte de Humma, foi incapaz de se mexer e de pensar direito. Remoía à exaustão as razões dos seus erros. Se tivesse agido de outra forma, poderia ter evitado a morte de Humma. Para tal deveria ter evitado a morte de Daksha primeiro. A cada novo pensamento, observava como os fatos estavam relacionados entre si. Nessa hora, sentia-se como um inseto preso numa teia de aranha. Os movimentos de sua vida e da existência dos demais estavam de tal forma conectados como se não mais existisse o indivíduo, mas sim uma coletividade cujas vidas haviam se mesclado num único destino.

Mas, como sempre, depois da aflição devastadora, acordou para a vida e recomeçou tudo novamente. Ainda tinha seu filho e também as pessoas dependentes de sua ação. Pensou nas palavras de Danistha alguns dias antes da morte de Humma e, até certo ponto, concordou com elas. Sim, a maioria das ações empreendidas foi executada pensando no bem comum, mas também na sua própria satisfação. Sentia-se feliz quando realizava algo de real importância. Marichi, as cidades vizinhas e os campos cultivados eram uma visão estupenda para seus olhos. Aquilo lhe trouxera felicidade. Felicidade em ter sido o arquiteto daquele novo modo de vida, felicidade em confirmar a sua capacidade em realizar feitos importantes, felicidade em ter se tornado um homem notável em sua sociedade. Onde residia o erro disso? Seria errado sentir-se feliz porque tinha alcançado algo que a maioria nem sequer ousava sonhar? Isso o fazia sentir-se importante perante os demais? Sim, mas isso também lhe dava um jubiloso sentimento de realização.

Tinha uma nova missão: construir um porto no meio do caminho entre a Suméria e o Shindi para ser usado como entreposto comercial. Convocou Sirara e lhe informou sua disposição de ir com ele na próxima viagem. O capitão sorriu: estava feliz em vê-lo sair da depressão. Mas Nandi desejava aproximar-se do filho antes de partir. Percebera suas falhas como pai e desejava remediar tal lacuna. Quem sabe, se tivesse sido menos irritadiço com o filho e entendido melhor suas necessidade, tudo aquilo não poderia ter sido evitado?

– Estou indo à Suméria e gostaria de tê-lo comigo. Conhecerá novas terras e irá se divertir muito. Você verá a terra dos nossos...

– Absolutamente não – atalhou Virabhadra. – Você sempre viajou só e nunca me convidou antes. Qual a razão de eu ir agora? É para satisfazer sua consciência?

– Como assim? Sou culpado de algo?

– Não importa minha opinião sobre você. Sua consciência é seu juiz. Em sua opinião, você foi meu pai durante todos esses anos? – e como viu o pai preparar para responder, levantou a mão direita como se dissesse para esperar. – Não me responda. Responda a si próprio.

– Escute, Virabhadra, o passado precisa ser esquecido. Humma se foi e precisamos viver juntos. Quero ser seu bom amigo. Esqueça o fato de ser seu pai e pense em mim como um homem ansioso pela sua amizade. Venha comigo e lhe mostrarei a terra de seus antepassados. A Suméria é...

– Não perca seu tempo comigo, Nandi. Prefiro ficar com meus amigos. Não tenho nenhum interesse na Suméria. E agora, se me der licença, vou me mudar para a casa de Danistha, enquanto estiver fora em mais uma de suas infindáveis aventuras.

Observara o fato de ter sido chamado pelo nome, como se o jovem quisesse demonstrar a sua desconsideração em não reconhecê-lo como pai. Ficou ferido nos brios em vê-lo ir viver com Kratu e Danistha. Eram pessoas que não escondiam ódio a ele. Viu o filho partir e observou-o, enquanto andava pela alameda. Seu porte suplantava a sua própria envergadura. Para um jovem de dezesseis anos, ainda propenso a crescer mais, estava destinado a se tornar um gigante. Preocupado e amargurado pela recusa do filho, viu-o desaparecer por entre as casas de Marichi. Partiria logo para outra fase da sua vida, mas seu coração já não era mais o mesmo. Nandi já não era mais Alegria.

## 44

Dez anos haviam se passado desde a última visita de Nandi a Sotkakoh. O chefe local e alguns homens esperavam pelo barco na beira-mar. Lembrou-se de Nandi e se abraçaram. Perguntou pela sua vida e Nandi não lhe contou suas desventuras. Tudo estava bem, nas suas lacônicas palavras. Jantaram juntos e o chefe apresentou-lhe um dos seus filhos: Sutkagen. Nandi viu naquele jovem alguém da mesma idade de Virabhadra. Um pouco pelo fato de o jovem conhecer bem o litoral e um pouco porque sentia necessidade de ser pai, levou o rapaz junto com ele. No próximo dia, constatou o fato de o jovem ser uma aquisição preciosa: conhecia as ilhas, as baías e os bancos de areia da região.

– Há um lugar a três dias de viagem bastante propício para seu projeto – disse Sutkagen.

– É importante haver água corrente e as águas devem ser tranquilas e profundas, senão a quilha do navio vai arrastar no fundo – explicou Sirara.

– Já entendi sua necessidade. Estive lá algumas vezes. Ninguém de minha aldeia vai tão distante; não gostam de velejar muito longe de casa.

– E você gosta? – perguntou Nandi.

– Acho emocionante navegar a lugares desconhecidos.

– Leve-nos lá, meu rapaz – disse Nandi alegremente.

Em três dias chegaram ao lugar proposto por Sutkagen. Havia uma baía ampla, ótima para proteger os navios das correntezas do mar aberto. No fundo da baía, havia um rio com bastante água fresca. Podia-se ver, não muito longe da praia, uma série de montanhas e, entre a beira-mar e a serra, um cinturão verde de vegetação luxuriante perfeita para a agricultura e a criação de gado.

Depois de descerem e visitarem o desabitado lugar, Nandi e Sirara decidiram construir o porto naquela localidade. Todavia, a cidade, o porto e os armazéns deveriam ser construídos a partir do nada. Chamaram o lugar de Sutkagen Dor, em homenagem ao rapaz. Nandi mandou de volta três homens a pé a Marichi. A ordem era encontrar uma trilha entre as montanhas com o intuito de construir uma estrada. Assim, poderiam ligar Marichi a Sutkagen Dor.

Planejaram como deveria ser o porto. Era algo muito maior ao inicialmente imaginado. Nesse ponto, Nandi preocupou-se com os recursos: precisaram de cinco mil pessoas vivendo naquele lugar. Seriam necessárias mais de mil casas para abrigar as famílias, docas para ancorar vários navios ao mesmo tempo e diversos grandes armazéns. Não havia recursos, embora houvesse as pessoas ou, pelo menos, achou possível motivar mil famílias a se mudarem das aldeias ao redor de Marichi para Sutkagen Dor.

– Não vou começar nada sem antes fechar um contrato com os sumérios. Se forem enviar seus navios, só precisarão vir até aqui. Não quero sumérios em Marichi.

– O único modo seguro é ir à Suméria e falar com eles – respondeu Sirara.

– Esse é nosso plano desde o começo.

– Sim – concordou Sirara –, mas, se os sumérios forem viajar só meio caminho até o Shindi, eles também devem investir na edificação de Sutkagen Dor. Não deve ser só um projeto Shindi, mas um empreendimento conjunto.

– Assim será, meu amigo, ou nós não poderemos fazê-lo sozinhos. Falemos com os sumérios e vejamos como extrair deles os recursos necessários.

– Rezo aos deuses para estarem ao nosso lado, Nandi, ou perderemos nosso tempo.

– Faremos os deuses trabalharem ao nosso lado.

## 45

Eridu não tinha mudado nesses últimos dez anos, mas as pessoas haviam. Balulu morrera e Ebihil também. Seu filho recebeu Enki, como ele era conhecido na Suméria. Escutou a proposta e foi categórico: não tinha intenção de buscar mercadorias em Sutkagen Dor. Manteria os negócios do pai, mas não investiria em algo desconhecido, pois nunca fora armador.

Sirara o levou ao sobrinho de Balulu. Havia sido quem expressara interesse em buscar os produtos shindis em Marichi. Era completamente diferente do tio; tinha um harém de mulheres. Preferia a companhia de suas concubinas a tomar conta dos negócios. Foi afirmativo: mudara de ideia e não tinha mais interesse em navegação. Vendera a frota a um homem chamado Urukagina. Ele fora o grande rival de Balulu e agora se tornara o maior armador de Eridu. Sugeriu visitá-lo. Tal sugestão foi bem-recebida.

A casa de Urukagina assemelhava-se ao palácio do ensil, tamanha a riqueza, o luxo e a segurança. Não foi fácil ser recebido pelo nababo. Aguardaram por quase uma hora até serem levados a um salão onde um homem mirrado os recebeu. Vestia-se luxuosamente com joias a lhe cobrir o corpo e três homenzarrões com expressões ferozes cuidavam de sua segurança.

– Mestre Urukagina, permita-me apresentar mestre Enki, rei de Shindi, lugal de Marichi.

– Aonde? – perguntou Urukagina com desdém. – Nunca ouvi falar de tais lugares. Deve ser algum chiqueiro fora da Suméria.

Enki riu e lhe deu razão. Nenhum lugar poderia se equiparar com a Suméria. Seu amigo Sirara exagerara a sua importância. Mas, quando falou a respeito dos tecidos e do óleo de algodão e da madeira vindas de Shindi, o homem mudou radicalmente de atitude.

– Ah, vocês negociavam com Balulu. Seja bem-vindo. Sem dúvida, faremos negócios.

Imediatamente chamou os criados e vinho de boa safra e cerveja foram servidos em taças de ouro. Tomando seu tempo, Enki explicou o conceito por trás de Sutkagen Dor. O homem o escutou cuidadosamente.

– Sua ideia de construir um entreposto a meio caminho entre sua terra e a nossa facilitará em muito nossa tarefa. Sim, estou disposto a enviar meus navios apanharem toda sua produção em qualquer porto construído fora do Meluhha, mas não estou disposto a investir dinheiro. Não se trata de confiança, mas porque estou passando por dificuldades.

– Será possível alguém tão rico se encontrar em dificuldades? – perguntou Sirara.

– Sim, gastei muito dinheiro para comprar todos os navios de Balulu e, para piorar minha situação, perdi recentemente dois navios completamente carregados. Um deles afundou onde só os *anunnakis* sabem e toda a tripulação morreu. O outro foi arrestado e saqueado no Kemet.

– Mas o povo de lá é tão cordial – disse Sirara. – Estive lá por várias vezes.

– As situações mudam, meu amigo. Como provavelmente ouviu, estão em plena guerra civil. O país está dividido em três: dois reinos no norte e outro no sul. Um dos reis do norte não passa de um bandido. Um desses criminosos, não há nenhum outro nome para tal salafrário, saqueou um de meus navios e exigiu resgate para o capitão e os marinheiros.

– Você pagou, naturalmente? – perguntou Sirara.

– Como posso pagar? Se pagar uma vez, me obrigarão a fazê-lo sempre. Prefiro perder um navio e sua tripulação a estimular a pirataria. Você me entende, não é?

– Tenho extrema dificuldade de entendê-lo – respondeu Sirara de modo brusco. Naquele momento pensou na possibilidade de ter sido ele o capitão aprisionado e não falou mais nada.

– Gastaremos uma fortuna para construir Sutkagen Dor. Há alguma vantagem de sua parte para podermos efetivar tal empreendimento? – perguntou Enki, retornando ao assunto principal.

Urukagina aventou a possibilidade de pagar uma sobretaxa pelo uso do porto pelos primeiros dois anos. Na sua opinião, seria o suficiente para cobrir os investimentos. Deixaram a casa de Urukagina com tal promessa, absolutamente inviável para Enki lançar-se num projeto daquela envergadura.

Após uma tarde de reuniões infrutíferas, Nandi foi jantar com Sirara e Sutkagen numa taverna. Enquanto degustavam um pernil de carneiro e o bom vinho de Gubal, Nandi expressou suas preocupações:

– Não podemos construir uma cidade baseada em tais suposições. É um investimento que não temos como arcar.

– Mas, Nandi, podemos construir apenas um vilarejo. Seria o suficiente para abrigar nossos navios a meio caminho.

– Um vilarejo é um convite a ser saqueado por bandidos. Há de ser grande o suficiente para se proteger contra invasores e piratas. Também deve ser um bom negócio para se sustentar, sem ajuda de ninguém. Se os habitantes passarem fome ou viverem de forma miserável, logo abandonarão o vilarejo à procura de uma vida melhor.

– Então essa ideia será abandonada? – perguntou Sirara desgostoso.

– É muito cedo para pensar em retirada. Nem começamos a guerra ainda. Só tivemos algumas escaramuças. Lutemos a boa luta.

– Mas contra quem? – perguntou Sirara, enquanto lutava contra um pedaço de pernil bastante duro.

– Qual é o maior mercado em Eridu, o lugar no qual se compra e se vende de tudo? Estenderei ainda mais minha questão: qual é o maior mercado na Suméria?

Sirara parou de comer e ficou meditando na resposta. Depois de alguns momentos, respondeu, quase se questionando como se estivesse em dúvida de sua resposta:

– O templo?

– Exatamente, meu amigo, todos os templos na Suméria. Eles precisam de nossos bens e serão eles a nos ajudar.

Sirara conhecia as convicções religiosas de Enki e seu desprezo pelos templos de qualquer deus. Soltou uma gargalhada e então disse ironicamente:

– Estou olhando para um verdadeiro crente agora?

# 46

Enquanto Nandi e seus amigos jantavam na taverna, no templo de Enbilulu, principal deus da cidade, um monge chamado Ishkur fazia suas orações em frente à estátua do deus. Ele não era o sumo sacerdote, pois tal função era acumulada pelo ensil. Era, todavia, um dos mais importantes sacerdotes do templo. Um verdadeiro crente com poderes psíquicos. Via espíritos com facilidade e os ouvia nitidamente, como se fossem pessoas de carne e osso.

Quando estava depositando flores e frutas aos pés do deus, observou uma luz luminosa à sua esquerda. Acostumado com tais efeitos, virou-se em sua direção e aguardou a forma nebulosa sair da luz. Era seu *anunnaki* particular manifestando-se, fato esse comum quando desejava trazer mensagens das altas esferas. Saudou o mensageiro espiritual, abriu seus braços e prostrou-se perante ele, pois assim procedia quando estava para receber as ordens dos *anunnakis*.

– Amanhã um homem virá vê-lo – disse o espírito. – Você o receberá e atenderá seu pleito.

– Como o reconhecerei, oh meu santo *anunnaki*? Como farei, se atendo a muita gente todos os dias.

– Esse homem estará envolto numa luz violeta.

– E quem é ele?

– Só posso lhe revelar se tratar de um *anunnaki* vindo das estrelas. Vem com uma missão e você o ajudará em suas andanças. Enquanto estiver na Suméria, você abrirá as portas dos palácios dos ensiles e dos templos.

– Sou o seu mais fiel e devotado servo. Obedecerei e servirei do melhor modo possível aos *anunnakis*.

O espírito desapareceu lentamente, deixando para trás um cheiro de mirra. Ishkur ainda cumpriu alguns rituais, antes de ir para a cama. Sua mente estava inquieta, embora seus gestos fossem plácidos; estava surpreso; jamais havia recebido uma ordem assim. Na maioria das vezes, os comandos eram dados para se fazer um ritual especial para alguém doente ou ajudar na limpeza de uma casa ou de um lugar, mas, dessa vez, fora bem outro. Então, as lendas estavam certas: um *anunnaki* podia vir à Terra e caminhar entre os homens como se fosse um deles. Naquela noite, Ishkur não pregou o olho; estava excitado demais.

Grande parte da manhã de Ishkur foi ocupada em atender pessoas com problemas pessoais. Ouviu cada um deles, esperando ver uma luz violeta ao redor, mas nada aconteceu. O *anunnaki* poderia estar errado? Os *anunnakis* poderiam errar? Eles não eram infalíveis? Com essas dúvidas na mente, deixou o templo e caminhou à sua mansão.

Ao chegar em casa, seu mordomo veio lhe atender.

– Mestre Ishkur, seu amigo Sirara está aqui. Tomei a liberdade de fazê-lo entrar, considerando o fato de ser seu conhecido de longa data. Fiz mal, meu senhor?

– Sirara, aquele velho salafrário? Fez muito bem. Ele é sempre bem-vindo em minha casa.

– Ele trouxe alguns amigos com ele.

O criado levou Ishkur até o salão principal onde três homens o aguardavam sentados. Ao entrar na ampla sala, os três homens se levantaram e Sirara aproximou-se dele.

– Sirara, marinheiro velho, meus olhos se enchem de prazer em revê- lo.

Abraçaram-se, enquanto Sirara respondia, jocosamente:

– Sim, especialmente hoje, pois quitarei minha dívida.

– Esqueça o dinheiro. O importante é você estar aqui. Senti sua falta, velho marinheiro.

Nesse instante, Sirara apontou para Enki e lhe apresentou:

– Deixe-me apresentá-lo a Enki. Ele é...

– Um *anunnaki*. Não precisa me dizer mais nada. Tenho certeza disso – e assim falando, curvou-se profundamente. Acabara de ver a luz violeta envolvendo o líder dos shindis.

# 47

– Qual o significado desse embuste? – perguntou Enki. – Não posso concordar com uma mentira. Você vai me apresentar como sendo um *anunnaki* descido dos céus? Isso não é correto. Sou um homem comum, nascido de homem e mulher. Afirmar ser um *anunnaki* é muito perigoso.

– Pode ser uma mentira para você, mas, eu lhe asseguro, você é um *anunnaki* – afirmou categoricamente Ishkur. – E conheço o coração vil dos homens. Confie em mim, mestre Enki, se lhe apresentarmos como o ensil do Shindis, desejando negociar seus produtos com eles, como um simples mercador, eles rirão de você ou, até pior, o prenderão e exigirão resgate.

– Concordo, mas afirmar ser o *anunnaki* das águas subterrâneas, o salvador da humanidade ao alertar Ziusudra da grande inundação destruidora da Suméria é um exagero.

O monge riu e respondeu:

– Se nós não lhes contarmos uma história convincente e maravilhosa, eles não acreditarão. Os homens amam os eventos sobrenaturais. Ao apresentá-lo como filho de Ky, a deusa-mãe de Ur, nascido em Eridu, isso lhe trará o devido respeito e temor.

– Não sinto bem mentindo.

– Pelo amor dos *anunnakis*, homem, você não vai abrir a boca. Serei seu arauto. Apenas comporte-se como um rei e um homem soberbo. Falarei da sua missão entre os homens e da grande oportunidade oferecida a eles para se redimirem perante os olhos de seus irmãos, os *anunnakis*.

– Eu não direi nada disso – respondeu Enki indignado com tal mentira.

– Certo, então eu direi. Só não me contradiga. Só lhe peço isso.

Era, sem dúvida, um dilema, pensou Enki. Estava perante um homem disposto a abrir as portas de todos os palácios dos principais ensiles da Suméria. Alguém com bastante influência para colocá-lo cara a cara com Dumuzi, o novo ensil de Uruck. Deveria cooperar com tais mentiras? Pensou então nos shindis: eles mereciam uma chance de progresso. Depois pensou nele: viera de tão longe para desistir agora devido a escrúpulos?

– Enki, não estou mentindo, apenas preparando a mente dos interlocutores. Se não oferecer vantagens especiais, um ensil não o receberá, a não ser se for igual a ele. Se não for tão importante, será levado a conversar com seus ministros; homens sem escrúpulos. Eles lhe oferecerão o céu, mas receberá apenas o inferno. Para ser recebido com honras, você deve demonstrar ter um *meh*, o qual eles não têm. Você pode não se lembrar, mas você é um *anunnaki* vindo das estrelas. Isso me foi dito pelo meu *anunnaki* quando estava em transe e ele nunca me enganou. Confie em mim.

Enki entendeu a proposta quando mencionou o *meh*. Cada pessoa tem uma força espiritual – *meh* – e tal palavra era usada com significados os mais variados.

– Qual o motivo de me levar primeiro a Dumuzi? – perguntou Enki.

– É o ensil mais importante da Suméria e, se ele o receber, os demais farão o mesmo. Todavia, há outra razão. Ele é um homem muito especial. Eu o conheci pessoalmente e posso lhe garantir se tratar de um *anunnaki* também. E dois *anunnakis* irão se entender muito bem.

## 48

Um lugar para se lembrar, diria Enki. Uruck fora a maior cidade já vista por ele. Tinha uma muralha de quase vinte quilômetros cercando-a e reluzia como cobre ao sol. Tinha quase setenta mil pessoas e diariamente pelo menos mais trinta mil adentravam suas ruas estreitas em direção ao mercado ao ar livre para negociar seus bens.

Surpreendente foi a quantidade de pessoas congregadas para ver Enki passar. Montado numa carruagem luxuosa, flanqueado por duas dúzias de monges de Ishkur, impecavelmente trajados de branco, Enki era saudado com reverência pelas pessoas reunidas para adorá-lo.

Havia um silêncio majestoso enquanto cruzava a cidade e as pessoas ajoelhavam-se e rezavam, implorando pelas bênçãos do deus das águas subterrâneas. Mães levantavam suas crianças para receber bênçãos, e Enki, com um sorriso nos lábios, as abençoava. Embora se sentisse um pouco constrangido com aquele aparato, cedera às razões de Ishkur. O monge de Eridu vinha ao seu lado, satisfeito com seus preparativos.

Para Ishkur, aquela celebração fora apenas o coroamento de uma estratégia bem-planejada. Alguns dias antes, mandara vários monges avisar à população da chegada do deus vivo. Enki, filho da deusa Ky, ia visitar a cidade. Dumuzi também fora contatado pelo próprio Ishkur. Apregoara as divinas origens de Enki e sua visita tinha o intuito de trazer soluções práticas à cidade, além de uma proposta irrecusável para o ensil.

Quando adentraram o salão do trono, Dumuzi ficou impressionado pela postura de Enki. Quanta imponência e, ao mesmo tempo, quanta simplicidade e candura num sorriso encantador digno de um deus! Dumuzi poderia jurar conhecer Enki, mas não conseguia lembrar-se de onde.

Por seu lado, Enki ficou impressionado com o luxo do lugar. Havia pelo menos cem pessoas esperando por ele e todos magnificamente trajados. O piso do salão era recoberto de mármore verde escuro e mármore cinza nas paredes. Estátuas de deuses e de figuras proeminentes da família de Dumuzi estavam em nichos na parede, além de pedestais específicos. O trono era finamente decorado com lápis-lazúli e incrustações de ouro e gemas preciosas.

Quando Ishkur chegou à frente de Dumuzi, saudou-o e depois apresentou Enki, com uma voz tonitruante.

– Ensil Dumuzi, eu tenho a subida honra de lhe apresentar Enki, o *anunnaki* das águas subterrâneas, salvador da Suméria, filho de Anu e Ky, irmão de Enlil, deus dos ventos. Ele bebeu do leite de Nihursag, nossa deusa-mãe. Nascido em Eridu, tem milhares de anos e é o querido amigo da Suméria, Uruck e Meluhha. Está agora em uma sagrada missão confiada pelo seu pai eterno, Anu, deus do céu, para ajudar seus filhos de Shindi, um lugar de leite e mel. Admirem, pois, o poderoso Enki, o filho mais amado das estrelas.

Naquele momento, Enki, com voz de barítono orou em voz alta:

*Oh Casa da Suméria, possam os estábulos ser numerosos,*
*Suas vacas se multiplicarem,*
*Seus currais serem inumeráveis,*
*Suas ovelhas contadas através de miríades!*
*Seus templos ressoem as orações até o céu!*
*E na sua Casa só os anunnakis decidam seu destino!*

Dumuzi desceu do trono e beijou Enki em ambas as faces. Do seu lado, Dumuzi também impressionou Enki. Não era muito alto e ligeiramente roliço, mas seus olhos dimanavam força e doçura como poucos. Enki também estava certo de conhecer Dumuzi de outro lugar, mas não se recordava de onde.

– Venha, meu irmão, sente-se próximo a mim – convidou Dumuzi.

Ishkur sorriu intimamente: sim, esse Dumuzi era brilhante. Ao chamar Enki de irmão, ele também se equiparava a um *anunnaki*, mas seu artifício também ia bem: quando Dumuzi chamou-o de irmão, comparou Enki a um rei.

O turtanu – primeiro-ministro – de Dumuzi, Dubti, era conhecido pela astúcia. Ishkur esquecera de advertir Enki do fato. Dubti esquadrinhou Enki com um olhar penetrante e seu olhar chamou a atenção de Enki. Ele sorriu de volta ao homem e, pela posição próxima a Dumuzi e sua rica vestimenta, deduziu tratar-se de um homem importante. Pelo seu olhar, concluiu ser um homem desconfiado. Achou melhor tê-lo ao seu lado em vez de mantê-lo distante e, provavelmente, trabalhando contra ele. Assim virou-se e o convidou:

– Venha e se sente conosco, meu irmão. Sua presença alegra nosso coração.

Ishkur ficou surpreso. Enki não conhecia Dubti. Como poderia saber de sua importância? Então se lembrou do fato de Enki ser um *anunnaki* e de que os deuses têm poderes especiais. Dubti ficou radiante em ser convidado. O olhar maligno desapareceu como névoa matutina em contato com o sol e em seu lugar apareceu um cálido sorriso.

Os presentes vieram saudá-lo e ele teve uma palavra amável para cada um. Terminado o desfile de notáveis de Uruck, os dois monarcas deixaram o salão e foram para uma sala contígua onde Dumuzi e Dubti escutaram Enki falar sobre seus planos relativos ao porto de Sutkagen Dor. Solicitou de um dos monges de Ishkur as amostras dos produtos shindis. Enquanto aguardavam serem trazidas da ante-sala, foi servido vinho por belas moças. Enki o provou e percebeu jamais ter bebido algo tão delicioso.

Os produtos causaram boa impressão e Dumuzi concordou em comprar diretamente do seu novo porto, mas afirmou estar enfrentando tempos duros e não poderia investir muito. De qualquer maneira, confirmou o concurso de uma centena de homens para abrir o porto. Para Enki, era um começo auspicioso.

Dumuzi quis saber como era o Shindi. Por pelo menos uma hora, Enki dissertou sobre o Meluhha, suas inundações, as cidades construídas, os canais e os animais. Quando falou sobre o elefante, Dumuzi relatou seu conhecimento por intermédio de viajantes ao Kemet. Enki testemunhou ser elefante de sua região mais dócil e não tão perigoso quanto o elefante africano. Prometeu enviar-lhe um exemplar. Dumuzi ficou excitado ante essa possibilidade.

Ao chegar o meio-dia, Dumuzi os convidou a almoçarem juntos e Enki concordou. Foram conduzidos a um salão de banquetes onde uma mesa fora posta. Enki estava bastante efusivo, pois bebera um pouco de vinho demais. Sua natural alegria encantou a todos, mas Ishkur sussurrou-lhe para moderar a bebida, pois estava a meio caminho da embriaguez. Ele concordou e deixou de beber, mas muitos servos observaram Enki ligeiramente intoxicado e sua fama de beberão cresceria com o tempo. Para os sumérios, um *anunnaki* apreciador de bom vinho era um fato natural e até louvável: se os deuses bebem, então os homens também podem se dar a esse luxo.

Durante o almoço, Dumuzi explicou a Enki os problemas enfrentados desde a sua recente posse.

– Estou tendo certas dificuldades de entendimento com meus sacerdotes. Como sabe, ser sacerdote é um negócio lucrativo. Eles não trabalham e forçam as pessoas comuns a sustentá-los com presentes e sacrifícios aos deuses. Contudo, acima disso, são os únicos a conhecer a escrita e a leitura. Como desejo ver as pessoas dominarem tais artes, os sacerdotes se recusam a ensiná-los.

– Essas razões nos levaram a abdicar de templos e sacerdotes no Shindi. Temos escolas para todos os meninos e meninas e eles aprendem os símbolos sagrados da escrita.

– Sem templos? E como o adoram e aos demais deuses?

– Não desejo ser louvado. Os deuses são adorados nos seus corações e, principalmente, nas atitudes perante as dificuldades da existência e em na relação com os demais seres humanos.

– Concordo, mas isso é inconcebível de se fazer aqui. Para eliminar os templos, teria de ordenar a morte de todos os sacerdotes. Infelizmente, como sabe, nosso poder se baseia na santidade de minha pessoa. Sem eles, os propagadores de tal crença, a posição de um ensil é muito volátil.

– De qualquer maneira, você pode instituir escolas fora do templo.

– Tenho pensado seriamente nisso. Desenvolvi outra forma de escrita; algo mais fácil. Qualquer um pode entender. Não é igual ao sistema de imagens desenvolvido no tempo de Nimrud. É uma escrita mais baseada nos sons. Cada símbolo corresponde a um som, em vez de centenas de desenhos. Tal sistema de desenhos é complicado e nem mesmo os sacerdotes conhecem todos os símbolos. Na forma de sons, as pessoas poderão escrever e ler com facilidade.

– É uma excelente ideia. Gostaria de ver como funciona, se me permite.

– Com o maior prazer, meu irmão.

– De qualquer maneira – disse Enki, retomando a conversa –, escrever e ler são importantes, mas também é fundamental ajudar as pessoas a progredirem. Quanto mais ricos ficarem, mais o tornarão poderoso e crescerá o respeito deles por você.

– Você tem razão, Enki, mas tenho um problema insolúvel. Não tenho bastante terra boa para distribuir aos pobres.

– Se não estou enganado, Dumuzi, todas as terras ao nordeste estão disponíveis. Passei por elas há alguns anos e estão desertas.

– São secas como o deserto ocidental. Incultiváveis. Seria necessário um grande canal para levar água e não conseguimos construí-lo.

– E qual o motivo de não conseguir construir tal canal?

– Como sabe, construímos regatos durante séculos, mas não conseguimos construir algo maior. Quando cavamos um canal maior, as águas corroem as paredes laterais e todo o trabalho feito é destruído.

– Tenho a solução. Se me levar até lá, explicarei ao seu mestre-construtor como fazê-lo e você poderá construir um canal tão grande quanto um rio.

– Você está brincando!

– Não, Dumuzi, não estou. Terei o maior prazer em lhes mostrar como construir canais e tornar fértil a terra seca. Se conseguir enriquecer seu povo, você será amado como um pai e um deus.

Como tinham comido demais e ambos estavam levemente intoxicados pelo vinho, decidiram visitar a área no dia seguinte. No fim do almoço, quase um jantar devido ao adiantado da hora, começaram a brindar à Suméria, a Uruck, ao Shindi, a todos os deuses, e, no final, ambos os homens estavam praticamente bêbados. Cantaram velhas cantigas de lutas e se abraçaram, gargalhando.

No dia seguinte, foram ao lugar transportados em finas carruagens. Visitaram não só as planícies secas, como também o rio Eufrates, o qual distava dezoito quilômetros de onde Dumuzi queria dar terra às pessoas pobres.

– Como pode ver. Temos uma tarefa impossível pela frente.

– Uma tarefa dura, mas não impossível.

Passou os próximos minutos explicando a Dumuzi, Dubti e o principal mestre-de-obras como construir o canal. Assegurou já ter feito um canal idêntico no Shindi para levar água às aldeias. Pediu algo para desenhar e lhe deram um carvão e um pergaminho. Desenhou como o canal deveria ser escavado, com paredes inclinadas recobertas de tijolos e argamassas. Aproveitou para dar as medidas dos tijolos e o tipo de argamassa a ser usada. No final, olharam-no maravilhado com tanto saber: só podia realmente ser o deus das águas subterrâneas para dominar tais técnicas.

Então, depois de ter feito rapidamente tudo isso, Enki informou da necessidade de novas ferramentas e solicitou ser levado a um ferreiro.

– Os melhores – ele pediu.

Levaram-no de volta a Uruck, onde lhe apresentaram três dos melhores ferreiros. Ele conversou com eles em seus termos, como se fossem iguais, e lhes mostrou como introduzir várias melhorias nas suas ferramentas. Eles já usavam o arado, mas Enki o aprimorara no Shindi, colocando um par de rodas para facilitar seu transporte até o local de uso. Dumuzi e seus amigos ficaram espantados com um aprimoramento tão prático e, ao mesmo tempo, tão óbvio. Enki desenhou outras ferramentas desenvolvidas por Enhegal e outros ferreiros shindis. Solicitou aos ferreiros a produção urgente das ferramentas, pois era imperioso demonstrar seu uso. Um deles foi chamado de gugun, uma ferramenta para pedreiros. Outra ferramenta foi uma picareta longa, pois eles só tinham uma versão mais curta, imprópria para cavar solo duro como o daquele trecho do deserto onde construiriam o canal.

– Verdadeiramente um *anunnaki* – disseram após a partida de Enki de suas oficinas.

Após alguns dias, após ter explicado como operar as novas ferramentas, Enki deixou Uruck e começou sua peregrinação pela Suméria. Visitou outras cidades e foi recebido como um *anunnaki* vindo das estrelas. Dumuzi abrira as portas: como recebera Enki, todos os *ensiles* queriam conhecê-lo também. Em cada cidade, conseguiu negociar seus produtos e ajudou o ensil a resolver alguns dos seus problemas. As ferramentas tão duramente desenvolvidas no Shindi passaram a ser fabricadas por todos na Suméria.

– Não estou muito certo se devemos ir a Nippur – disse Ishkur. – Meus mensageiros voltaram com respostas mal-criadas.

– Tais como? Vamos até lá e quem sabe se não mudamos a cabeça do ensil.

Ishkur meneou a cabeça, mas sua face era a expressão da dúvida e da preocupação. Tinha ouvido falar mal do ensil de Nippur e o evitaria, se pudesse. Ninguém sabia como um louco perigoso poderia reagir.

Subiram rio acima e entraram em Nippur sem nenhum embargo. Ao chegar ao palácio do ensil, um grupo de homens armados saiu do palácio e os confrontou. Enki anunciou-se e pediu uma audiência com o monarca. Aguardaram por um longo tempo. Quando o soldado retornou, disse-lhes:

– Vocês têm meia hora para sair da cidade ou serão presos e açoitados.

Enki estava a ponto de retrucar, quando Ishkur o arrastou pelo braço, enquanto sussurrava:

– Se ele não quer falar conosco, assim seja. É o direito dele.

– Isso é ridículo, Ishkur. Nós podemos ser de grande ajuda.

– Não ofereça ajuda a quem não tem interesse em ser ajudado: isso é uma intrusão na liberdade individual.

Enki concordou com a cabeça e saíram da cidade, acompanhados de perto pelos soldados do ensil. Zombavam deles e empurravam qualquer monge retardatário. Os passantes, desconhecendo se tratar de Enki e acreditando serem ladrões expulsos pela guarda real, zombavam deles e os chamavam dos piores nomes possíveis. Quando chegaram ao portão da cidade, um dos soldados deu um golpe de clava nas costas de um dos monges de Ishkur. Enki acorreu e impediu de o soldado bater novamente no sacerdote caído no chão. Ergueu o ferido e saíram apressados com os guardas vociferando os piores impropérios.

– Vou mandar de volta meus sacerdotes a Eridu e o levarei a um lugar onde seremos bem-vindos – disse Ishkur, após estarem em segurança, bem longe da cidade.

– Realmente preciso de um lugar calmo para descansar depois dessa desventura – respondeu Enki com ar de alívio num rosto cansado.

– Nesse lugar, o turtanu é meu amigo e nos abrigará. Vamos para Ur.

# 49

Ur era uma aldeia a trinta e seis quilômetros do rio Eufrates e seu problema principal era a falta de água devido à distância do rio. Para agravar sua já precária situação, tribos semitas, vivendo no deserto vizinho, constantemente atacavam a aldeia. Devido à péssima localização ninguém queria viver lá e dependiam de Uruck para quase tudo.

O turtanu de Ur, Meskignunna, era um velho jovial. Recebeu seu amigo e parente distante Ishkur com alegria. Abriu a casa aos dois visitantes e, no jantar, perguntou a Ishkur notícias da Suméria; vivia por demais isolado para saber algo. Ishkur lhe contou um pouco sobre cada cidade importante. Delongou-se sobre o novo ensil de Uruck e as mudanças empreendidas na cidade.

– E de onde é nosso amigo? – perguntou Meskignunna, referindo-se a Enki.

Uma vez mais, Ishkur contou-lhe a lenda tão diligentemente desenvolvida. Meskignunna ficou impressionado e pediu a Enki para lhe dizer como era sua terra. Enki detalhou e, ao falar, os olhos de Meskignunna se encheram de lágrimas. Sim, ele concluiu, havia um paraíso na Terra. Não, o gênero humano não fora sentenciado a uma vida de sacrifícios e escravidão, como apregoavam os sacerdotes.

– Precisamos de algo assim por aqui – ele comentou. – É fundamental melhorar nossa cidade ou desapareceremos em poucos anos. Muitos já nos deixaram para viver em Uruck.

– Basta trazer água do Eufrates – respondeu Enki.

– É impossível. O rio é muito longe.

– Não, se abrir um grande canal, largo o bastante não só para trazer água, mas também permitir a navegação de navios.

– Por todos os *anunnakis*, a ideia é maravilhosa, mas ninguém jamais fez isso.

– Se você tiver o projeto certo e gente bastante para construir o canal, pode-se conseguir tal feito. Eu já fiz isso lá na minha terra.

– Você nos ajudaria?

– Com o maior prazer – respondeu Enki.

– Levarei sua ideia ao ensil, na primeira hora da manhã, mas receio não poder decidir sozinho, pois tal assunto precisa ser debatido no conselho de anciões – ele explicou e então perguntou: – Você poderia esperar pela resposta?

– Naturalmente – concordou Enki.

No outro dia, um vibrante Meskignunna defendeu o projeto de Enki na frente do ensil Urshugalama e seus conselheiros. Todos acharam a ideia soberba, mas duvidaram da viabilidade. Ao discutirem o assunto, Meskignunna baseou-se no fato de Enki ser um *anunnaki* e, com tal poder, nada o impediria de realizar seus desejos.

– Qualquer um pode se dizer *anunnaki* – disse Urshugalama. – Só acreditarei se prová-lo.

– Se realmente ele é o *anunnaki* das águas subterrâneas como afirma, será tarefa fácil ele trazer água de qualquer lugar para Ur – disse um dos conselheiros com ar de deboche.

– Vamos testá-lo. Se tiver sucesso e se provar ser um *anunnaki*, então faremos o projeto. Mas se não for, nós o expulsaremos após dar-lhes umas palmadas nas nádegas – comentou Urshugalama, jocoso.

– Meus amigos, é muito perigoso colocar um *anunnaki* à prova. Pode ficar enfezado e nos lançar uma maldição – disse Meskignunna.

– Às vezes você é tão ingênuo a ponto de me perguntar qual foi o motivo de tê-lo escolhido meu turtanu – respondeu Urshugalama com uma expressão de desprezo.

Depois de tal crítica, Meskignunna calou-se. Decidiram passar Enki por um teste e imaginaram uma prova impossível. Realizável apenas por um verdadeiro *anunnaki*.

# 50

Sem nada saber, pela tarde, Enki e Ishkur foram convidados à casa do ensil e foram apresentados ao conselho.

– Caro Enki, é uma grande satisfação e honra recebermos uma pessoa notável como você. Nossa cidade se sente feliz com sua respeitável presença e fomos informados dos seus planos fabulosos para nossa humilde localidade. Porém, o proposto é uma tarefa gigantesca; é algo além dos nossos meios. Teríamos a extrema honra em ajudá-lo a cumprir tal trabalho, mas todos os homens de Ur se sentiriam mais motivados se um verdadeiro *anunnaki* pudesse conduzi-los em tal empreitada. Desse modo, humildemente, imploramos uma prova de seu grande poder de forma a difundirmos a palavra entre os homens. Com tal evidência, as pessoas se sentirão motivadas, pois um *anunnaki* veio nos ajudar.

Tais palavras melífluas só poderiam conduzir a uma armadilha, pensou Enki. Observou o rosto dos conselheiros enquanto Urshugalama discursava com falsa humildade. Estavam tentando disfarçar o ar de deboche e desprezo. Observou Meskignunna preocupado e Ishkur lívido de pânico: como ousavam pôr um *anunnaki* à prova? Mas, agora, após entrar na toca do lobo, só podia consentir com um largo sorriso e um gesto elegante.

– Amado Enki, conforme nos disse Meskignunna, você é o *anunnaki* das águas subterrâneas e elas o obedecem sem reservas, pois o grande Anu lhe deu comando sobre elas. Desse modo, imploramos encher aquele jarro – e apontou para um vasilhame no meio do jardim –, sem se mover de onde está e sem qualquer ajuda. Traga água e encha a jarra até a boca. Essa prova é importante para divulgarmos tal feito e mobilizar as pessoas para construir o canal.

O jarro tinha pelo menos um metro e meio de altura e Enki concluiu se tratar de algo inexequível. Como poderia encher tal jarro de água nas condições solicitadas? Subitamente, como se fosse um pesado manto caindo sobre ele, sentiu-se envolvido por uma fadiga irresistível. Era como se todas suas forças o abandonassem e caiu num transe profundo.

Ishkur estava desesperado; como Enki poderia realizar tal milagre? Entretanto, ao ver Enki fechar os olhos, observou a luz do dia diminuir, como se nuvens escuras tivessem obstruído a luz solar. Em matéria de segundos, todos se assustaram com o barulho de um trovão. Antes de se recuperarem do susto, outro estrondo foi ouvido ainda mais próximo. E mais um e logo depois, outro. Naquele momento, os presentes viram uma tormenta de rara ferocidade desabar sobre Ur. Durante dez minutos, os conselheiros passaram por um terror nunca sentido. Mais de setecentos raios caíram perto do vilarejo. No final, uma tromba d'água saída não se sabe de onde encheu o jarro de água até a borda a ponto de transbordar.

Tão rápido quanto sobreveio a tempestade, ela foi embora. Com fortes rajadas de vento, as nuvens foram empurradas para longe e o sol voltou a brilhar. Entretanto, Enki parecia adormecido, em transe fundo, ouvindo os trovões como se estivesse acontecendo em um sonho. Sentia-se tranquilo, como se toda aquela fúria da natureza não tivesse nada a ver com ele. Quando a tempestade terminou, ele abriu os olhos e viu Meskignunna e os conselheiros chorando de medo, caídos de joelhos, implorando para cessar a demonstração de poder.

Igualmente amedrontado, Ishkur soube tirar proveito da ocasião e vociferou:

– Ouçam minhas palavras, homens de pouca fé. Pediram por uma prova e Enki lhes deu. Anu, seu pai, encheu os céus de nuvens, enquanto seu irmão, Enlil, o *anunnaki* dos ventos, trouxe a Ur uma furiosa tempestade. O jarro está cheio de água. Veja como transborda. Nunca duvidem novamente: os *anunnakis* não gostam de ser postos à prova.

Naquele momento, Enki solicitou aos presentes para se levantarem e se sentarem. Com um sorriso nos lábios, disse:

– Esqueçamos toda essa tolice e trabalhemos em nosso projeto. Construiremos o maior canal da Suméria e transformaremos Ur numa cidade importante. Tornar-se-á poderosa e sempre viva na memória dos homens.

Urshugalama estava lívido e trêmulo. Levaram-no ao seu assento e providenciaram-lhe água. Meskignunna receava ver seu ensil e amigo ter uma síncope cardíaca. Os conselheiros não puderam falar nada, todavia nem pensaram em recusar a ideia de construir um canal.

Por trás desse projeto havia algo importante. Enki não dissera a Ishkur seu desejo de ter um porto alternativo na Suméria. Uruck e outras cidades principais não tinham porto e dependiam de Eridu. Se viesse a ter problemas em Eridu, não poderia atracar seus próprios navios. Ur era uma opção maravilhosa, pois era perto de lago Hammar e, se conseguisse fazer o canal desejado, poderia ter um excelente porto.

Naquela noite, Enki teve dificuldades de conciliar o sono. De onde viera aquela tempestade? Não vira nenhuma nuvem no céu quando se dirigira ao conselho. Como se agruparam tão rapidamente e como aquela tromba dágua desabara de forma tão conveniente? Não havia dúvidas: algo sobrenatural o tinha ajudado. Mas ele não acreditava em *anunnakis*. Como poderia acreditar em deuses perversos rindo do desespero dos homens? Mas havia algo ou alguém fora deste mundo material capaz de realizar ações físicas.

O universo inteiro com suas estrelas piscando no céu deve ter sido construído por alguém. Não poderia ter aparecido do nada. Essa força não era Anu. Afinal de contas, uma criatura poderosa não precisaria exigir sacrifícios humanos. Não pode ter criado o gênero humano e, num momento de raiva, decidir destruir sua própria criação. Os homens inventavam lendas e poderiam estar errados. Anu ou qualquer outro nome não podia ser uma criatura perversa. Não, se fosse cruel, não teria criado os homens. Deveria ser visto como um deus bondoso. Alguém amando suas criaturas, como um pai ama seus filhos.

Lembrou-se de Virabhadra e, mesmo sabendo-o ser uma criatura cruel, ainda assim o amava. Poderia ser um amor estranho, pois não confiava nele nem nutria doces sentimentos. Entretanto, mesmo assim era amor e ele rezava por uma mudança advinda com a idade. O grande criador deveria ver e aceitar suas criaturas como elas eram; pessoas cruéis, mas esse criador aguardava sua melhora com o passar do tempo. Se não, qual a razão de criá-los da forma como os homens são? Não haveria outra forma de criá-los? Perfeitos, sem máculas, por exemplo? Finalmente, ao amanhecer, Enki dormiu sem ter chegado a uma conclusão.

Os próximos dias encontrariam Enki numa atividade incessante. Visitou os locais e desenhou planos para o canal. Não era fácil cavar um canal de quinze metros de largura por seis metros de profundidade e trinta e seis quilômetros de comprimento. Precisaria de um exército de trabalhadores. Enki pediu ajuda a Ishkur e seus sacerdotes. Deveria enviá-los como arautos. Visitariam todas as cidades e vilarejos, e informariam sobre a construção do canal por Enki. Haveria terra para os trabalhadores e muita água disponível.

Ishkur foi para Eridu e enviou seus sacerdotes para todas as partes da Suméria. Enquanto Enki esperava pelos trabalhadores, ele fabricou quantas ferramentas os ferreiros de Ur conseguiram produzir. Quando os trabalhadores chegaram, Enki ficou preocupado. Eram quase vinte mil homens e era preciso alimentá-los. Partiu imediatamente para Uruck: Dumuzi precisava ajudá-lo.

Uma semana depois, Enki falava com Dumuzi e foram ver o canal planejado para levar água aos campos secos ao redor de Uruck. O trabalho estava quase terminado e o mestre-de-obras fizera várias melhorias no projeto.

– Eu preciso de você, meu irmão – disse Enki para Dumuzi. – Necessito de provisões para alimentar meus trabalhadores e seu mestre-de-obras; o homem é excelente e necessito de sua perícia.

– Farei melhor. Darei ordens a todas as cidades onde tenho influência para emprestar comida e Ur os reembolsará no futuro, como puderem. Quanto ao mestre-de-obras, eu o pagarei para ajudar Ur a construir seu canal, mas, quando ele terminar, deverá retornar; tenho outros canais para abrir e represas para construir.

Assim, de uma única vez, Enki obteve ajuda de Dumuzi. Poderia voltar a Ur e, acima de tudo, retornar ao Shindi, como urgia seu coração.

Nos próximos seis meses, Enki foi forçado a ficar em Ur. Como Ishkur tinha algo maior em mente, pediu para construir um templo a Enki, pois tencionava ser o sumo sacerdote. Após todo aquele trabalho, achava-se no direito de usufruir de uma deferência especial. Ishkur viu a oportunidade de obter algo sempre desejado: o poder. Enki não pôde recusar e o templo foi construído e, no dia de sua consagração, participou da cerimônia e, então, sem uma palavra, durante as festividades, partiu silenciosamente para Eridu para se encontrar com Sirara. Dali singraria para Marichi.

Ciente de sua misteriosa partida, Ishkur disse a todos:

– Enki partiu para as estrelas e deixou-me como seu fiel representante.

Depois desses fatos, Ishkur foi visto por todos como o mais poderoso sacerdote da Suméria, o único homem a ter convivido com um *anunnaki*.

# 51

A viagem de volta a Marichi foi cheia de dificuldades. Tempestades, falta de água e comida tinham sido uma constante e uma viagem de um mês levou o triplo do tempo. Enki estava ansioso para voltar logo; algo terrível acontecera, dizia seu coração, e queria chegar o mais rápido possível.

Ao chegar ao delta do Meluhha, observou os efeitos devastadores da inundação. Viu escombros e corpos inchados de animais boiando em direção ao mar. Seu coração bateu mais forte e disse para Sirara empreender todos os esforços para chegarem logo. No caminho, o navio parou na aldeia de Nitatui. De onde estavam, viram as pessoas reconstruindo a aldeia. Nandi, como era chamado no Shindi, desceu. As pessoas lhe falaram sobre a terrível inundação, todavia outras aldeias mais para o interior não tinham sido tão castigadas e os estavam ajudando na reconstrução. Essas pessoas lhe deram um relatório sobre a situação das aldeias vizinhas. A maioria havia sido duramente atingida pelas águas, mas as localizadas mais para o interior foram poupadas. Depois de falar com eles, Nandi quis logo partir para Marichi. Chegaram no dia seguinte e a situação era quase a mesma. Marichi fora devastada pela inundação. Ao botar os pés na terra, recebeu um relatório de Danistha, a mal-humorada irmã da falecida Humma.

– Devo lhe comunicar: Eannatum e Enhegal morreram na inundação – proferiu a mulher com um ar de frieza como se as notícias fossem algo distante.

Nandi sentiu sua cabeça girar e seu coração acelerou. Sentou-se no chão para recuperar a respiração. Com um fio de voz perguntou como acontecera. A inundação começou normalmente, mas, no segundo dia, uma onda de vinte metros rolou, ultrapassou a muralha e caiu sobre a sonolenta cidade. As águas demoliram a maioria das casas do norte e a casa de Enhegal foi uma delas. Desmoronou e os escombros foram levados pela correnteza. Encontraram-se alguns cadáveres, mas nem os corpos de Enhegal nem Eannatum foram recuperados. Enhegal havia construído uma casa de dois pavimentos, como muitos fizeram. Provavelmente a água debilitou a base do primeiro piso e o edifício inteiro ruiu.

– E Virabhadra? – perguntou ansiosamente Nandi.

– Ele está bem. Foi com seus camaradas e Kratu à região de Atri buscar madeira para reconstruir a cidade – respondeu Danistha.

Ainda bem, pensou Nandi. Pelo menos alguém da família sobrevivera. Recordou do avô e do seu melhor amigo. Lembrou-se também de vários filhos do primo e da alegria de Enhegal com eles. Ao se lembrar dos primos, caiu num choro sentido. Danistha deixou-o chorando, enquanto Kharaman e outros vieram confortá-lo.

Após ter pranteado sua dor, recuperou-se e foi com Kharaman ver as providências já tomadas. As casas estavam sendo reconstruídas. Observou muitas pessoas de outras aldeias ajudando as de Marichi a reconstruir a cidade. Caminhou pelas ruas e viu os shindis trabalhando em grupo e, como Nandi os tinha ensinado, cantavam alegremente. Se algo de bom podia ser extraído dessa tragédia era o fato de não terem retornado à antiga vida nômade. Nada os faria voltar ao Baluquistão agora; amavam o vale; era seu novo lar.

Outro fato notável: estavam reconstruindo tudo da mesma maneira e sem a ajuda dele. Se, por alguma razão, não tivesse voltado, teriam reconstruído Marichi seguindo os planos estabelecidos para a cidade. De certa forma, não precisavam mais dele. Sentia uma mistura de felicidade – tinha conseguido construir uma sólida sociedade – e de tristeza – já não era mais necessário.

Uma semana depois, Kratu e Virabhadra chegaram. Nandi foi cumprimentá-los e foi recebido friamente por ambos. Seu filho crescera ainda mais. Devia estar com dois metros e seu rosto tinha uma expressão maligna. Quando Nandi se aproximou para cumprimentá-lo, ele grunhiu algo e partiu antes de o pai abraçá-lo. Sim, ele pensou, Virabhadra tornara-se um perfeito estranho e ele se via como o único culpado por tal comportamento. Quem sabe, questionou-se, se no futuro algo poderia acontecer para harmonizá-los?

Kratu convocou uma reunião e Nandi compareceu. Como a maioria dos anciões já não existia, Kratu fez uma proposta para Nandi ser eleito o chefe dos anciões. Todos concordaram. Nandi sorriu complacente: antevira o movimento de Kratu. Se ele se tornasse o chefe dos anciões, não teria voz ativa nos assuntos diários. Assim, Kratu se tornaria o chefe do conselho executivo. Tinha feito o mesmo vinte anos atrás com Daksha. Como previu Nandi, Kratu foi eleito o principal chefe de Marichi, mas ainda tinha uma voz forte para impedi-lo de cometer alguma tolice.

Kratu propôs reconstruir a parte do norte da cidade numa plataforma vinte metros mais elevada. Uma discussão infinda começou e durante quase uma hora dois grupos debateram sem resultado. Ao fim, ganhou o grupo de Kratu e decidiram reconstruir toda a cidade – não só a parte do norte – num patamar mais elevado. Nandi não disse nada durante os debates.

Um dos poucos anciões disse se tratar de uma tarefa insana; precisariam de um exército de trabalhadores.

– As pessoas serão obrigadas a fazê-lo – respondeu Kratu com desdém. – É uma decisão do conselho.

– Se me permitem comentar – interrompeu Nandi – as pessoas não podem ser forçados a trabalhar em algo no qual não acreditam.

– Os tempos mudaram – respondeu Kratu bruscamente. – As pessoas obedecerão ou serão expulsas da cidade.

– De fato é necessário proteger a cidade contra os vagalhões, mas há outras formas; meios mais baratos e mais rápidos. Podemos construir uma série de represas ao longo do rio de forma a desviar as águas muito antes de chegarem aqui. Com tais represas poderemos levar água para lugares secos e implantar novas cidades.

– Nós não vamos trabalhar como loucos para beneficiar outras pessoas. Olhemos primeiro para nossos problemas e, após resolvê-los, pensaremos nos outros.

– Muito justo, meu caro, mas sua proposta exige uma tarefa quase impossível de ser realizada. Imagine a quantidade de terra a ser trazida para elevar a cidade vinte metros acima do atual nível. Destruirá meia cidade para depois elevar o atual patamar. E finalmente reconstruirá a cidade no patamar desejado. Será um aborrecimento terrível para todos e levará décadas.

– Sinto lhe dizer, mas suas palavras não têm sentido. Já decidimos tal assunto. As pessoas farão o trabalho de boa vontade ou serão obrigadas a fazê-lo.

– Tal tarefa não poderá ser realizada com o uso da força e o advirto, se pisotear as pessoas, estará cavando sua sepultura com seus próprios pés. As pessoas odeiam ser tiranizadas.

Sem disfarçar seu desprezo, Kratu levantou-se e partiu, seguido pelos seus amigos, logo após ter dito:

– A sessão está encerrada. O trabalho começará imediatamente.

# 52

Ao caminhar por Marichi, Nandi foi ficando cada vez mais triste. Cada rua, cada lugar o fazia lembrar de Humma, de Uddalaka, de Eannatum e de Enhegal. De repente, se sentiu só no mundo. Seu filho não tinha tempo para ele e estava sempre com seus amigos, onde reinava como um rei. Estava na hora de construir Sutkagen Dor, contudo, após a inundação, sabia ser difícil conseguir pessoas dispostas a mudar para tão longe. Todos estavam reconstruindo as cidades e sobreveio-lhe a ideia de ajudá-los. Marichi tinha suas próprias dificuldades e Kratu parecia estar resolvendo-as. Desse modo, dirigiu-se para as aldeias vizinhas, onde seria de alguma valia. Era fundamental ocupar sua mente com trabalho e deixar a aflição para trás.

Quando chegou a Karchat, foi recebido com alegria. As pessoas saíram às ruas e lhe deram as boas-vindas. Sentiu-se amado, e sua natural e simples felicidade o fez ser novamente Nandi – Alegria. Começou a trabalhar com eles imediatamente, abrindo canais, erguendo paredes e lhes dando boas ideias. Ficou hospedado na casa do chefe, pois não queria ficar muito tempo; havia outras aldeias necessitando de seu concurso.

Ao longo dos anos, Nandi fizera fortuna negociando. Não trabalhara diretamente em um campo de sua propriedade, mas sempre ajudara as pessoas e a atividade física lhe dera um corpo forte e bem-constituído. Mas, durante o tempo passado na Suméria, suas atividades físicas haviam se reduzido ao mínimo. Quando começou a trabalhar duro em Karchat rapidamente recuperou a condição física perdida. Tornou-se mais esbelto e sentiu-se mais forte.

Por dois anos consecutivos foi de aldeia em aldeia, ajudando a reconstruí-las, abrindo novos canais e motivando as pessoas a novos empreendimentos. Em todos esses lugares conseguiu reunir um grupo pequeno disposto a se mudar para Sutkagen Dor; jamais abandonara esse projeto. Havia muitas famílias com medo de ficar no Shindi devido às inundações. Quando falou em construir um porto fora do vale, muitos se apresentaram para deixar suas casas. Ninguém havia visto o mar e, quando Nandi falava sobre isso, os olhos deles brilhavam de excitação. Era possível existir tanta água assim no mundo?

Finalmente, numa excitante manhã, Nandi juntou todos os pretendentes e deixou o Shindi. Tomou a trilha para o mar pelas montanhas.

Enquanto isso, Sirara foi com três navios, levando as ferramentas e materiais.

Depois de dois meses de dura viagem pelo planalto Iraniano, as duas mil pessoas chegaram a Sutkagen Dor, onde Sirara e Sutkagen os aguardavam. Imediatamente, se estabeleceram e Nandi começou a esquematizar a cidade. Sirara e ele planejaram o porto. Pesquisando os arredores, descobriram um rio também designado de Sutkagen com um pequeno afluente. Como estavam assustados com inundações, resolveram construir uma muralha protetora para os rios afluírem sem invadir a cidade. Todo planejamento é fácil, mas colocá-lo em prática os faria gastar considerável esforço. O trabalho previsto para seis meses transformou-se numa atividade insana de dois anos.

# 53

Enquanto Nandi se divertia como nunca, realizando seu sonho de construir um porto, Virabhadra estava tendo suas próprias aventuras. Desde a adolescência, tinha um encanto por uma prima distante, uma moça chamada Hanni. Meses mais velha, Hanni era sobrinha de Kratu. Fora casada por Kratu com um viúvo de cinquenta anos. Passou a tomar conta do marido e dos filhos do primeiro casamento. Não era o tipo de matrimônio com o qual sonhara, pois amava outro homem. Porém, o rapaz fora morto por um tigre numa caçada.

Em todas as festas da aldeia, Virabhadra tentava falar com Hanni, mas a moça fugia dele. Não gostava de sua aparência abrutalhada, de sua jactância, e muito menos de sua arrogância, como se fosse o rei do mundo. Mesmo casada com um homem bem mais velho, era tratada principescamente e as crianças do primeiro casamento a viam como se fosse a própria mãe. E em matéria de sexo, o marido ainda era um homem viril e, com doçura, a satisfazia.

Certa manhã, Hanni saiu de Marichi com algumas amigas para lavar roupas. Foram até um regato não muito longe da cidade. Como ela tinha muita roupa para lavar, demorou-se e as demais a deixaram sozinha. Pelo meio da manhã, o sol estava quente e ela estava suada, devido ao esforço de lavar tanta roupa. Decidiu tomar um banho. Olhou em volta e, ao se ver sozinha, tirou a roupa, entrou na água e tomou um banho refrescante.

Alguns minutos antes de as moças chegarem ao riacho, Virabhadra as vira passar. Viu Hanni e a seguiu. Escondeu-se entre os arbustos e esperou pacientemente, como se fosse um tigre pronto para o ataque. Quando notou a partida das demais moças, aproximou-se. Muito para sua satisfação, viu quando Hanni tirou a roupa e entrou nua nas águas rasas do regato. Deleitou-se em ver seu corpo bem-esculpido, suas ancas firmes e seus seios em forma de pêra. Imediatamente ficou excitado. Instalou-se em sua mente um pensamento doentio: uma mulher jovem jamais encontraria satisfação com um velho. Se ele demonstrasse as delícias do sexo jovem, ela deixaria o marido e se casaria com ele. Sob o domínio dessa insânia, tirou sua roupa e saiu dos arbustos.

Quando Hanni viu Virabhadra se aproximando dela nu não teve dúvidas das intenções do homem. Como se tivesse sido picada por um maribondo, ela pulou e tentou escapar. Mas Virabhadra era um homem forte e rápido. Levou alguns segundos para agarrá-la. Ela argumentou com ele a fim de convencê-lo de não possuí-la, mas Virabhadra estava descontrolado: ela seria dele a qualquer custo.

Tentou lutar e chutá-lo. Um dos pontapés o feriu ligeiramente na perna e, em vez de pará-lo, apenas o fez ficar ainda mais bravo e a esbofeteou repetidamente. Quanto mais tapas ele lhe dava, mais ela reagia. Então, deu-lhe um soco forte no olho e ela caiu segurando a vista. Tombou sobre ela. Mais uma vez ela resistiu, mas, na fúria e na tensão, Virabhadra perdera o controle. Deu-lhe um par de socos no rosto e ela desfaleceu por segundos. Ao perder os sentidos por um átimo, Virabhadra a penetrou bruscamente.

Fez sexo com ela enquanto falava as mais doces palavras de amor. Na sua mente, ele não a estava forçando, mas mostrando-lhe a diferença entre um jovem macho viril e um velho desgastado. Pelo fato de ser muito bem dotado, ela iria gostar muito mais de fazer sexo com ele. Ela vibraria de emoção por ser penetrada por um verdadeiro homem.

Quando sentiu a futilidade de qualquer resistência, a mente de Hanni fugiu daquele lugar. Como não podia escapar fisicamente, começou a pensar em fatos maravilhosos e a imaginação pode ser poderosa em situações assim. Ouvia suas palavras de amor como algo muito distante.

Era um alucinado, disso não tinha dúvidas. Como poderia se apaixonar por um estuprador? Sentia dor e somente um louco perigoso agiria daquela forma, concluiu, aguardando logo o desfecho do episódio.

Quando terminou, permaneceu unido a ela enquanto acariciava seu rosto, dizendo palavras de amor.

– Você deixará seu marido hoje e virá viver comigo. Você será minha rainha, quando me tornar o rei de Marichi.

Ela concordou com a cabeça e sorriu: não se deve enfurecer um maníaco, nunca se sabe como reagirá. Quando a viu concordar com um sorriso tímido, sentiu-se despertado novamente. Sua estratégia estava dando certo; dessa vez, não lhe oporia mais resistência. E uma mais vez a possuiu.

Na próxima hora, o homem parecia insaciável e, a cada vez, quando ela tentava sair debaixo dele, ele voltava a fazer sexo novamente. Finalmente, após quase uma hora e meia de agonia, ele a deixou livre.

– Preciso partir, Virabhadra querido. Vou buscar meus pertences em casa.

– Sim, você deve. Estarei esperando por você na casa de Kratu. Amanhã mesmo providenciarei a melhor casa em Marichi para nós.

– Está certo. Espere por mim lá.

Com imenso alívio, ela partiu. Foi se vestindo enquanto se afastava lentamente do gigantesco homem. O menor movimento era um sacrifício de tão doído seu corpo estava. Seu rosto estava inchado; quase não conseguia enxergar pelo olho esquerdo. Sentia-se imunda e, no caminho para casa, vomitou várias vezes. Ao entrar na cidade, colocou as roupas lavadas em frente ao rosto para ninguém ver suas marcas. Chegou à casa logo antes do almoço e não tinha preparado nada para as crianças e o marido. Ele chegaria a qualquer momento e certamente notaria seu rosto inchado.

Realmente, ao entrar em casa, o marido viu seu rosto deformado e assustou-se. Perguntou pelo motivo de tais feridas.

– Levei um tombo na ribanceira – sussurrou.

– Por quem me toma? Um idiota? Essas não são feridas de uma queda; alguém a surrou. Quem fez isso?

– Ninguém. Caí do barranco lá no rio e meu rosto bateu numa árvore caída.

– Se caísse teria arranhões e contusões. Onde estão?

Ela não respondeu. Ele se aproximou e segurou seus braços e a sacudiu fortemente.

– Você foi estuprada, não foi? Por quem? Diga logo.

Ela estava a ponto de chorar. Mais uma vez, o marido a sacudiu violentamente. Queria uma confissão. Ameaçou batê-la. Ela não podia ser surrada novamente; não suportaria. Confessou então entre lágrimas, sussurrando o nome de Virabhadra. O homem ficou furiosamente selvagem. Pegou da foice e declarou, fora de si:

– Vou cortar seu membro fora.

Dirigiu-se para a casa de Kratu, pois, na hora do almoço, Virabhadra só podia estar lá. Quando chegou próximo, viu-o conversando com amigos. Partiu para cima dele, gritando e amaldiçoando. Virabhadra o viu vindo e preparou-se. Não era um guerreiro atacando, apenas um homem desesperado. Quando desferiu o golpe, fê-lo com raiva, porém sem nenhuma técnica. Virabhadra se esquivou e ele perdeu o equilíbrio. Nesse momento, o gigante o empurrou com força e ele desabou. Com isso, aproveitando o instante da queda do seu inimigo, ele correu para dentro de casa.

O marido o viu fugindo, levantou-se e o seguiu. Porém, Virabhadra não estava correndo do homem, mas à procura de sua espada de bronze, guardada no quarto. Achou-a, tirou-a da bainha e voltou para enfrentar o homem. Quando o marido entrou na casa e chegou ao pátio interno, Virabhadra estava retornando. Viu o marido de Hanni e o atacou com toda a força. Sua espada bateu no ombro e o homem caiu. Tirou a foice da mão do homem, agarrou-o pela túnica e o arrastou para fora da casa antes do sangue macular o chão. O homem estava em choque, estrebuchando no chão. Virabhadra segurou a espada no alto e depois a desceu com violência no pescoço do marido. Deu vários golpes, decepou fora a cabeça e a agarrou pelos cabelos. Tomado de fúria, a lançou rua abaixo, gargalhando enquanto a via rolar. Seus amigos não se moveram, mas outras pessoas correram até Kratu para informar do ocorrido.

Em questão de minutos, dez homens cercaram Virabhadra e Kratu lhe pediu para entregar a espada. Ele obedeceu, mas explicou-se: apenas se defendera. Foi levado para a sala de tribunal no grande edifício e, como não tinham nenhuma prisão, tiveram de julgá-lo de imediato. Enquanto o conselho deliberou, foi mantido preso vigiado por quatro homens.

O Conselho quis entender o motivo de o marido de Hanni perder a cabeça e atacar Virabhadra. Chamaram Hanni e, quando ela foi trazida à frente do conselho, todos entenderam a causa de tamanha loucura por parte do falecido, conhecido pela sua bonomia.

– Virabhadra a molestou? – perguntou um deles. Ela concordou com a cabeça timidamente.

Então alguém lhe perguntou se ela sabia o destino do marido. Meneou a cabeça em negativa. Ao ser informada da terrível morte, arriou-se no chão em prantos. Quando lhe contaram os detalhes, entre lágrimas e soluços, relatou de forma sumária como o jovem a tinha estuprado e surrado. Quando terminou, foi levada embora para prover o funeral do marido.

– Virabhadra merece ser posto a morte – disse Kharaman. – Ele é duplamente culpado: de estupro e assassinato.

– De estupro, eu concordo – interveio Kratu –, mas não de assassinato. O marido de Hanni deveria ter vindo a nós e teríamos castigado Virabhadra.

– É normal um homem perder a cabeça nessas circunstâncias.

– Concordo, mas de qualquer maneira nós não podemos condená-lo à morte. A lei é clara: pena de morte exige consenso dos membros do conselho. Nós só podemos condená-lo à morte se todos concordarem. No caso, eu discordo, portanto já não há mais consenso. Então, vamos expulsá-lo de Marichi para sempre.

– Isso é uma pena branda para um estuprador e um assassino – redarguiu Kharaman.

– Será você a contar a Nandi a morte de seu filho?

Naquele momento, todos ficaram quietos. Nandi ainda era o líder deles, mesmo tendo partido de Marichi há quase três anos. Era por demais amado para sofrer com outra trágica notícia. O argumento foi definitivo.

– Assim seja. Virabhadra será expulso para sempre – concordou Kharaman com uma expressão contrafeita.

Após a concordância dos demais, chamaram Virabhadra e lhe disseram de sua expulsão definitiva de Marichi. Deveria partir na manhã seguinte. Imediatamente, ele entendeu isso como uma pena de morte. Nunca seria aceito em qualquer lugar e teria de viver no mato. A probabilidade de ser morto pelas feras era muito grande. Recebeu o veredicto em silêncio, mas, em sua mente, pensou numa alternativa. Não partiria só: levaria seus amigos com ele e acharia outra cidade longe de Marichi. E, é claro, levaria Hanni.

Ao deixar a sala de tribunal, conversou com seus três principais amigos e lhes deu ordem para partir na manhã seguinte. Deviam convidar todos os jovens a segui-los. Sem hesitação, os três cruzaram a cidade e falaram com os demais jovens. Em questão de horas, com um avisando ao outro, os jovens se mobilizaram. Reuniram-se à noite. Tinham poucas horas para se prepararem para deixar Marichi na manhã seguinte. Virabhadra disse-lhes para levarem as ferramentas, o gado e os pertences, mesmo se fosse necessário tirar dos pais, por bem ou por mal.

Naquela noite, houve tumulto entre os jovens e seus pais. Muitos levaram o desejado à força e outros fugiram escondidos. Os pais estavam aborrecidos com a partida súbita dos filhos com Virabhadra, uma pessoa odiada, e culparam Kratu por essa situação.

De manhã, quase três mil jovens se dirigiram aos portões da cidade, com carroças cheias de provisões, armas, arados, ferramentas e animais, incluindo búfalos, elefantes e um vasto rebanho de animais domésticos. Kratu foi avisado e correu ao portão principal para impedir tal evasão. Significava um terço da força de trabalho da cidade: como terminaria o trabalho de contenção do rio se fossem embora? O trabalho já estava atrasado e sem eles tornar-se-ia uma tarefa impossível.

Fincou-se valentemente no portão principal e esperou por Virabhadra. Ao chegar perto, Kratu lhe deu ordens para ir embora sozinho e proibiu-o de levar os jovens com ele.

– Kratu, eu o respeito, mas, se você ficar no meu caminho, eu o matarei.

Kratu olhou para aquele homem gigantesco com aparência feroz. Definitivamente, não era páreo para ele. Ele tinha uma dúzia de homens consigo, mas nenhum deles se moveu. Kratu olhou para os amigos e sentiu o medo dominá-los. Se fosse enfrentar Virabhadra, teria de fazê-lo sozinho. Mas não, pensando melhor, não estava disposto a morrer por causa de um grupo de jovens arruaceiros. Afastou-se e Virabhadra e seu grupo cruzou os portões. Ainda teve de aguentar as risadas de deboche dos amigos de Virabhadra sem dizer uma palavra. A situação era por demais explosiva para tergiversar com um grupo de amotinados. Mas, naquele momento, sentiu vergonha de sua covardia. Com certeza, ele sabia ter perdido a reputação perante Marichi.

# 54

Enquanto isso, Nandi estava tendo sua própria dose de amargura. Tudo parecia difícil. A construção das paredes laterais planejadas para impedir o rio Sutkagen de alagar a cidade se transformou numa corveia. Para buscar as pedras necessárias era preciso caminhar quase quarenta quilômetros até a serra. As rochas das montanhas eram duras de cortar com as ferramentas existentes. Nandi enviou pessoas a Balakot, a cidade mais próxima, para trazer ferramentas e mais gente para ajudar. As pessoas vieram, mas com elas veio também a necessidade de alimentá-las. Assim Nandi pediu mais provisões do Shindi e Sirara viu-se obrigado a fazer várias viagens para sustentar a necessidade crescente por comida, animais e trabalhadores.

Após ter iniciado a construir seu mais novo sonho nada poderia impedi-lo de terminá-lo. Todo novo problema era enfrentado como um desafio a ser superado por Nandi. O custo tornara-se insuportável, mas na sua mente era melhor morrer de tanto trabalhar a ser conquistado pelo sumérios; era preciso impedir seus compatriotas de conspurcarem sua nova pátria.

As docas também o levaram próximo ao desespero. Não só precisou de pedras, mas também várias vezes a maré destruiu o trabalho recente. As correntes marítimas eram fortes e concluíram pela necessidade de um quebra-mar para envolver e proteger o porto. Isso significava levar pedras em pequenos botes por mais de sessenta metros mar adentro e lançá-las ao fundo, repetindo a operação por meses a fio. As primeiras pedras só apareceram acima da linha da água após seis meses de ininterruptas viagens dos botes. Outros seis meses foram necessários para terminar o trabalho. O custo não só foi alto em termos de trabalho, mas também várias vidas foram dizimadas em diversos acidentes.

Certa manhã, Nandi foi chamado para ver Sutkagen. Ele estava deitado na cama com uma face pálida. Perguntou qual era seu mal e Sutkagen respondeu que se sentia fraco. Passara a noite vomitando e estava com uma diarreia ininterrupta. A pele estava emaciada e os olhos perderam o brilho.

– Você ferveu a água?

– Não, nunca fervi.

– Mas eu disse a todos para ferverem a água apanhada do rio. Pode haver maus humores na água.

Como nunca fizera isso antes, Sutkagen não se preocupara com isso. Agora estava tendo cólicas terríveis e se contorcia de dores. Nandi não sabia como proceder e aguardou a natureza agir em favor do jovem amigo.

No dia seguinte, Sutkagen teve dores a ponto de gritar de dor. No terceiro dia, não acordou e, pela tarde, morreu. Como sempre, Nandi chorou pela morte do amigo. Mas isso não foi tudo: na mesma semana, quase três mil das dez mil pessoas de Sutkagen Dor ficaram doentes. Em quatro a cinco dias, Nandi lamentou mil mortos. Jamais saberiam ter sido devastado pela cólera proveniente da água do rio Sutkagen. De qualquer maneira, Nandi teve a intuição de se tratar de maus humores – como ele chamava – das águas do rio. Para evitar novas mortes, a água passou a ser fervida por cinco minutos antes de ser consumida.

Por mais de dois meses, os sobreviventes se arrastaram, imprestáveis para qualquer trabalho mais duro. Levariam meses para se recuperar. Muitos fugiram da cidade crendo estar infestada de demônios e maus espíritos. Nem mesmo Nandi pôde convencê-los do contrário. A cidade ficou reduzida a cinco mil pessoas, mas pelo menos o canal e o porto tinham sido construídos e as pessoas remanescentes eram suficientes para tocar a vida na cidade.

Depois de três longos anos, Nandi viu o primeiro navio sumério entrar no porto para permutar bens sumérios por tecido e óleo de algodão e levá-los de volta a Ur. O canal de Ur era um sucesso, disse-lhe o capitão. Até mesmo Dumuzi e outros *ensiles* vieram inaugurá-lo. Era a maravilha das maravilhas e dois navios podiam se cruzar lado a lado sem qualquer dificuldade. A água trazida pelo canal fez Ur crescer de modo extraordinário. De uma aldeia de três mil habitantes, tornara-se uma cidade de quarenta mil pessoas. Ao escutar isso, lágrimas de felicidade rolaram pelos olhos de Nandi. Ishkur era agora o novo ensil, pois o anterior morrera. Tornara-se poderoso, mas pelo menos estava conduzindo seu povo à prosperidade e paz.

Após contar esses fatos, o capitão disse estar feliz por ter conhecido o deus vivo, como Enki era conhecido.

– Onde é seu templo? Desejo fazer minhas oferendas à sua pessoa.

– Em primeiro lugar, meu amigo, eu não sou um deus. Sou um homem imperfeito tentando dar o melhor do que possuo.

– Sim, a modéstia é a primeira virtude de um verdadeiro *anunnaki*. Possa seu pai Anu abençoá-lo e estender sobre mim, modesto capitão, sua proteção.

Quando o navio partiu, levou Nandi com ele. Queria visitar Ur, Ishkur e Dumuzi. Precisava informar seus sócios sobre Sutkagen Dor ou Dilmun, como os sumérios chamavam aquele porto.

Quando o navio começou a entrar no canal conduzindo a Ur, Nandi ficou maravilhado. Nunca poderia imaginar sua imponência. Quando alcançaram Ur, seus olhos se abriram em completo assombro. Uma enorme muralha fora construída ao redor da nova cidade. O canal cercava toda a cidade e havia dois portos dentro das muralhas unidas pelo canal. De um ponto ao outro da cidade a pessoa caminharia por pelo menos quatro quilômetros; um tamanho colossal para uma cidade daqueles tempos. Ao redor de Ur, até onde a vista alcançava, Enki viu terras verdes onde antes só existia deserto. Uma maravilha somente alcançável por meio do canal.

Quando Ishkur soube de sua chegada, mandou preparar um gigantesco banquete. Enki era célebre e até mesmo sendo modesto não pôde deixar de sentir orgulho pela realização da qual fora diretamente responsável. Em Ur, relembrou do fato mais estranho jamais acontecido em sua vida: o enchimento do jarro por uma tromba d'água. Ele ainda não entendia como tal maravilha acontecera.

Nos dias seguintes, visitou Uruck e outros lugares, inclusive Lagash, sua terra natal. Fora reconstruída e se tornara bonita e poderosa novamente.

– Você não pode deixar de visitar Kish – disse-lhe Ishkur. – Nos últimos anos ficou extremamente poderosa. O ensil é amigo de Dumuzi e se dão muito bem, mas, quando os dois falecerem, Kish se tornará a cidade mais importante na Suméria.

– E Ur?

– Tornou-se importante, mas não temos um exército e não quero um. Um exército forte nos conduzirá à guerra e isso é algo na qual sinto profunda aversão. Sou um homem dos *anunnakis* e acredito ser possível todo homem se tornar um *anunnaki* se desejar.

Seguindo o conselho de Ishkur, Enki visitou Kish e foi recebido pelo neto de Mesilim, o grande, também chamado de Mesilim, o pacificador. Enki ficou surpreso em ver um jovem de modos dóceis, recebendo-o com grande cortesia.

– Meu irmão Dumuzi me falou da honra de sua visita, *anunnaki* Enki. Seja bem-vindo.

E, nesse instante, para surpresa de Enki, na frente de toda sua corte, Mesilim se ajoelhou e beijou seus pés. Enki o levantou imediatamente pelos ombros e o beijou nas faces. Tal humildade não era comum entre *ensiles*; nenhum deles se curvava para outro. Sua fama o precedera a ponto de todos o aceitarem como um *anunnaki* e o maior amigo da humanidade.

# 55

Ao sair de Marichi, o grupo de Virabhadra subiu rio acima. Caminharam durante quase uma semana à procura de uma colina adequada para construir uma cidade. Chegaram a um afluente do Meluhha e decidiram não cruzá-lo, devido à forte correnteza. Preferiram subir em direção ao noroeste. Caminharam mais dez dias, quando se depararam com um vasto planalto. Virabhadra considerou o lugar satisfatório para construir sua cidade. Acamparam e logo começaram a construir casas. O lugar foi chamado Virabhadra (mais tarde seria conhecido como Judeirjo Daro).

Uma grande casa foi construída para lorde Virabhadra, como fazia questão de ser chamado. Hanni fora trazida à força. Para todos os propósitos, ela era a rainha, mas seu comportamento tornara-se estranho. Virabhadra a possuía diariamente com redobrado vigor e falava-lhe palavras de amor, mas a mulher parecia distante. Sorria timidamente e quase não falava com o marido nem com ninguém. Sua mente vivia em lugares imaginários onde se divertia com jogos infantis, sendo outra pessoa.

Virabhadra começou a ficar aborrecido com seu mutismo e, por várias vezes, discutiu com ela, todavia não recebia resposta. Um dia, perdeu a paciência e a esbofeteou na face. A mulher ficou aterrorizada e teve um ataque de loucura. Começou a gritar e a se morder. Virabhadra foi buscar ajuda com uma curandeira. Ela a rezou, pois acreditava que um mau espírito a possuíra.

Na aldeia, com seu péssimo temperamento, Virabhadra passou a ser temido e odiado. Suas ordens deviam ser obedecidas ou o infeliz conheceria a força de seus punhos. Se não fosse a intervenção de seus amigos, ele teria matado vários homens de pancada. Como sua vida com Hanni tornara-se um inferno, descontava o mau-humor sobre os demais. Alguns pensaram em voltar para Marichi, mas estavam por demais amedrontados para fugir.

Depois de uma discussão com seus três melhores amigos, os únicos a ousarem contestá-lo, retornou furioso para casa. Ao entrar no quarto, viu Hanni encolhida num canto, chupando o polegar como se fosse uma criança.

– Saia daí, sua cadela estúpida. Quero minha comida.

Não obteve nenhuma resposta. Aproximou-se e a arrastou pelos cabelos. Ela não reagiu; estava distante demais para notar o mundo em sua volta.

– Vou acabar com essa tolice de uma vez por todas.

Fechou o punho e bateu várias vezes nela. Como ela não reagiu, ele a ergueu e a jogou contra a parede. Ela caiu como uma boneca desconjuntada. Como não obteve nenhuma reação, ele perdeu completamente a cabeça, pegou de um porrete e começou a surrá-la de forma selvagem. Durante pelo menos dois minutos, infligiu-lhe uma surra monstruosa, enquanto vociferava os piores impropérios. Acusou-a de ser a responsável por tudo de ruim a lhe suceder ultimamente. Quando sua raiva amainou devido ao cansaço, observou a transformação da mulher numa massa de carne, ossos quebrados e sangue espalhado pelo quarto e em cima dele.

– Levante-se, sua cadela imbecil. Quero minha comida – gritou sem que obtevivesse nenhuma resposta.

– Estou com fome. Quero minha comida – e Hanni não se moveu.

Então Virabhadra olhou para trás e viu uma mulher de pé na soleira da porta. Era uma das ajudantes de Hanni que presenciara toda a cena.

– Não fique aí de pé. Faça algo. Ajude-a se levantar e servir minha comida.

Sob tal comando feroz, a mulher correu até Hanni e tentou levantá-la. Após alguns instantes de inútil esforço, ergueu-se e fitou um Virabhadra coberto de sangue. Com uma voz trêmula de medo, tartamudeou:

– Lorde Virabhadra, Hanni está morta.

# 56

Quando Virabhadra partiu de Marichi, Kratu passou a enfrentar o descontentamento de sua gente. Kharaman o convocou ao Conselho e ele veio com seus camaradas. Mas muitos de seus comparsas haviam abandonado suas fileiras, aborrecidos com o seu comportamento. Acusavam-no de covardia por deixar Virabhadra partir e levar a maioria dos jovens da cidade, sem mencionar elefantes e gado.

A discussão na sala do Conselho logo tomou um rumo desordenado com cada grupo querendo impor seu ponto-de-vista na força dos gritos. O grupo de Kharaman era maior e se sentia seguro em ordenar a Kratu para deixar a cidade.

– Não farei nada disso. Ainda sou o chefe – retrucou Kratu.

– Não precisamos de covardes por aqui – redarguiu Kharaman.

No calor da discussão, um dos homens cujo filho partira com Virabhadra, sacou de um punhal e o arremessou contra Kratu. O punhal errou o alvo por pouco, mas feriu um dos amigos de Kratu. Isso foi o suficiente para deslanchar o tumulto. Cada grupo havia vindo armado – algo incomum, pois ninguém portava armas – e a briga generalizou-se. O grupo mais numeroso de Kharaman levou vantagem e em alguns minutos muitos dos homens de Kratu estavam mortos no chão.

Em certo momento, Kratu sentiu sua inferioridade numérica e deu ordens para recuarem. Kharaman, ao ver a disposição de Kratu de se render, berrou ordens para cessar a luta.

– Concordo – disse Kratu, quando o tumulto cessou. – Sairemos da cidade imediatamente. Só nos dê tempo de empacotar nossos pertences.

– Nós lhes damos três horas. Vocês têm de partir antes do pôr-do-sol.

– Podemos levar nossos elefantes?

– Não podem levar nenhum animal – respondeu um dos homens de Kharaman. – Levem apenas os pertences pessoais, suas carroças, os bois para puxá-las e apenas algumas poucas ovelhas e cabras.

– E quanto ao gado? Temos direito a levá-lo conosco.

– Você não tem direito a nada. Virabhadra já levou a maioria de nosso rebanho e você o deixou partir com um meneio de cabeça e um adeus. Se quiser búfalos e gado, peça a Virabhadra.

Kratu deixou a sala, enquanto ouvia os deboches sobre sua covardia. Mas o pior foi ouvir as maldições e reprimendas de Danistha. Covarde era quase um elogio em face dos demais nomes proferidos pela esposa. Depois de sua explosão de ira, ela empacotou seus pertences e proferiu a mais venenosa de todas as injúrias:

– Teria feito melhor se tivesse me casado com Nandi.

Cheio de raiva e humilhado, Kratu deixou Marichi apressado. Seus amigos apanhados no meio da tormenta partiram com ele. Temiam os homens de Marichi. Poderiam matá-los, tomar seus bens e suas esposas. Em vez de ficar na mesma margem de Marichi, cruzaram o rio e desceram para o sul, enquanto procuravam um local propício para construir uma cidade.

Depois de sete dias de marcha forçada, com todos demonstrando cansaço devido ao rápido passo da fuga, Kratu achou uma elevação adequada. Estavam bem longe de Marichi e aparentemente a salvo. Propôs ficarem naquele lugar e todos concordaram. Estavam extenuados. Descansaram alguns dias e, após se sentirem mais fortes, começaram a construir a cidade de Kratu, futuramente renomeada de Chanhu Daro.

# 57

Um dia, um grupo de pessoas da aldeia de Virabhadra estava trabalhando nas plantações, quando viram algumas vacas pastando nos campos recentemente plantados. Eles as enxotavam, quando um dos homens viu fumaça por detrás de arbustos não muito longe de onde estavam. Aproximaram-se cuidadosamente e viram três homens de pele negra descansando e cozinhando numa pequena fogueira. Correram para a cidade e avisaram Virabhadra.

Hanni tinha morrido há alguns dias e Virabhadra ainda estava furioso com sua morte. A mulher nunca o amara – como pôde imaginar tal tolice? – e preferira morrer a viver com ele. Ao saber de intrusos em suas terras, juntou seus guerreiros e foi até onde os estranhos estavam acampados. Quando chegaram, os homens já haviam comido e estavam cochilando debaixo das árvores.

– Talvez façam parte de um grupo maior – disse um dos amigos de Virabhadra.

– Pouco me importa. Vou matá-los assim mesmo.

Sem clemência, os três homens foram mortos e os corpos ficaram insepultos. Satisfeito com sua ação, Virabhadra retornou à cidade.

À noite, os corpos dos três homens foram encontrados por seus companheiros, que os enterraram. Não havia dúvida: seus amigos haviam sido mortos por outros homens devido à natureza das feridas.

No dia seguinte, eles seguiram o rastro do destacamento de Virabhadra até a cidade. Foram se aproximando cuidadosamente, mas Virabhadra havia colocado guardas em torres elevadas e eles viram quando os invasores se aproximaram. Virabhadra foi informado e preparou sua defesa. Quando os estranhos chegaram perto, ele os atacou com flechas. A surpresa do contra-ataque fez os negros fugirem, e Virabhadra exultou com a vitória. Não obstante, ele não os perseguiu.

Durante dois dias não se ouviu mais nada a respeito desses invasores, mas, no amanhecer do terceiro dia, Virabhadra foi acordado por gritos e choros. Os estranhos voltaram em número bem maior e estavam atacando a cidade. A velocidade e a surpresa do ataque superou os defensores e, antes de ajuntarem os guerreiros, os invasores tocaram fogo na cidade, mataram e feriram vários habitantes. Virabhadra escapou na confusão e se escondeu nos arbustos com um grupo de homens, enquanto, em completo desespero, assistia a sua cidade arder e os invasores matarem sua gente e aprisionarem mulheres e crianças.

Após a partida dos incendiários, Virabhadra teve um ataque de raiva. Ficou tão furioso a ponto de se jogar ao chão e babar, cuspir e rosnar como um possesso. Seus amigos o imobilizaram para trazê-lo de volta à razão. Quando ficou menos enfurecido, jurou vingança.

Seguiu os rastros dos invasores. Após dois dias, um dos seus amigos descobriu quem era esse grupo. Tratava-se dos dhanavas; dirigiam-se a Mehrghar. Ao saber do fato e não tendo suficiente guerreiros para atacá-los, decidiu voltar às cidades ao redor de Marichi e reunir um exército. Determinado, jurou esmagar os dhanavas, mesmo sendo o último ato de sua vida.

# 58

Enquanto Virabhadra dirigia-se ao sul para visitar as cidades e aldeias construídas pelo pai com o intuito de reunir um exército, no mundo espiritual, os assistentes de Rudra reuniam-se e o informavam da matança. Pareciam desesperados para prevenir algo ainda pior, mas Rudra não demonstrava nenhuma perturbação pela guerra iminente.

– Como poderemos guiar os homens para não irem à guerra? – perguntou o assistente espiritual responsável pelo grupo de Virabhadra.

– Deus se utiliza das falhas humanas como instrumento educativo. Esse é um processo previsto por Deus. Nossa função é auxiliar os homens a extraírem das situações dolorosas da guerra as indispensáveis lições para sua evolução pessoal e o progresso geral.

– Mas como? Não deveríamos impedir a guerra e construir a paz?

– A paz virá no seu devido tempo, mas não devemos interferir no sentido de impedir a guerra. Os homens hão de aprender por si próprios o caminho da negociação, da concórdia e da paz. Nós não podemos remover o espírito agressivo deflagrado por atos de pura loucura.

– A guerra é um estado natural do gênero humano? – perguntou outro assistente.

– Como todos os desvios de conduta do espírito, a guerra é consequência da exacerbação de seu orgulho e egoísmo. No nível evolutivo da atual humanidade, a guerra se tornou um doloroso aprendizado pelo qual o homem passa para alcançar a maturidade espiritual. Na história terrena, as guerras se intensificaram a partir da revolução agrícola, motivadas, de um lado, pela fome ou pela ambição da conquista, e, de outro, pela falta do comprometimento em partilhar sua abundância com comunidades mais necessitadas.

– Não haveria outra forma de evolução sem passar por tanto sofrimento?

– Para entender melhor essa questão, é necessário conhecer o processo da evolução do gênero humano.

Rudra fez uma pausa e começou sua conferência.

– Quando os construtores desenvolveram as primeiras espécies de proto-humanos, dividiram as características do cérebro em dois tipos básicos. O primeiro grupo foi o feminino e foram gerados os instintos de maternidade, assim como também a preservação das espécies. O cérebro feminino foi desenvolvido com um senso de percepção em curta distância. Em outras palavras, as mulheres são capazes de perceber os aromas, os gostos, as cores e os detalhes dos objetos mais próximos. Com esse instinto transmitido geneticamente, elas podem detectar e buscar melhores frutas, legumes e raízes, e também proteger sua prole de insetos e pequenos animais. Essa percepção e a necessidade de encontrar alimentos as fazem trabalhar melhor com outras mulheres em grupos reduzidos, dividindo entre si o encontrado. Tal intimidade lhes fez serem muito mais palradoras, pois esse é um imperativo para quem sai à cata de comida.

"Olha aquela fruta lá", "Veja aquela raiz acolá", e assim por diante. Esse é o motivo pelo qual a mulher inventou a maioria dos nomes. A base da sociedade primitiva é a mulher. Quando as sociedades se tornaram mais civilizadas, mantiveram sua liderança.

– Mas, mestre Rudra, não se observa tal liderança na sociedade. Vejo os homens dominando.

– Permita-me dizer lhes como foram desenvolvidos os homens e então descobrirá a resposta para suas dúvidas.

Rudra fez nova pausa e, usando uma tela, mostrou a imagem de um homem.

– O homem não foi feito apenas para fertilizar a mulher, mas também para compartilhar o trabalho com ela. Porém, não era necessário ter mais pessoas coletando frutas e legumes, mas era fundamental ter alguém para defender a família primitiva dos perigos da natureza, especialmente de predadores. Então, o homem começou não só a matar os predadores, mas também descobriu como caçá-los. A carne tornou-se um artigo importante na sua dieta. O homem, temendo sair sozinho para caçar, formou alianças com outros homens e saíam em grupos maiores. Não obstante, eles não tinham o mesmo tipo de amizade desenvolvido pelas mulheres. Todavia, caçar requer uma visão melhor a longa distância, abdicando da percepção de curto alcance. Os animais devem primeiro ser vistos ao longe para serem caçados. Também é importante o caçador manter silêncio. Se os homens falassem tanto quanto as mulheres, assustariam a caça. Então, o homem desenvolveu menos habilidade para falar e, como corolário disso, tem menos habilidade para reconciliar e negociar. Preferem o método mais direto e violento. Porém, todas essas características não nasceram espontaneamente no cérebro de homem, mas foram acentuadas pelos construtores espirituais a partir de instintos naturais, de forma a proporcionar ao homem alcançar seus principais objetivos: proteger e caçar. Eles não o fizeram violento, mas corajoso e agressivo; essas são as características supremas para caçar animais maiores e perigosos. Nesse momento, homens em face de perigo não fogem, mas, unidos em bandos, uns dando coragem aos outros, tentam instintivamente resolver o problema por meio da violência. Esse processo lança adrenalina no sangue e acelera o coração. Também é um estimulador mental extraordinário; a cerotonina afluindo no cérebro lhes dá coragem, força e explosão muscular, assim como também o faz se sentir indestrutível e invencível. Naturalmente, os construtores diferenciaram o corpo da mulher, pronto a gerar crianças, e o do homem, pronto para caçar e proteger a descendência. Com o decorrer de tempo, o mais forte dominou o mais fraco. Mas a mulher tem um domínio sexual sobre o homem, obrigando-o a satisfazer seus caprichos e necessidades de alimentação e proteção para obter seus favores. Aparentemente, eles dão as ordens, mas as mulheres os influenciam imensamente, desde a infância até a vida adulta.

– Mas quem foi feito primeiro?

– Os moldes físicos são sempre desenvolvidos e testados primeiro no mundo astral. Dessa forma, os estudos mais profundos foram feitos na fêmea. Só depois de ter fixadas as características básicas no molde feminino, as alterações genéticas são desenvolvidas no molde masculino.

– Interessante, conforme os cultos religiosos sumérios, o homem foi feito primeiro – comentou um dos assistentes.

– Fisicamente, os dois são feitos simultaneamente, porém, no astral, os primeiros estudos são voltados para o sucesso da mulher. O homem é uma mutação da mulher. Observe os homens e vejam a atrofia das glândulas mamárias. Observe a adiposidade das mulheres; é uma forma de reserva de alimento para os dias difíceis, especialmente quando irá gerar a criança e depois na amamentação. No homem, devido a mudanças hormonais, essa adiposidade é transformada em massa muscular, em ossos maiores para suportar um corpo mais pesado e um tamanho maior com o intuito de defender a prole, caçar e manter atividades físicas contínuas. Uma caçada pode obrigá-lo a correr por quilômetros atrás de animais dez vezes mais pesados e manter um combate demorado durante longos e cansativos minutos. Para tal, o macho, embora também estudado pelos construtores, só será desenvolvido após o projeto feminino estar perfeitamente delineado.

Rudra fez outra pausa, apagou o visor e prosseguiu:

– Voltemos ao sério problema da guerra. Enquanto os homens vivem de forma nômade, em grupos, em clãs familiares, raramente entram em choque com outros grupos; não há quase contato entre eles. Podem acontecer pequenos entreveros, como demonstrações de força para a tribo mais forte desalojar um grupo mais fraco de um território. Isto não caracteriza um estado de guerra, só uma beligerância momentânea, cessando após a expulsão do mais fraco. A guerra começa quando é fundamental preservar o território devido à implantação da agricultura e, por conseguinte, da civilização. Isso se deve ao dispêndio de trabalho para preparar a terra, construir cidades e mantê-las. As pessoas não irão abandonar o lugar para recém-chegados a custa de gritos ou ameaças. Então, homens já acostumados a caçar em grupos juntam-se para defender ou atacar seus inimigos. Esse processo gera vinganças, ódios e novas guerras, e a cada vez ficam mais violentos e sanguinários.

– Como Deus permite tão violento processo? Desconheceria o fato de o homem ter de passar por tal aprendizado? Ou Ele instituiu isto como parte do processo evolutivo?

– Deus, quando cria o espírito, o faz com potencial infinito, mas ato nulo. Por um processo longo envolvendo várias fases consecutivas, tais como a energética, a mineral, a vegetal, a animal, a fase humana e a fase angelical, o espírito vai transformando seu potencial infinito num ato puro. Quando alcança a fase humana média e atravessa as fases sociais de agricultura, industrial e, depois destas, de sociedade global, ele é conduzido à guerra por uma série de processos há pouco detalhados. Nesse ponto, quando os homens ainda são animalizados, a guerra é um frequente indutor da evolução. Mas o Todo-Poderoso sabe ser apenas uma fase de imensa utilidade para o progresso da sociedade e do espírito.

– Como assim, mestre? A violência é a única forma de evoluir? Será o sofrimento um caminho inevitável para a perfeição?

– Nada é obrigatório, nada é imposto. Mas Deus extrai do mal o bem. A guerra é um dos maiores impulsos para evolução. Permite o desenvolvimento de conhecimentos e técnicas, como também reestrutura sociedades, desenvolve pelo sofrimento as relações humanas, assim como também as ciências e as artes. A guerra, mesmo sendo um terrível flagelo, traz uma mudança dinâmica na sociedade humana. Sem essa mudança, a sociedade tende a estagnar, se não receber influências internas e externas. Quando não há progresso, há deterioração. Uma casa não cuidada desaba em ruína. O espírito só se desenvolve quando é forçado, e a guerra empurra a humanidade adiante. Na Terra, a guerra só desaparecerá quando os homens alcançarem plena maturidade psíquica e social, com sociedades equilibradas e justas. Nessa época, soluções mais fraternais para os desentendimentos humanos serão encontradas.

– Mas, mestre Rudra, qual o motivo de Deus não ter feito os espíritos evoluírem em corpos de genética mais branda, como as gazelas, por exemplo? Não seria possível?

– O corpo sempre é construído para certo aprendizado do espírito. Um espírito ainda brutalizado recebe um corpo do mesmo quilate; não adianta reencarnar o espírito de um leão num ser humano, se seu instinto psíquico, sua percepção de si próprio e do mundo ainda são primitivos. O leão não mudará seus instintos transmitidos ao corpo físico pela sua mente espiritual só porque reencarnou num corpo humano. Se isso fosse possível, Deus colocaria todos os espíritos nos corpos de anjos, obtendo a perfeição angelical instantânea. Não haveria evolução. Tenha fé, pois tudo vem no seu devido momento e há um preço a ser pago.

Os assistentes permaneceram calados. Estavam preocupados: os eventos no Shindi estavam a ponto de desaguarem em guerra.

## 59

Para uma pessoa famosa como Virabhadra, foi fácil reunir um exército de jovens. Era o filho de Nandi e sua reputação como um líder o precedeu. Se tivesse ido a Marichi, onde o conheciam como um tirano de caráter violento, provavelmente não teria conseguido recrutar ninguém, mas, nas aldeias, ser o filho de Nandi era suficiente para os jovens o seguirem.

Nem Virabhadra nem seus amigos íntimos tinham a menor ideia de como estruturar um exército. Para eles, assim como para os demais jovens, a guerra era diversão e ninguém deixaria escapar a chance de desfrutar da vida. Com dois mil homens mal-armados, e a dez dias de marcha, partiram alegremente para Mehrghar.

No terceiro dia, começaram a ficar famintos e, em vez de marchar, a maioria dos homens deixou o grupo principal para caçar. O estoque de flechas foi usado para matar animais selvagens. Quando alcançaram as montanhas Suleiman, o lugar era ermo demais e não havia animais para serem caçados.

Os dhanavas não eram acostumados à guerra e seus guerreiros não tinham experiência, mas, depois do ataque à cidade de Virabhadra, ficaram mais cuidadosos. Colocaram alguns homens no caminho de sua aldeia para prevenir um ataque. Quando as sentinelas viram o grupo de Virabhadra surgir na trilha, avisaram à aldeia sobre os invasores. Imediatamente, os comandantes dos dhanavas deram ordens aos homens e se juntaram para atacar Virabhadra em um estreitamento do caminho por onde inevitavelmente passariam.

Algumas horas depois, sempre seguindo os rastros dos dhanavas, Virabhadra e sua tropa chegaram a uma garganta e, sem suspeitar de uma emboscada, adentraram na sinuosa passagem. Num certo momento, pedras arremessadas contra eles os assustaram. Ambos os lados da passagem estavam cheio de dhanavas, jogando pedras, atirando flechas e lanças contra eles. Não havia lugar para se esconder e eles não podiam subir as paredes íngremes e enfrentar o inimigo. Só podiam retroceder, mas como não havia uma cadeia de comando e tudo fora tratado de modo negligente, alguns correram em busca de abrigo, enquanto outros ficaram onde estavam. Ao se ver emboscado, Virabhadra deu ordens para retroceder, mas, no calor e tumulto da batalha, suas ordens não foram ouvidas. Ele correu e assim fizeram seus amigos, mas a maioria dos jovens que ficou plantada onde estava teve sua vida ceifada pelos dhanavas.

Quando Virabhadra conseguiu chegar à entrada da passagem e juntou seus homens, ele perdera muito mais de dois terços da tropa em alguns minutos de escaramuça. Qualquer um bateria em retirada e procuraria outro caminho, mas não Virabhadra. Mais uma vez, subjugado por uma raiva cega, quis atacar a garganta com os remanescentes. Não obteve êxito; ninguém quis segui-lo num ataque tão despropositado. Quando ninguém o obedeceu, ele ficou possesso e atacou seus próprios homens. Quando viram o líder descontrolado, a maioria fugiu para se livrar do ataque do gigante. Virabhadra permaneceu com ainda menos homens. Seus amigos conseguiram aplacar sua ira e o levaram embora até umas pedras abrigadas.

– Amanhã reuniremos os homens e atacaremos novamente. Dessa vez, a vitória será nossa – vociferou Virabhadra, vendo o adiantado da hora.

– Nossa posição é insustentável. Perdemos a maioria de nossos homens. Seria prudente nos retirarmos, prepararamos um novo exército e voltarmos numa próxima vez.

– Não haverá próxima vez. Atacaremos amanhã e matarei os desobedientes com minhas próprias mãos.

Seus amigos permaneceram calados. Quando Virabhadra tinha um ataque de raiva, o melhor a fazer era ficar quieto. Como a noite estava descendo rapidamente, decidiram dormir e atacar no próximo dia. Virabhadra estava cansado. Foi dormir de barriga vazia e o coração cheio de fel.

Seus amigos mais íntimos não tinham nenhuma razão para estarem tranquilos. No próximo dia, se eles atacassem pelo desfiladeiro, seriam mortos. Quando Virabhadra adormeceu próximo a uma pedra, juntaram-se e discutiram o assunto. Após uns minutos de debate, concluíram se tratar aquele ataque da mais pura loucura; Virabhadra iria conduzi-los à morte. Então, um dos amigos externou algo não ousado pelos demais.

– Virabhadra precisa ser eliminado ou seremos mortos amanhã – afirmou.

– Qual o exato significado de eliminado? Como podemos eliminá-lo? – perguntou outro companheiro.

– Você é lerdo? – respondeu um terceiro. – Eliminar significa matá- lo.

– E quem vai enfrentá-lo? – retornou o amigo.

– Todos juntos. Agora, enquanto dorme – disse o primeiro amigo seriamente. – Nós o matamos hoje ou morreremos amanhã. Qual opção prefere?

– Certo. Então o façamos agora – concluiu o interlocutor.

Os três homens se levantaram, retiraram suas espadas da bainha, chegaram bem perto de Virabhadra e então, juntos, começaram a apunhalá-lo de modo selvagem. Quando as espadas perfuraram seu corpo, ele acordou e tentou se defender. Os três amigos redobraram seus golpes com medo de algum revide do gigante enfurecido. Virabhadra foi morto em questão de segundos. Para completar a macabra operação e terem certeza de sua morte, deceparam sua cabeça.

O barulho do ataque trouxe outras pessoas ao lugar, mas ninguém interveio. Ficaram em pé, olhando calados, enquanto os três amigos matavam Virabhadra. Ao final, quando um deles segurava a cabeça de Virabhadra pelos cabelos, o outro informou aos demais da partida na primeira hora da manhã. Nessa hora, os homens se viraram e voltaram a dormir.

Os dhanavas tinham capturado alguns dos homens de Virabhadra e os tinha feito falar. Descobriram de onde vieram. Um dos prisioneiros, na tentativa de permanecer vivo, ameaçou com a retaliação de seus amigos caso fosse morto. Os dhanavas não ficaram impressionados pelas ameaças e o mataram. Todavia, um dos chefes comentou da possibilidade de enviarem outra tropa para atacá-los novamente. O único modo de evitar tal movimento dos shindis seria atacar primeiro. Discutiram o assunto durante alguns dias e concordaram: poderiam saquear as aldeias dos inimigos. Entretanto, como o vale estava para ser inundado pelas águas do Meluhha, decidiram atacar em seis meses, quando a inundação tivesse ido embora.

Nesse ínterim, a cidade de Mehrghar fez alianças com as aldeias vizinhas de Ghundai, Mundigak, Qala Dito, Kiligul, Quetta e Rana Ghundai. Juntando todos os homens, reuniram uns oito mil guerreiros contra os desprevenidos shindis.

Seis meses depois, os dhanavas atacaram as aldeias de Chupunika, Gorandi, Dula, Atri, Pandi Wahi, Murad e Lohri, na região do Shindi. As pessoas fugiram do ataque, mas muitas foram aprisionadas e levadas como escravas. Como a maior cidade da região era Marichi, a maioria dos shindis fugiu à procura de abrigo. Também era a única cidade com muralhas e, quando os dhanavas chegaram, enfrentaram sérios contratempos para escalar os muros, enquanto os defensores lançavam pedras, flechas e lanças. Depois de um assédio de duas semanas, os dhanavas foram embora; não tinham bastante comida para uma guerra prolongada. Estavam satisfeitos com os saques, as mulheres aprisionadas e gado tomado dos shindis. Alguns velhos foram mortos no portão de Marichi para servir como advertência. Prometeram voltar e, da próxima vez, juraram capturar Marichi e incendiá-la.

## 60

Um mês depois da partida dos dhanavas, Nandi chegou da Suméria. Ao pôr os pés na terra, uma multidão se juntou em volta dele. Todos começaram a falar ao mesmo tempo. Atordoado, Nandi pediu silêncio.

– Por favor, diga-me a razão para todo esse tumulto.

Saindo da multidão, Kharaman apareceu e acalmou os presentes: – Por favor, minha boa gente, vão para casa. Contarei a mestre Nandi todas as nossas tribulações.

Algo realmente sério tinha acontecido: nunca tantas pessoas com ar tão desesperado tinham vindo cumprimentá-lo antes. Kharaman o levou para sua antiga residência, agora abandonada, e lhe contou todos os fatos acontecidos durante sua prolongada ausência. Sirara veio junto, mas, ao notar o desejo dos dois de parlamentarem a sós, disse boa noite e foi dormir no outro quarto.

Kharaman começou a história por Virabhadra e lhe falou do estupro da Hanni e da morte do marido. Falou da expulsão da cidade. Da sua partida levando quase todos os jovens. Nandi foi ficando lívido ao escutar o relato do velho amigo. Reportou a expulsão de Kratu junto com seus amigos, que ninguém sabia por onde andavam.

– Meu Deus, conte-me sobre Virabhadra. Sinto algo de terrível no ar.

E, sem poupar as palavras, Kharaman informou a história relatada por alguns jovens da tropa de Virabhadra. Havia sido brutalmente assassinado pelos amigos, e esses três homens não voltaram a Marichi, tendo fugido para o norte.

Nandi ficou estranhamente ausente por um instante. Pelo seu semblante, parecia estar à beira de uma crise de choro, mas nada aconteceu.

– Conte-me o resto – pediu Nandi, após sair do seu mutismo com uma voz sufocada pela aflição.

Então, Kharaman detalhou os fatos. As aldeias haviam sido totalmente destruídas e os dhanavas ameaçaram voltar depois da inundação e destruí-los de uma vez por todas.

– Meu Deus. Quando não é a inundação, são os dhanavas. Passei os últimos quatro anos de minha vida tentando construir um porto fora do Shindi para evitar dos navios sumérios virem até aqui. Todavia a guerra veio por intermédio dos dhanavas. Eles se tornaram meu mais novo desafio.

– Nós temos de fazer algo para nos proteger desses demônios.

– Sim, vou dormir agora e amanhã reuniremos o Conselho e planejaremos nossa defesa.

Kharaman entendeu: ele precisava ficar a sós e pensar sobre a tragédia. Levantou-se e se despediu.

Nandi estava exausto. Seu desejo era dormir para sempre, mas, ao ver Kharaman sair da casa, a sonolência e o cansaço desapareceram de repente. Deitou-se no chão sobre uma pele de carneiro e começou a pensar em Virabhadra. Sempre fora um menino terrível e, muitas vezes, perdera a paciência com ele. A mãe o tratara com extrema brandura e nunca lhe batera, mas, mesmo sendo meiga com ele, suas respostas sempre eram malcriadas. Se tivesse estado mais presente e mais paciente, talvez Virabhadra pudesse ter sido uma pessoa diferente.

Pensou em Daksha e lamentou não ter agido de outra forma. Ao rir das repreensões de Daksha, era como se dissesse ao velho: sua opinião não me importa. Deveria ter sido mais direto e sincero. Quando Daksha o repreendesse em público, deveria ter tido uma conversa tête-à-tête, deveria ter sido firme com Daksha. Ele o respeitaria, mas exigia respeito em troca. Não deveriam discutir em público. Ele o escutaria sempre em particular e sua opinião seria levada em consideração. Mas não, da forma como agira para evitar uma confrontação, a situação se deteriorou e, quando o ancião perdeu a compostura, Virabhadra o matou.

A situação poderia ter sido diferente se não tivesse perdido tanto tempo perseguindo seus sonhos e fosse um marido e um pai mais presente. Sim, ele concordou com seus pensamentos, mas, por outro lado, não poderia ter construído uma nova civilização, pacífica e feliz. Mas agora, pensou com certa tristeza, até mesmo isso estava condenado a desaparecer se os dhanavas prevalecessem. Finalmente, quando os primeiros raios do sol saíram, adormeceu.

Era pouco antes do meio-dia quando Nandi acordou e notou um cheiro bom de pão assado. Seu estômago logo o acusou de não ter se alimentado na véspera e ele foi diretamente à cozinha. Uma mulher estava assando pão e, ao vê-lo, cumprimentou-o. Como o pão estava pronto, ele se sentou à mesa e ela o serviu. Ela lhe trouxe pão, manteiga e uma xícara de chá feito de ervas cujo aroma tomou conta da cozinha, misturando-se ao cheiro do pão assado. Nandi devorou tudo sem falar nada; de fato estava uma delícia e teria repetido tudo de novo se não fossem assuntos prementes a exigir sua presença.

– Como você veio parar aqui? – perguntou Nandi, enquanto comia.

– Mestre Kharaman me enviou para ser sua criada. Posso cozinhar...

– Não se preocupe – interrompeu Nandi. – Posso cozinhar minha própria comida.

– Esse não é o ponto, mestre Nandi – ela o interrompeu com um rosto triste. – Se me mandar embora, eu terei de viver de mendicância. Meu marido e meus filhos foram mortos pelos dhanavas e não tenho ninguém – e, pondo um sorriso maroto nas faces e as mãos nos quadris, ela complementou: – Também posso ser útil para outras gostosas atividades.

Ele sorriu de volta e lhe disse:

– Não será preciso, obrigado.

Abaixou a cabeça para comer. Ele não tinha nenhuma intenção de ter um caso de amor com ela, mas seria bom ter uma mulher para cuidar da casa.

Ela não se importou com o fato de tê-la desprezado. Parecia um homem cansado e triste. De tristeza ela já tinha o suficiente; tinha sua própria cota de miséria a se preocupar. Precisava, sim, de alguém com um ar feliz.

Quando Nandi terminou o desjejum e estava deixando a casa, Sirara despertou e entrou na cozinha. Ao ver a mulher, abriu um sorriso.

– De onde vem esse cheiro bom? E quem é você, minha beleza?

A bela mulher de vinte e cinco anos sorriu de volta para ele e lhe informou se chamar Amarju. Ele se sentou e ela o serviu.

– De onde você é, minha bela?

Ela repetiu a mesma história e, quando ela lhe ofereceu seus préstimos especiais, ele não titubeou.

– Oh, sim – exclamou, enquanto passava o braço em torno de sua cintura e a puxava para perto dele. Então, descaradamente, apalpou suas nádegas roliças e sorriu. – Com essas ancas fartas e esse rosto lindo, não há dúvida de estarmos no bom caminho. Não acha, linda Amarju?

Ela sorriu de volta e, aconchegando-se nele, disse-lhe:

– Eu também acho.

Com mil pensamentos na cabeça, Nandi procurou Kharaman e convocou o Conselho. Naquela mesma noite, eles se reuniram.

– Kharaman me contou tudo e tenho pensado num modo de derrotar os dhanavas, mas sem esmagá-los. Eu também tenho planos para eles.

– Mas eles são nossos inimigos, Nandi – contradisse um dos conselheiros. – Não descansarão enquanto não nos exterminarem.

– Esse é o melhor modo de prolongar uma guerra indefinidamente. No final, todos estarão derrotados e não haverá vencedores; só perdedores.

– Sempre confiamos em seu julgamento – interveio Kharaman. – Qual é o seu plano?

Nandi tomou seu tempo para explicar certos fatos. A maioria nunca tinha enfrentado uma verdadeira guerra, apenas escaramuças. Ganhar uma guerra necessitava de um exército e não um grupo de guerreiros, combatendo cada um por si no campo de batalha. Ia escolher homens fortes e valentes para formar um exército. Ele os treinaria para obedecer às ordens sem questioná-las; um campo de batalha não é lugar para debates.

Para não serem surpreendidos e acordarem com os dhanavas em cima deles, todas as estradas seriam vigiadas. Quando o inimigo fosse avistado, as sentinelas os informariam e poriam o plano em ação. Explicou seu estratagema e ouviu alguns dos homens com diferentes opiniões. Debateu com cada um deles, explicando a consistência de seu plano.

Depois da reunião, Kharaman veio falar em particular com ele.

– Você realmente acredita nesse plano?

– A pessoa nunca pode estar absolutamente certa sobre nada, mas, se os fatos se desenrolarem como imagino, nós envolveremos os dhanavas numa armadilha e eles ficarão sendo nossos amigos no fim.

– Eu confio em você, Nandi. Eu sempre o fiz. Mas seu plano está esticando um pouco demais a sorte.

– Provavelmente você tem razão, mas há alternativas?

Kharaman não tinha nenhuma resposta para dar. Provavelmente ninguém tinha, nem mesmo Nandi.

# 61

Como Nandi predisse, os dhanavas desceram das montanhas aos milhares e, dessa vez, trouxeram escadas de mão, carroças – tinham copiado dos shindis – e muita comida. Haviam planejado bem a campanha e o objetivo era destruir Marichi. As demais aldeias não tinham força para resistir e os dhanavas as esmagariam facilmente. Marichi, portanto, era o desafio.

Quando as sentinelas dos shindis os viram, acorreram para informar Nandi. Imediatamente, enviou seus homens a informar as aldeias. Todos os comandantes conheciam suas tarefas. Eles ajuntaram todo mundo e vieram para Marichi. Os homens das aldeias foram direcionados para defenderem as muralhas e aguardarem os dhanavas. Toda a comida e animais foram levados a Marichi e armazenados.

Os dhanavas chegaram à primeira aldeia e estava deserta. Alguns homens acharam divertido atear fogo e a fumaça advertiu Nandi da presença do inimigo. Dois dias depois do primeiro incêndio, os dhanavas chegaram a Marichi. Como já era quase o pôr-do-sol, deixaram o ataque para o dia seguinte. Eles prepararam fogueiras e, em questão de minutos, elas ardiam furiosamente. Nandi chamou seus capitães e lhes deu as ordens.

– Esperem até a fogueira começar a se extinguir e então golpeiem, mas façam-no como planejamos. Sem matanças.

Por volta das três horas da manhã, várias fogueiras estavam se apagando. Os homens deixaram Marichi por pequenos portões nas muralhas e, silenciosos, em grupos reduzidos de doze homens, entraram no acampamento dos dhanavas, procurando pelas carroças carregadas de escadas – como tinha ordenado Nandi – e suprimentos. Encontraram o alvo e, sem atacar os dhanavas, tocaram fogo nas carroças usando óleo e flocos de algodão em chamas. Quando o fogo começou a queimar vigorosamente as carroças com as escadas, a comida e as armas, especialmente as flechas, os shindis correram de volta para as muralhas, retornando sem serem vistos.

Uma confusão completa se estabeleceu no acampamento dos dhanavas. Muitos correram para o rio em busca de água, mas os baldes estavam nas carroças em chamas. Como tinham poucos vasos disponíveis, tiveram de se contentar em proferir maldições e gestos grosseiros contra os shindis.

Pela manhã, o ataque começou com as poucas escadas disponíveis. Mas Nandi sabia como lutar contra pessoas tentando escalar muralha; já o fizera em Lagash quando era jovem. Havia providenciado forcados aos defensores e quando os dhanavas colocavam as escadas nos muros, eles esperavam até quando estavam a meio caminho e então colocavam o forcado na escada e a empurravam. Os atacantes caíam e muitos se feriam.

O pior ainda estava por vir. Nandi tinha ensinado aos shindis outra tática: esperar até os dhanavas estarem quase no topo, com vários outros subindo pelas escadas, e então despejar óleo fervente neles. Os homens caíam das escadas gravemente queimados. Depois de uma luta de meia hora, os dhanavas se retiraram apressadamente para suas posições. Estavam levando muitos feridos e deixaram muitos mortos no campo de batalha. Não havia sido um bom começo para eles.

Na hora do almoço, os dhanavas se reuniram ao redor de fogueira e Nandi viu mulheres dhanavas lhes servindo o almoço. Chamou seus capitães, mostrou-lhes as mulheres e lhes deu ordens específicas. No meio da tarde, os dhanavas atacaram as muralhas novamente. Eles se dividiram em três grupos e atacaram o portão principal, além de dois portões menores. A partir de um comando de Nandi, flechas e óleo fervente choveram sobre os dhanavas.

Enquanto os dhanavas atacavam, um grupo de cem shindis saiu pelo portão traseiro e, sem ser visto, contornaram o acampamento dos inimigos. Atacaram pela retaguarda e aprisionaram as mulheres. Levaram-nas, destruíram a comida e carregaram todos os utensílios de cozinha. Acharam várias carroças cheias de comida e as levaram consigo. A operação levou menos de dez minutos e, embora as mulheres gritassem por socorro, não apareceu ninguém para ajudá-las. Jamais os dhanavas iriam imaginar tal tática. Os poucos homens encontrados, principalmente os feridos mais graves, foram mortos ou levados prisioneiros.

No fim da tarde, quando o sol começou a declinar, os dhanavas recuaram. Eles não tinham conseguido escalar a muralha. Contavam com muitos feridos e alguns dos homens estavam muito queimados. Ao adentrar no acampamento, constataram o efeito do ataque. Não tinham mais comida e nenhum modo de cozinhá-las. As cozinheiras haviam sumido e a maioria dos feridos deixados para trás estava morto ou desaparecido. Uma discussão tomou conta dos dhanavas e o desânimo tomou conta deles.

Depois de longa deliberação, decidiram fazer uma última tentativa no dia seguinte. Naquela noite, dormiram famintos. Mas Nandi tinha outros planos. Por volta de meia-noite, ele atacou com um grupo bem-treinado de cem homens e lançou flechas incendiárias nas tendas. Tão rápido o ataque começou, tão rápido cessou. A ideia era incomodá-los e não deixá-los dormir. Às três horas da manhã, um novo ataque levou os dhanavas ao desespero. Pela manhã, eles só tinham dormido algumas horas e, de barriga vazia, a disposição para lutar só podia ser baixa.

O ataque matutino foi quase uma brincadeira de mau gosto. Eles tinham medo de se aproximar demais das muralhas e serem queimados pelo óleo fervente despejado pelos shindis. Então ficaram à distância, chamando os shindis a um confronto em campo aberto. Nandi conteve seus homens. À tarde, ele viu os dhanavas levantarem acampamento e partirem. Mas, em vez de rumar norte para sua aldeia, dirigiram-se ao sul.

– É um longo caminho de volta e eles não têm comida. No norte, todas as aldeias estão abandonadas ou foram incendiadas por eles. Assim só lhes resta atacar as aldeias no sul. Tola decisão. A vitória é nossa e é só uma questão de tempo.

– Você tem razão, Nandi – disse um dos chefes guerreiros de Nandi. – As aldeias no sul estão desocupadas. O único lugar é Dhal. Mas os habitantes de Dhal estão aqui e trouxeram tudo com eles. Além disso, queimaram o depósito principal de forma a não deixar nada para os dhanavas.

– Nós os cercaremos em Dhal – disse Nandi.

– Nós os esmagaremos de uma vez por todas – bradou o guerreiro.

– Absolutamente não – exclamou Nandi. – Tenho outros planos para os dhanavas. Quero torná-los nossos amigos.

# 62

Dhal parecia uma cidade fantasma e, quando os dhanavas entraram à noite, tudo parecia ainda mais lúgubre. Quando as pessoas de Dhal atearam fogo ao depósito e abandonaram a cidade às pressas, não perceberam um fato grave: o fogo se espalhara pela cidade. A maioria das casas queimara até o chão e o lugar era escombros e cinzas. Definitivamente não era o lugar certo para os dhanavas acharem comida e abrigo. Tiveram uma discussão violenta e muitos homens quiseram partir imediatamente. Alguns dos comandantes preferiam descer ainda para o sul; estavam certos de achar alguma aldeia intacta. Os homens feridos estavam em um estado lamentável. Como as carroças haviam sido destruídas, eles foram carregados e os demais reclamavam da falta de comida e cansaço.

Pela manhã, o golpe de misericórdia foi dado: cinco mil shindis bem armados cercaram os dhanavas. Naquele momento de completo terror, eles viram algo jamais visto: homens montando elefantes. Alguns dos comandantes dhanavas juntaram os poucos homens saudáveis e iniciaram um ataque contra os shindis, mas para o desespero deles, o inimigo não tinha nenhum interesse em luta corporal. Havia uma parede de lanças bloqueando a carga, enquanto flechas caíam sobre os dhanavas. Enquanto tentavam passar pelas fileiras de lanceiros shindis, os elefantes os atacaram pela retaguarda e pisotearam vários homens. Isso foi o suficiente para fazê-los bater numa retirada precipitada de volta a Dhal, mas os shindis não os seguiram e mantiveram sua posição.

Durante dois longos dias, os dhanavas esperaram, sem comida e sem abrigo, enquanto observavam os shindis se divertirem. Podiam ouvir canções e batidas de tambores, enquanto o cheiro de carne assada invadia a cidade. Outro problema crucial era água, pois Dhal era servida por um rio e os shindis guardavam bem os acessos. Sem comida, sem água e sem esperança: a vontade de lutar dos dhanavas estava sendo inexoravelmente quebrada.

– Traga-me um dhanava. Capture-o, mas não o machuque.

A ordem de Nandi foi levada a cabo facilmente. Um jovem dhanava foi capturado enquanto tentava beber água no rio. Ele foi levado à presença de Nandi.

– Qual é a língua deles? – perguntou Nandi.

– Eu não sei o nome, mas não é igual a nossa – respondeu um dos chefes shindis.

– Você fala meu idioma? – perguntou ao jovem. Pela sua expressão, ele nada entendera.

Pegou de um copo de água e lhe deu. O homem bebeu com extrema avidez. Nandi lhe deu outro copo e o homem acenou com a cabeça agradecendo e, então, com menos ímpeto, esvaziou o copo.

– Traga-me um pedaço de carne – ordenou Nandi para um dos soldados shindi. O homem partiu e voltou em minutos, trazendo um pernil de carneiro ainda fumegante.

– Você quer comer? – perguntou Nandi, mostrando a carne ao dhanava. O olhar ganancioso foi uma resposta bastante óbvia. Ele lhe deu a carne e o homem quase se engasgou com tamanha voracidade. Os shindis riram de sua avidez.

– Vá e diga aos seus amigos para depor as armas e nós lhes daremos água e comida – expressou-se Nandi, falando por meio de gestos. O homem levou algum tempo para entender e ficou desnorteado ao ser libertado. Amedrontado, não quis se mexer. Nandi o levou pelo braço até os arredores do acampamento e mandou embora com gestos e sorrisos. Quando ficou mais tranquilo de não ser morto à traição, disparou em direção a Dhal.

A discussão no acampamento dos dhanavas levou quase a tarde inteira. O jovem relatou o sucedido. Um homem branco tinha lhe dado água e comida e o libertara. Mandou uma mensagem: rendam-se e terão água e comida. Os homens comuns estavam dispostos a aceitar tais condições; queriam apenas comer e voltar para casa. Não obstante, alguns dos chefes insistiram em opor uma última resistência. Todavia, a obstinação deles também foi vencida, quando os homens se recusaram a lutar. Estavam a três dias sem qualquer comida e quase doze horas sem uma gota de água. Além disso, estavam exaustos; cinco dias de batalhas sem uma única vitória. Os chefes deviam concordar com a rendição ou fariam isso de qualquer modo. No fim da tarde, uma longa coluna de homens saiu de Dhal e depôs as armas aos pés de Nandi. Eles foram imediatamente alimentados e água foi providenciada.

Nandi recebeu os chefes dhanavas e um deles falava mal o brahui. Um entendimento entre os shindis e os dhanavas foi encetado através dele. A transação era: os dhanavas ajudariam a reconstruir as cidades destruídas. Depois disso, seriam libertados e levados de volta para casa. Os chefes não ajudariam a reconstruir as cidades, mas seriam levados a Marichi, onde ficariam até o final da reconstrução. Todos concordaram.

Nos meses seguintes, os dhanavas foram usados para reconstruir as casas e plantar os campos. Como Nandi previu, eles se interessaram pelo novo modo de vida e, quando a inundação chegou, eles ficaram nas aldeias por onde haviam sido espalhados. Enquanto isso, em Marichi, aos chefes fora ensinado o idioma dos shindi e Nandi aprendeu o idioma dos dhanavas. Ele lhes mostrou a cidade, como plantar, como negociar com os selos e falou sobre a Suméria e o crescimento dos seus empreendimentos comerciais. Eles pareciam muito interessados em tudo.

Quando eles se renderam, Nandi mandou de volta um dhanava para Mehrghar a fim de informar a situação a suas famílias. Como Nandi não considerava os dhanavas como inimigos, ele fez questão de intensificar a amizade entre shindis e os prisioneiros. Os shindis não deveriam debochar deles nem tratá-los severamente. Os dhanavas seriam seus novos aliados e sócios, e, como tal, deveriam ser tratados adequadamente.

Quando a inundação foi embora e a tarefa de reconstrução terminada, os dhanavas foram libertados. Nandi informou aos amigos de Marichi sua pretensão de ir a Mehrghar com os recém-libertos prisioneiros.

– Sozinho com eles? Hão de matá-lo – disse Kharaman.

– Não tenho nada a perder – respondeu Nandi com um largo sorriso.

Kharaman sorriu de volta para ele. De fato, Nandi não tinha nada o prendendo no Shindi, mas o ancião receava uma violência contra seu amigo. Não deixava de ser uma temeridade. Nandi iria sozinho, sem uma escolta, até Mehrghar para tentar algo ignoto.

# 63

Mehrghar olhou para Nandi como se fosse um intruso. Quando os prisioneiros informaram aos demais quem era Nandi, muitos dos homens de Mehrghar o cercaram furiosamente. No seu estranho idioma, começaram a insultá-lo. Ele não parecia se preocupar e falou com eles com seu sorriso encantador.

– Se vocês vão me matar, façam-no da forma correta. Se não, parem com essa tolice e vamos conversar como homens educados.

Os comandantes ficaram do seu lado e empurraram os demais para trás. Eles o conheciam bem do tempo de cativeiro de Marichi, onde foram tratados com civilidade. Nandi viera numa carroça e desceu para falar com o chefe principal, um ancião.

– Vim em paz e trouxe muitos presentes para as mulheres dos dhanavas.

– Deseja nos comprar com bugigangas? – vociferou o ancião. – Nós somos dhanavas e não somos crianças...

– Em primeiro lugar, abaixe seu tom de voz. Eu não sou nenhum de seus bajuladores. Eu sou Nandi, líder do Shindis e, se seus guerreiros estão vivos hoje, é graças a mim. Se você deseja discutir uma aliança comigo e os shindis, trate-me como igual e não como a um pedinte.

Pela primeira vez, os dhanavas viam um Nandi bravo, algo jamais presenciado. Ele estava usando sua malfadada experiência com Daksha. Não havia nenhum motivo em ser meigo e risonho, se não houver reciprocidade. Funcionou: o ancião se acalmou e olhou para seus olhos com respeito.

– Venha comigo. Beberemos em paz e o escutaremos – respondeu o chefe de todos os dhanavas.

Daquele momento em diante, começou uma nova relação entre Nandi e os dhanavas. Ele trouxera uma carroça cheia de tecidos maravilhosos e joias. Presenteou as mulheres dos comandantes e o sucesso foi imediato.

Já sua ideia de mudá-los para o vale do Meluhha e construir cidades na parte norte do vale levou mais tempo para ser aceita. Os anciões não ficaram interessados, mas os líderes mais jovens, conhecedores das maravilhas de Marichi, demonstraram vivo interesse. Como a inundação estava a ponto de chegar, decidiram ir no próximo inverno e fazer uma tentativa. Isso era o suficiente para Nandi. Combinou de encontrá-los na região onde os quatro rios se uniam ao Meluhha. Após deixar tudo agendado, partiu para Marichi com uma pequena escolta de dhanavas.

Quando voltou a Marichi, informaram-lhe a localização da cidade de Kratu. Nandi decidiu lhe fazer uma visita. Preferiu levar um grupo grande de homens de outras aldeias, em vez de pessoas de Marichi, para evitar confrontações e separou doze belos elefantes. Cruzaram o rio e, depois de alguns dias, entraram na aldeia de Kratu. O líder de aldeia veio ao encontro deles. O propósito da visita era se reconciliar com Kratu. Nandi não queria um inimigo atuando em suas costas e Kratu podia estar ressentido contra Marichi pela forma como fora expulso.

Durante alguns dias, conversou com Kratu. Deu-lhe os elefantes e o convidou a vender seus bens em Sutkagen Dor, em vez de Marichi. Isso interessou muito o líder. Venderia seus bens usando os navios de Sirara. Decidiu construir um porto na cidade. Nandi propôs ajudá-lo, mas Kratu recusou a oferta; tinha visto como o porto de Marichi fora construído e faria o mesmo. Orgulhosamente, mostrou a Nandi como tinha elevado o nível da cidade cerca de vinte metros acima do rio. Tentara fazê-lo em Marichi, mas não conseguira. Depois de estar em paz com Kratu, Nandi partiu de volta para Marichi.

Quando a inundação deixou o vale, Nandi subiu o rio e encontrou-se com seus novos amigos: os dhanavas. Durante três anos, ele os ajudou a construir a cidade de Haryupyah, a qual levou o nome de um dos muitos deuses dos dhanavas. Haryupyah seria chamado de Harapa, muitos séculos depois de Nandi. Foram construídas muitas outras cidades nos anos seguintes e todos seguiram o mesmo plano de Nandi de uma avenida central, um edifício enorme servindo de local de reunião e depósito, além de uma piscina coletiva. A paz reinava entre os shindis e os dhanavas, e a prosperidade tomou conta da região.

Durante vários anos, Nandi e Sirara visitaram a região de navio e descobriram novos lugares e melhoraram as condições de vida de muitas aldeias. Muitos aldeãos voltaram com eles e ajudaram a fundar novas aldeias no Meluhha. Muitos shindis foram até a região de Mehgan. Lá construíram um porto chamado Lothal, onde eclusas foram construídas para impedir a água do mar de invadir o porto durante o período das monções.

Um dia, enquanto estava em sua casa com Sirara, ele começou a brincar com um dos filhos do capitão. Era um dos três meninos de Sirara com Amarju. Nandi, com cinquenta e oito anos, fizera tudo na vida. Não obstante, sentia-se vazio. Não tinha seus próprios filhos ou uma esposa para conversar com ele. Sentia falta de Humma, do pequeno Uddalaka e até mesmo do barulhento Virabhadra. Assim passava seu tempo com as crianças de Sirara como se fossem suas próprias.

– Eu ainda gostaria de saber de onde vem toda essa água – disse Nandi, olhando para o rio enquanto fluía majestosamente.

– Vem de montanhas gigantescas lá no norte, conforme rezam as lendas.

– Ainda vou preparar uma expedição até o berço desse rio no norte. Deve ser algo magnífico. Meus olhos não deveriam se fechar sem admirá-los.

– Eu poderia levá-lo até Haryupyah e de lá você montaria num dos seus elefantes com um grupo de dhanavas a protegê-lo.

– É uma ideia maravilhosa. Preparemos tudo. Levarei Bhairava comigo.

– Acha prudente levar um cachorro enorme e feroz conosco? Ele só obedece a você e poderia ferir alguém.

– Bhairava é um amigo de confiança e ele nunca atacará ninguém com boas intenções para comigo.

– Você realmente lhe deu um nome apropriado.

Nandi concordou com a cabeça; Bhairava significava terrível. Ele se recordou de quando salvara o filhote das garras de uma tigresa na região de Mehgan. Os presentes comentaram o milagre: Nandi simplesmente falara para a tigresa não matar o filhote e a enorme besta olhou calmamente para ele e partiu selva adentro. Daquele momento em diante, as pessoas passaram a chamá-lo de deus das feras. Isso era mais um fato estranho para sua coleção de inexplicáveis maravilhas.

Amarju trouxe um chá quente para eles e levou embora o menino para tomar banho. Sirara olhou para ele e lhe perguntou:

– Você não está cansado de todas essas aventuras? Você devia se estabelecer e desfrutar a vida.

– Minha vida inteira foi gasta em atividades tentando construir algo duradouro, mas toda vez a inundação, as guerras e até mesmo a passagem do tempo vieram para destruí-los. Seremos capazes de edificar algo realmente permanente?

– De acordo com minha experiência no mar, não há nada permanente. A destruição é o resultado final de tudo – respondeu Sirara.

– Estamos sentenciados à destruição? – perguntou Nandi.

– É inevitável. Olhe para nós. Estamos envelhecendo. Viveremos através de nossos filhos, mas a decrepitude é o primeiro sinal da aniquilação. É a destruição em seu caminho inexorável.

– Deve haver algo mais na vida. Nunca tive muito tempo para pensar, mas não posso acreditar nisso, O homem, um ser tão maravilhoso, não pode estar condenado ao esquecimento. Deve haver algo além de tudo isso.

– Há uma vida após a morte, quando formos ao reino dos *anunnakis*.

– Gostaria de acreditar nisso. Parece tão esperançoso, mas não consigo entender as histórias infantis inventadas pelos sacerdotes da Suméria. Não posso acreditar em deuses irracionais. Eles nos criam e depois, num rasgo de loucura, decidem nos destruir. Somos então salvos por Ziusudra, avô de Nimrud por uma advertência dos deuses. Até mesmo eu, um simples homem de carne e osso, na Suméria, fui transformado em um *anunnaki*. Isso é estupidez. Não sou um deus e nunca serei.

– É onde você se engana, Nandi. Você é um deus e todo homem também é.

– Não, eu estou falando de um deus acima de todos os deuses. Refiro-me a um senhor criador, alguém anterior aos deuses. Um criador do mundo e do céu. Estou falando de alguém ou de algo incriado.

– Então só pode estar falando de alguém terrível, pois nos sentenciou a sofrer e depois a ser destruído.

– Não, não pode ser. Ele tem de ser um senhor não-terrível.

# 64

Pouco mais de um ano depois da conversa com Sirara sobre seu desejo de descobrir onde o rio Meluhha nascia, Nandi chegou ao pé de uma montanha gigantesca. Os cumes nevados, a beleza do vale e um vilarejo incrustado no pé da montanha chamaram sua atenção. Viajara os últimos seis meses em uma região onde existia poucas aldeias. O local era conhecido como Cachemira, paraíso na Terra em seu idioma. Não podia haver um nome melhor para tal esplêndido lugar. Tudo parecia maravilhoso, e ele e seus cinco amigos de Haryupyah estavam encantados com a paisagem. Depois de vagar por meses, ele entrou por uma cadeia de montanhas a perder de vista e não achara nenhuma aldeia até aquele momento. Mas agora parecia ter alcançado o tão procurado paraíso.

Ao adentrarem na aldeia montados nos elefantes, as crianças e as mulheres foram os primeiros a recebê-los. Como os homens estavam na plantação de arroz próxima à aldeia, eles tomaram mais tempo para chegar e conhecer Nandi e seus companheiros. Mas, de todos os recém-chegados, Nandi chamou mais a atenção, pois nunca tinham visto um homem branco. Com sessenta anos, Nandi ainda era um homem bonito. Os cabelos e a barba completamente brancos eram um contraste com sua pele bronzeada sem quase qualquer ruga e sua musculatura firme devido ao trabalho incessante. Todos pareciam bastante amigáveis e Nandi acreditou ter achado o lugar perfeito para se estabelecer. A beleza do lugar e a acolhida calorosa o convenceu de não prosseguir mais nas suas andanças. Observou os nativos com uma pele marrom, longos cabelos pretos e os olhos amendoados. Eles eram de origem kitai, de linhagem mongólica.

Desceu do elefante e tentou falar com as pessoas. Muito para sua surpresa, falavam uma mistura de kitai e um idioma dravídico e, com algum esforço, puderam se comunicar. Imediatamente um velho saiu da multidão. Era quase tão alto quanto Nandi e tinha os cabelos brancos e longos, embora imberbe. Com o sorriso mais encantador possível, aproximou-se.

– Salve. Sou Himavat e esta é a aldeia de Kailash.

– Saúde e paz, Himavat, Sou Nandi, de Marichi.

– Sua cidade é longe daqui?

– Meses de dura viagem me conduziram à sua aldeia.

– Você deve ter sido guiado pelos deuses. Um dos meus videntes me falou da visita de um deus. E agora, vendo-o, eu o reconheço como tal. Bem-vindo entre os kailashs.

– Suas palavras de elogio alegram meu coração, mas eu não sou um deus, apenas um homem simples empenhado numa busca: extinguir minha sede de conhecimento.

– Então seu desejo será satisfeito entre os kailashs.

Depois de tal recepção, Nandi foi conduzido a conhecer a aldeia e Himavat insistiu em hospedá-lo. Naquela noite, um rápido banquete foi realizado e Nandi e os seus amigos puderam testemunhar a hospitalidade daquela gente. Quando foi dormir, na casa de pedra de Himavat, seu coração estava feliz como não se sentia há muito tempo.

Na manhã seguinte, um dos amigos lhe perguntou se poderiam partir.

– Vocês devem. Eu os tenho mantido por tempo demais. Voltem a Haryupyah, montem um grupo maior, visitem as aldeias do caminho e reafirmem nossa amizade.

– Faremos isso, mestre Nandi. Há um grande potencial entre essas pessoas e provavelmente poderemos melhorar nosso comércio ainda mais – e então, em dúvida se Nandi voltaria com eles, perguntou: – Você vai ficar?

– Sim, meu amigo. Meu coração está cansado de viajar. Uma estada entre essas pessoas me enriquecerá ainda mais. Se não de riqueza, pelo menos de amizade.

No dia seguinte, o grupo de Nandi partiu, levando seu elefante com eles, mas deixando Bhairava, o feroz cão de Nandi.

– Seguindo seu convite amável, decidi ficar algum tempo entre sua gente – disse Nandi a Himavat.

– Como eu lhe afirmei antes, você é bem-vindo.

– Obrigado novamente, mas preciso de uma casa própria; não devo abusar de sua hospitalidade.

– Não existe isso entre amigos, Nandi, mas realmente precisa de uma casa só sua. Provavelmente você encontrará uma mulher entre nosso povo e precisará de um lugar para amá-la.

– Meu coração está muito ferido para pensar em matrimônio. Fui um asceta durante os últimos vinte e três anos, desde a morte de minha esposa.

– Como permitiu castigar seu coração e recusar o afeto de uma mulher? – perguntou Himavat, mas, ao ver o constrangimento no rosto de Nandi, percebeu ser sua pergunta íntima demais. Apressou-se em dizer: – Desculpe a indiscrição, todavia as mulheres daqui são caprichosas. Se você for um homem a ser conhecido, elas não serão nada tímidas; cairão sobre você como uma tigresa devora um carneiro.

– Então serei obrigado a fugir como faz o carneiro montanhês – respondeu Nandi sorrindo.

Seguindo o modo kailash de construir casas, Nandi construiu uma casa de pedras e foi ajudado por alguns homens destacados por Himavat. Quando ficou pronta, ele se estabeleceu e a tornou tão confortável quanto pôde. Dedicou especial atenção a um fogão e construiu um nunca visto pelos kailashs. No princípio, acharam aquilo divertindo. Não tinham chaminé em casa. Desse modo, as residências eram esfumaçadas. Mas depois, ao vê-la funcionando, eles a reproduziram nas suas choupanas.

Quando construiu sua casa, Nandi fez um banheiro. Construiu um encanamento para água de um riacho vizinho fluir para dentro de casa. Os kailashs logo fariam o mesmo. Além da sensação do fogão, Nandi fez também sugestões bem aceitas por Himavat. Uma deles referia-se à localização da aldeia. Estava perto demais de pedras com o risco de rolarem a qualquer momento. Assim, para não mover a aldeia de lugar, construiu paredes de apoio para sustentar as pedras. Cavou valas fluviais para a chuva não entrar de enxurrada na aldeia e invadir as casas, como já acontecera no passado.

Os kailashs usavam pedras para edificar as casas, mas o vento frio atravessava pelas frestas e transformava as residências, durante o inverno, em um lugar glacial. Nandi introduziu uma argamassa, fechando as frestas, além de tornar a construção mais sólida. Finalmente, na própria casa, fez uma lareira para aquecer a residência, nos noites frias, e mais uma chaminé para a fumaça sair.

Um dia, quando tinha terminado de cozinhar seu almoço e estava a ponto de iniciar a comê-lo, uma bela mulher entrou na sala.

– Você cozinha sua própria comida? Como cheira bem.

Ele lhe deu uma prova, que ela achou deliciosa.

– Você me ensinaria a cozinhar desse modo?

– Sem dúvida.

– Então virei mais tarde e você me ensinará.

Ele sentiu perigo no ar. Se ficasse a sós com ela, ela poderia mentir. Mas não podia se recusar a ensiná-la, seria indelicado. Saiu-se com uma solução paliativa.

– Sim, você pode vir amanhã, mas terá de trazer três outras mulheres. Assim, mostrarei às demais como se faz esse prato.

– Oh, temos um comilão. Uma mulher não é bastante?

– Sim, sou um homem muito voraz.

Os olhos dela brilharam e seu sorriso demonstrou estar disposta a se divertir quando voltasse.

No dia seguinte, ela veio com três amigas e todas estavam mais interessadas em outros assuntos. Mas, para a surpresa delas, Nandi tinha convidado Himavat para ajudá-lo e, quando as moças entraram e se depararam com o chefe da aldeia, misteriosamente o sorriso delas sumiu de seus rostos. Durante umas duas horas, ele mostrou como preparar vários pratos e pôs todos a trabalhar, inclusive Himavat. Na hora do almoço, todas levaram parte da comida pronta para casa para suas famílias provarem.

– Você almoçará comigo hoje – disse Himavat.

– Não, será o contrário. Você comerá comigo como paga de sua ajuda.

Himavat se sentou e disse com um sorriso no rosto:

– Então vamos comer logo, estou morrendo de fome.

Enquanto comiam, Himavat lhe perguntou por sua vida e Nandi lhe contou alguns aspectos ainda não revelados.

– Você deveria se casar, Nandi. Escolha uma mulher do seu gosto e deixe-a cuidar de você.

– Não preciso de uma mulher para cuidar de mim; eu me basto – respondeu Nandi sorrindo.

– É onde você se engana. Se me permite dizer: eu não estarei aqui para protegê-lo todo o tempo, como fiz hoje. E eu tenho outro problema envolvendo você.

– Qual é?

– Você se tornou a sensação da aldeia. As mulheres o acham atraente e várias delas se oferecem a você. Há quase uma disputa não oficial entre elas para ver quem vai obter seus favores primeiro. Você não tem nada a ver com essa tolice, mas isso escapa à sua vontade. Seu coração pode ainda sangrar devido à sua tragédia pessoal com seus filhos e esposa, mas as moças daqui não sabem disso. Os homens podem se tornar ciumentos e quem sabe como podem reagir sob a influência de tal negativo sentimento?

– O melhor é deixar sua aldeia.

– Não. Você pode até nos deixar, mas você não deixará suas dificuldades para trás como uma roupa velha. Você tem de enfrentar sua tristeza.

– Eu não vou me casar só para satisfazer o clamor da aldeia. Eles devem se acostumar comigo. Eu sou um asceta e assim desejo permanecer – respondeu Nandi delicadamente.

– Assim seja, meu amigo. Continue a viver como lhe apraz e não há necessidade de nos deixar. Você é meu amigo e eu só desejo sua felicidade.

Eles comeram o resto da comida em silêncio. Mas Himavat estava preocupado. Ouvira os homens irritados com Nandi. Não só pelo fato de agradar às mulheres, mas também porque tinha feito várias mudanças na aldeia. As mulheres louvavam as melhorias e criticavam os maridos por não terem pensado naquilo antes. Himavat conhecia seu povo: podia ser gentil num minuto e, no próximo, tornar-se violento.

# 65

Quando a primavera chegou e as flores se abriram, chegou o momento de preparar a terra para o plantio do arroz. Antes de começar tão importante atividade, os kailashs festejavam os deuses da fertilidade e do amor. Era a hora de novos amores e de firmar alianças entre famílias com matrimônios. Himavat convidou Nandi ao principal festival, quando haveria música, danças, muita comida e uma forte aguardente de arroz.

A noite estava fresca e as pessoas tinham vestido suas melhores roupas, com cores fortes e belos desenhos. Quando Nandi chegou, a música já tinha começado e as mulheres dançavam. Os homens as observavam e os jovens sussurravam uns com os outros sobre as moças. Ele se aproximou de Himavat e ficou assistindo às danças por algum tempo. Num certo momento, os músicos pararam por um instante para comer e beber aguardente.

Crendo ser o momento propício, Nandi perguntou a Himavat qual o nome do grupo de montanhas daquela imensa cordilheira, e ele respondeu um tanto surpreso com a pergunta:

– Nós chamamos de montanhas. Nós não temos um nome especial. Cada montanha tem um nome, mas o conjunto não tem. Nunca pensei nisso.

Ele apontou para a montanha gigantesca na qual a aldeia ficava incrustada e disse ser chamada pelo mesmo nome da aldeia: monte Kailash.

– Qual o significado de seu nome? – perguntou Nandi.

– Quando eu era criança, minha mãe me chamava Ghimat. Porém, meus cabelos embranqueceram logo após o casamento, e todo o mundo começou a me chamar de neves eternas. Esse passou a ser meu nome.

– Neves eternas. É um nome perfeito para essa imponente cordilheira. Eu a chamarei de Himavat – neves eternas. Será minha homenagem a você. Você é alto como uma montanha, seu cabelo é branco como os cumes e você é forte como uma rocha.

– Só faltou afirmar eu ser tão velho quanto essas montanhas – retrucou Himavat brincando.

– Isso seria uma indelicadeza – disse Nandi rindo.

Em questão de minutos, a música recomeçou e um grupo de moças muito jovens começou a dançar. A maioria delas estava fazendo uma dança tradicional e os movimentos eram quase os mesmos, mas Nandi viu uma menina linda dançando de modo completamente diferente das demais.

Ela começou encaracolada no chão, como se fosse uma semente, e então se contorceu como se estivesse lutando para furar a terra, e, finalmente, saltou de felicidade quando o broto achou seu caminho ao sol. Passou a exibir uma dança por movimentos e torções do corpo, como se a planta estivesse crescendo. Então, com um semblante triste, caiu por terra, quando a planta fora cortada pela foice dos homens. Lutou no chão, enquanto os homens a secavam ao sol e a trituravam nos moinhos de pedra. Como grande final, se contorceu de prazer enquanto o cereal se tornava alimento e era comido.

– Quem é essa menina linda? – perguntou Nandi a Himavat, após a música cessar e as moças deixarem o lugar das danças.

– É minha filha mais jovem, Parvati – e a chamou. Ao chegar perto do pai, ele disse gentilmente à moça: – Mestre Nandi deseja conhecê-la.

Não fora essa a intenção de Nandi. De fato, ele ficara intrigado pela dança da moça e só desejava saber o motivo de todos aqueles movimentos elegantes, enquanto as demais dançavam um balé tradicional.

Nandi observou a extrema juventude da moça. Devia ter por volta dos treze anos. Era magra com cabelo preto sedoso ligeiramente ondulado. Seus olhos amendoados pretos com longos cílios lhe emprestavam um ar de doçura, mas, ao mesmo tempo, de serena força. Era bastante alta e provavelmente ainda cresceria um pouco mais. Seu rosto era uma mistura de expressão ainda infantil e a de uma mulher desabrochando. O corpo não mostrava ainda os sinais de uma mulher com seios e quadris largos, mas já era uma criatura deslumbrante.

– Eu só queria saber o motivo de você dançar desse modo.

– Não sei. Faço os movimentos de acordo com minha vontade.

– E qual o significado de sua dança?

– É a história de uma semente. Como nasce, cresce e morre para alimentar os homens.

– Muito interessante. Para você a natureza pode ser representada por meio da dança?

– A natureza dança, mestre Nandi. Nunca notou isso? Veja como o sol baila no céu ao redor da Terra. Tudo se move e tem seu ritmo próprio. Não é a natureza a mais pura música?

Desnorteado por tal resposta, Nandi abriu a boca. Não, nunca pensara desse modo sobre a natureza. Mas a moça tinha razão: tudo tinha sua dança especial, seu ritmo natural e seu modo de florescer. Ao ouvir a música tocar novamente, ela correu até suas amigas e começou uma nova dança.

– Terrivelmente inteligente essa minha filha, não acha? – disse Himavat, com um sorriso orgulhoso.

Nandi concordou com a cabeça. Simplesmente não conseguia tirar os olhos dela. Não era uma atração física – havia um abismo de idade entre eles –, mas achou conhecê-la de algum lugar. Parecia conhecê-la desde o começo dos tempos.

Se Nandi pudesse ler o pensamento de Parvati, ficaria surpreso. Quando ele chegou à aldeia, ele pode não tê-la notado, mas ela o viu. Nesse momento, seu coração acelerou a ponto de ela ficar atordoada. Sua boca secou como se estivesse sedenta e teve de pôr as mãos no peito para controlar sua emoção. Mas, imperturbável e distante do efeito produzido nas mulheres, Nandi montava seu elefante como se nada mais importasse a não ser a beleza da paisagem. Enquanto isso, ela estava tendo um *coup de foudre*[1] por um homem da idade de seu pai.

Agora ela estava dançando e não conseguia também tirar os olhos dele. Ele era um homem velho, mas ainda varonil e atraente. Quando ele veio para sua casa, na sua primeira noite na aldeia, ela teve de ficar alguns dias na casa da irmã. Por isso ele não a conheceu. Porém, agora, após falar com ele, viu algo nos seus olhos: pareciam tão tristes, embora fosse um homem risonho. Entendeu o motivo de todas as mulheres o considerarem o prêmio mais cobiçado da aldeia; havia uma força sensual exsudando de cada poro daquele homem.

Com toda sua experiência, Himavat percebeu o interesse da filha por Nandi. No princípio, não ficou satisfeito, tinha outros planos para ela. Entretanto, outros assuntos mais urgentes entraram na sua vida e ele esque-

---

[1] '*Coup de foudre*', em francês, significa 'relâmpago'. Neste caso, tem o sentido figurado de fascínio súbito, paixão repentina.

ceu o interesse da moça. Não obstante, mesmo se Nandi nada soubesse e Himavat tivesse as preocupações de cuidar da aldeia, a mente de Parvati estava focalizada na determinação de se casar com Nandi. Sua única preocupação era se o pai permitiria a união de duas pessoas tão díspares.

# 66

Se Nandi era estimado pelas mulheres, passara a ser odiado por certos homens. Não obstante, era um convidado e Himavat jamais concordaria com um assassinato. Qualquer coisa que fizessem, tinha de parecer um acidente. Assim, elaboraram bem a vilania. Como Nandi gostava de caminhar com eles, quando saíam da aldeia, de forma a conhecer novos locais, planejaram algo diferente, pois não poderiam matá-lo enquanto o monstruoso Bhairava estivesse por perto.

Numa das suas incursões pela redondeza, alguns kailashs resolveram levá-lo para uma área desértica do Himavat. Nandi acompanhou os homens e estranhou o fato de preferirem dormir naquelas plagas geladas em vez de retornarem à aldeia. Não quis discutir com eles; não saberia voltar sozinho.

No meio da noite, os homens esgueiraram-se para fora do acampamento, deixando Nandi dormindo. Bhairava rosnou de forma ameaçadora quando os viu partir e Nandi despertou. Levou alguns segundos para entender a situação. Ficara sozinho, mas sua mente imediatamente se preocupou com Bhairava. O cão estava indócil e Nandi sussurrou palavras de brandura.

A noite estava clara, com uma lua cheia iluminando as montanhas, realçando ainda mais os picos nevados. No meio das rochas, apareceram dois tigres brancos, com suas listas indefectíveis. Nandi gelou de pavor, mas procurou acalmar-se, respirando fundo e colocando pensamentos de confiança em sua mente. Mandou Bhairava ficar quieto e sentar-se onde estava. Não era hora de atiçar a fúria dos animais com um cão a atacá-los. Neste momento, guiado por uma força comandante, Nandi avançou em direção aos tigres, com uma determinação quase suicida. Os tigres pararam e olharam-no, estranhando sua atitude. Ele não demonstrava medo e, para sua sorte, esses tigres não conheciam os homens e, portanto, não o temeram.

Nandi chegou perto a ponto de ver os dois animais com nitidez. Uma fêmea adulta e um macho ainda filhote, que, mesmo sendo uma cria, era bem grande. O filhote mancava da perna dianteira direita. Aproximou-se dele falando manso, enquanto a mãe o mirava com crescente desconfiança. Para não irritar a tigresa, esticou o braço esquerdo bem devagar para deixá-la cheirar. A tigresa cheirou-o e grunhiu baixinho. O tigrinho aproximou-se da mãe e ele o tocou com gentileza, acariciando sua cabeça.

Nandi ganhou a confiança dos dois tigres e investigou a pata do filhote. Apalpou gentilmente a pata ferida e, mesmo no escuro, pôde notar sua intumescência. Não quis prosseguir na investigação com receio de machucar o tigrinho, o que poderia provocar o ataque da mãe. A tigresa se acachapara no chão e Nandi sentou-se junto a ela e acariciou-a. Para sua sorte, notou sua boca ensanguentada, portanto, estava saciada.

Amanheceu rápido e a tigresa ficou irrequieta, mas Nandi queria dar uma olhada na pata do tigrinho sob a luz do dia. Acalmou-a com palavras doces. Quando a luz do sol estava forte o suficiente, Nandi examinou a pata do animal. Viu um espinho de tamanho considerável encravado entre as almofadas da pata, provocando dor e inflamação. Ele levantou-se e foi até seus pertences, encontrando sua bolsa de água e uma faca recurva típica dos shindis.

Aproximou-se do tigrinho e, sempre falando com mansidão, passou água na ferida e com a faca retirou o espinho. O sangue esguichou um pouco e a mãe meteu sua cabeçorra entre ele e o filhote, lambendo a ferida. A cria deu um gemido de prazer enquanto a mãe lambia a ferida. Não era grave e estaria cicatrizada em alguns dias. Nandi levantou-se e olhou para os dois animais, observando sua magnificência. Eram de uma beleza ímpar, de um branco típico das neves com listras amarelas quase imperceptíveis.

Era hora de partir e fê-lo com calma, reunindo seus pertences e partindo com Bhairava, enquanto os dois tigres o olhavam afastar-se.

Nandi chegou à aldeia no final da tarde; perdera-se no caminho por várias vezes. Himavat estava preocupado e já mandara prender os três homens por tê-lo abandonado nas montanhas. Ao saber da prisão dos homens, pediu a Himavat para soltá-los.

– Quer falar com eles? – perguntou-lhe Himavat.

– Não quero falar com esses homens, pois vou constrangê-los. Não creio em razões fúteis, pois um povo gentil como os kailashs não iriam fazer nada contra mim, se eu mesmo não tivesse provocado. Peço-lhe, pois, a gentileza de descobrir o motivo.

Himavat comprometeu-se a descobrir as razões. Perguntou como fora a noite, e Nandi contou-lhe suas peripécias com os tigres. Himavat olhou sem surpresa e disse-lhe:

– Você apenas provou ser filho dos céus, um verdadeiro deus.

# 67

A beleza do lugar e o fato de não ter nenhuma responsabilidade a subjugá-lo fez Nandi usar do seu tempo livre para meditar sobre a vida. Gostava de ir a certo lugar onde podia ver o vale e meditar. Naqueles dias, andava transtornado com uma contradição sobre a existência. Como conciliar a ideia de um ser supremo, a beleza e a bondade com tanta destruição e perversidade existente na Terra?

Essa força só podia ser benigna, porque a vida era intrinsecamente boa. Só uma força bondosa pensaria em tudo. Mas qual a razão de tal generoso poder permitir a destruição e o mal-estar tão presente em todos os lugares? Não tinha ainda obtido resposta para essas indagações.

Uma de suas principais dúvidas era sobre o espírito. Todos os sacerdotes da Suméria e as curandeiras do Shindi tinham lhe falado dos espíritos dos mortos caminhando entre eles, como se ainda estivessem vivos no mundo físico. Sua mente racional lhe dizia ser impossível um ser bondoso criar uma pessoa apenas para sentenciá-lo a desaparecer no final da vida. Mas as dúvidas o consumiam. Onde viviam todos os espíritos? Qual a razão de permanecerem entre os vivos se eles eram livres para ir aonde quisessem?

Num desses dias, quando sua mente estava em desespero, concluiu que estava laborando em erro: a natureza era um produto de forças cegas. Por uma razão desconhecida, ela tinha conseguido criar ordem a partir de um caos original. Não havia um criador bondoso e a destruição era apenas o caos ainda não totalmente subjugado. O caos era um estado subjacente, persistindo não importa como as forças cegas do universo tentassem domesticá-lo.

Depois de muita consideração, concluiu ser a vida do homem uma série de fenômenos unidos por uma teia de eventos sobre a qual ninguém tinha poder. O homem só podia viver da melhor forma possível e tentar desfrutar da vida como ela era oferecida pelo cego destino. Não havia nada além desse fato; tudo era superstição. A crença de o homem não ser um sentenciado à aniquilação era apenas uma vontade, um desejo e uma necessidade. Nenhum espírito, nenhum deus; nada além da existência material e a vitória final da destruição.

Levantou-se de onde estivera sentado, sentindo o ar frio da noite chegando, e voltou para casa, seguido pelo fiel e silencioso Bhairava. Entrou em casa e acendeu o fogo. Já tinha preparado sua comida e só precisava esquentá-la. Depois de alguns minutos, com a comida pronta, tirou a caçarola do fogão e, com uma concha, verteu a sopa num prato fundo. Ele estava a ponto de começar a comer, quando, de repente, uma luz avermelhada apareceu na sala e de dentro saiu um anão negro e aleijado, completamente nu balançando um pênis descomunal.

Assustado pela aparição, Nandi gelou e arregalou os olhos. Encarou a aparição. Sua fisionomia era grotesca, simiesca, com um sorriso selvagem e perverso, olhos grandes e esbugalhados, com um olhar maligno. Com esforço, Nandi conseguiu acalmar-se. Quem seria esse ser disforme a aparecer num frio daqueles completamente despido? Não podia ser um homem de carne e osso; atravessara paredes e portas. Seria um espírito?

O ser o fitava com o olhar dementado, enquanto manipulava seu sexo de forma grotesca e indecente. O anão, parecendo entender o dilema de Nandi, falou-lhe com uma voz fina, esganiçada, quase cômica, se não fossem as circunstâncias da aparição:

– Sou Apasmara. Quero comida.

Nandi, já assenhoreado de suas emoções, respondeu-lhe:

– Tome, coma de minha comida.

E, assim dizendo, esticou o prato para Apasmara. A aparição se lançou com tamanha volúpia sobre a comida que chegou a assustar Nandi. Apasmara parecia estar comendo, mas a comida física propriamente dita continuava intocada. Terminado o repasto, com o estômago realmente dilatado, o anão grunhiu de felicidade e comandou, de modo grosseiro:

– Quero beber. Quero o doce esquecimento.

Nandi olhou-o com piedade, tendo vencido o asco inicial, e perguntou:

– Você se acha satisfeito?

– Sim, mas quero bebida.

– Mas você não tocou na comida. Olhe bem o prato; a comida ainda está lá.

Apasmara fez uma cara de desdém, como se não acreditasse, e olhou o prato. Subitamente, ele viu a comida intacta. Olhou para Nandi e lhe perguntou:

– Qual a razão desse estranho sortilégio? Como a comida está de volta ao prato se estou satisfeito?

– Coma de novo. Não chegou a tocar na comida.

Apasmara não perdeu a oportunidade e novamente tombou sobre a comida como se não se alimentasse há anos. Terminado o estranho espetáculo de o anão achar-se alimentado, Nandi olhou-o. Seu estômago tinha se dilatado ainda mais. Apasmara soltou um arroto de pura satisfação. Agora sim, havia esvaziado o prato. Mas Nandi olhou-o com determinação e lhe perguntou:

– Como ousa se comportar dessa forma? A comida continua no mesmo lugar.

Apasmara olhou o prato e, com crescente desespero, viu a comida no mesmo lugar. Sua expressão mudou e suavizou-se.

– Você deve ser um poderoso feiticeiro, pois realmente a comida está lá, mas também a sinto em meu estômago. Olhe como estou inchado.

– Coma tudo novamente.

Nandi dera-lhe uma ordem peremptória. Apasmara não podia furtar-se a tal comando. A palavra invadira sua mente, forçando-o a obedecer. Novamente caiu sobre o prato, mas de forma mais comedida. Ele se achava satisfeito, não querendo comer mais, mas o feiticeiro ordenara-lhe e, em sua mente, aquela ordem soava como um imperativo absoluto.

Terminado mais uma vez o repasto, com expressão de enjôo, Apasmara não pôde sequer sossegar, pois Nandi olhou-o com uma expressão dura e lhe disse:

– Você é um homem desobediente. Tenta me enganar, mas a comida continua no prato. Como ousa me desobedecer? Apasmara, é uma ordem: coma tudo.

Apasmara não podia comer mais nada. Estava com uma barriga gigantesca. Sentia náuseas e vontade de vomitar. Por outro lado, o feiticeiro o havia capturado com sua poderosa voz de comando. Soava em sua cabeça como se fossem trombetas. Não, ele não podia desobedecer, mas também não podia comer mais nada. Apasmara chorou desesperadamente. Estava preso à vontade do feiticeiro e queria escapar, mas como?

Nandi viu o desespero de Apasmara e lhe disse, com uma voz doce:

– Olhe bem para o prato, Apasmara. Você não comeu nada. Você tornou-se um espírito e os espíritos não se alimentam. Veja sua barriga, ela voltará ao normal.

Apasmara olhou para sua gigantesca pança e ela começou a diminuir a olhos vistos.

Nandi ordenou com uma voz cada vez mais imperativa:

– Apasmara, você não tem vergonha de se apresentar nu? Cinja uma roupa nos quadris e cubra sua despudorada nudez.

Imediatamente, uma roupa surgiu no corpo do anão.

– Você é a ignorância personificada. Apasmara, a partir de hoje, eu lhe ordeno tornar-se um homem decente, cobrindo-se, comportando-se como um príncipe e tirando de sua mente os desejos da carne. Você é espírito de um homem. Aja como tal!

Apasmara sofreu uma transformação imediata. De sua máscara hedionda foi surgindo um homem mais velho, mais humano, menos deformado e, subitamente, Nandi ficou assombrado, pois, do meio daquele ser tenebroso, surgiu a figura de um homem negro, de aparência normal, vestido com roupas simples. O anão Apasmara não existia mais, apenas Apasmara, o espírito de um homem.

A experiência de Apasmara mudou a vida de Nandi. Existia o espírito; ele vira um. Não era invenção das anciãs nem a criação dos sacerdotes para dominar os homens. Parecia como se aquela experiência sem igual tivesse aberto seus olhos espirituais e pudesse agora ver espíritos caminhando ao redor dele ou cruzando o céu. No princípio, pensou se tratar de alucinação, porém Apasmara e outros espíritos vieram falar com ele. Contaram-lhe como se sentiam e suas atividades e ações no mundo espiritual.

Entusiasmado, Nandi aprendera tantas informações novas que desejou compartilhá-las com as outras pessoas. O primeiro a escutar sobre o novo mundo foi seu melhor amigo, Himavat, e, após relatar a experiência com Apasmara, Himavat lhe contou a verdadeira história a respeito dele.

– Apasmara era um dos nossos piores problemas. Nasceu anão e, quando foi se tornando adulto, começou a atacar as mulheres e crianças. Era um maníaco sexual, além de comilão. Tinha hábitos estranhos e bebia de nossa aguardente como se fosse água. Nós o toleramos o quanto pudemos, mas um dia ele estuprou uma moça e os aldeões o agarraram e jogaram de um precipício. Alguns dias depois, uma de minhas melhores videntes disse tê-lo visto completamente nu sacudindo seu pênis. Ela correu, mas ele foi mais rápido. Subjugou-a e a estuprou. Ela sentiu como se fosse realmente um homem vivo a possuindo.

– É mesmo! Há quanto tempo foi isso?

– Provavelmente mais de cinquenta anos atrás. Eu ainda era solteiro quando toda essa tragédia aconteceu.

Sobreveio-lhe uma dúvida: o tempo passa de modo diferente para o espírito? Então um quadro lhe veio à mente. Viu três homens. Um estava dormindo exatamente por uma hora; o tempo parecia não passar para ele. O segundo homem estava fazendo amor à mulher amada: o tempo passava como se só durasse um segundo. O terceiro homem estava sofrendo de uma dor lancinante; esse tempo durava como se fosse perpétuo. Embora o tempo fosse idêntico para os três, cada um tinha dele uma apreensão diferente.

"Se o espírito existe, então o mundo não é um evento fortuito. Foi criado por alguém fantasticamente inteligente. Todas essas maravilhas contempladas pelos seus olhos em êxtase não são a resultante de eventos fortuitos. Não! Deve existir um ser superior", concluiu.

Mas certas ainda dúvidas lhe assomavam o espírito. Como poderia explicar a destruição? E o mal? Como poderia conciliar tais eventos verdadeiros com a suposição da existência de um Deus supremo?

# 68

O tempo correu e os kailashs pareciam não ter levado sua raiva adiante, mas as mulheres haviam se tornado ainda mais audaciosas, oferecendo-se descaradamente a Nandi. Com elegância, ele as recusava. No entanto, os maridos espreitavam-no, cada dia mais, para atacá-lo no momento propício. Dessa vez, juraram esfaqueá-lo para não deixar ao acaso a tarefa de matar um homem por quem as mulheres suspiravam.

Num desses passeios, afastado da aldeia, sentiu passos atrás de si e viu quatro homens vindo em sua direção. Eram jovens fortes e o local não oferecia esconderijo. O único caminho era para cima, e começou a subir. Não estava armado e Bhairava estava com ele, mas quatro homens fortes dariam conta do cão e dele, com certa facilidade.

Aos poucos, os homens foram se aproximando, enquanto sentia suas forças começarem a faltar. Nandi, então, alcançou um lugar amplo, ideal para uma luta. Resolveu fincar pé e morrer ali. Não tinha mais fôlego para subir e a vista daquele lugar era de uma beleza indescritível.

Pensou: esse é um belo dia e um local lindo para se morrer. Se devo passar para a eternidade, preciso fazê-lo com dignidade. Fincarei pé aqui e esperarei meus algozes, de frente.

Os homens chegaram em menos de dois minutos e surpreenderam-se com Nandi olhando-os tranquilo. Bhairava rosnou furiosamente, mas os homens não estavam mais intimidados com o cão. Pretendiam degolá-lo primeiro para depois se livrarem-se do incômodo rival no coração de suas mulheres.

Os quatro homens abriram-se num semicírculo, tentando cercar os dois. Nandi olhava-os com atenção. O medo havia sido substituído por uma tensão, porém raciocinava com calma. Um deles, o mais fraco, devia ser atacado, e ele se jogaria de cima do despenhadeiro com ele, causando a morte de ambos. Desse modo, ele poderia levar consigo pelo menos um deles. Seria uma pista para Himavat descobrir o acontecido, descobrir os culpados e puni-los.

Os quatro homens aproximaram-se e, quando estavam para iniciar o ataque, escutaram um grunhido vindo das rochas. Levantaram a cabeça instintivamente e seus corações gelaram de pavor. A menos de dois metros, estavam dois tigres prontos para dar o bote. Naquele momento, Bhairava atacou a jugular de um dos homens, mordendo-o ferozmente e arrancou sangue e carne. Os tigres, por sua vez, caíram sobre dois dos homens e os estraçalharam, em questão de segundos. O quarto homem, mesmo não tendo sido atacado por ninguém, virou-se e, apavorado, fugiu. Na pressa, tropeçou nas pedras, perdeu o equilíbrio e despencou no precipício. Espatifou-se contra os rochedos dezenas de metros abaixo.

Bhairava não atendeu ao chamado do dono e, preso à jugular do homem, matou-o a dentadas, mas levou duas facadas profundas. Ambas trespassaram seu pulmão. Morreria em minutos nos braços de Nandi. Os dois tigres devoraram os dois homens com rapidez e um deles carregou o cadáver para um local seguro. O outro tigre olhou para Nandi e aproximou-se gentilmente, lambendo sua mão e, como se quisesse ser reconhecido, mostrou-lhe a pata dianteira direita. Nesse instante, Nandi lembrou-se do filhote de um ano atrás. Havia alcançado o tamanho adulto, mas não se esquecera de Nandi. Ao reconhecê-lo, Nandi falou-lhe palavras brandas e gentis, como se estivesse falando com uma criança. Nandi passou a mão na cabeça enorme do bicho e afagou-o com gentileza.

O tigre ronronou alto e, depois, lembrando-se do corpo esfacelado do homem, virou-se, afastou-se de Nandi e, agarrando sua presa já morta, levou-a embora com elegância e altivez.

Quando voltou à aldeia, Nandi informou a Himavat sua experiência sangrenta. Himavat ordenou a seis homens subirem as montanhas e tentarem recuperar os corpos dos homens e lhes dar um enterro decente.

– Estou partindo amanhã. Não ficarei nem mais um dia em sua aldeia. Não serei mais responsável por outras mortes.

– Você não pode partir agora. O inverno está chegando e, pelas nuvens se juntando no céu, haverá uma tempestade daquelas. Você tem de ficar pelo menos até a primavera. Então, se quiser partir, será livre para fazê-lo.

Ele olhou para as nuvens se condensando rapidamente. Himavat tinha razão: a tempestade anunciava-se ameaçadora. Passaria o inverno com eles e, na primavera, partiria.

Naquele mesmo dia, caiu um temporal e, em algumas horas, todas as trilhas estavam cobertas de neve. Pesadas nevascas caíram sobre a aldeia. Ela foi praticamente enterrada sob a neve. Muitas pessoas tiveram de sair das casas pelo telhado, com as portas já bloqueadas. O intenso frio matou algumas pessoas idosas, além de quem não trouxera lenha suficiente para se manter aquecido. Nandi ficou atordoado dentro de casa: nunca vira tal tempestade antes. No fim da nevasca, Nandi entendeu como se processava as inundações do Meluhha. Quando as neves derretem e se tornam água, uma inundação invade o Meluhha e, uma vez mais, a destruição toma seu curso. Logo, a destruição é um processo natural, parte da natureza, um corolário da própria existência, da vida.

Enquanto as neves caíam, Himavat comentou com a esposa sobre sua infelicidade: seu melhor amigo deixaria a aldeia de Kailash ao término do inverno. Sua filha Parvati, agora uma beleza de dezesseis anos, entrou na conversa.

– Você não deve deixá-lo ir.

Himavat olhou para ela preocupado; sentira um tom de desespero na voz da filha.

– Não posso fazer nada. É a segunda tentativa contra sua vida. Um desses dias eles terão sucesso.

– Não, se ele fosse casado – interveio Parvati.

– Ele não quer se casar com ninguém.

– Mas ele deve ou o ciúme dos homens nunca cessará.

– Não posso forçá-lo a se casar nem posso amarrá-lo à força para obrigá-lo a ficar.

– Você pode amarrá-lo comigo – respondeu Parvati. – Eu me casarei com ele e ninguém ousará por as mãos no genro de Himavat.

– Você está louca, minha criança? Você vai se casar com um homem só para que ele fique na aldeia e me faça companhia?

– Os homens nunca entenderão as mulheres – ela respondeu seriamente, meneando a cabeça de um lado pra outro. – Eu não quero me casar com ele só para lhe fazer um favor, mas porque eu o amo. Eu sempre o amei; desde o primeiro dia.

Se Himavat não estivesse sentado, teria se estatelado no chão. Seria possível? Ele realmente tinha visto a filha olhando para Nandi, mas pensara se tratar de uma simples paixão passageira de adolescente. Mas agora ela confessava com tamanha impetuosidade seu amor por um ancião.

– Você só pode estar brincando – interveio a mãe de Parvati, quase descontrolada. – Ele é tão velho quanto seu pai. Nós temos planos para casá-la com um belo jovem de sua idade.

– Eu não me casarei com ninguém a não ser com Nandi.

Os pais olharam um ao outro. Conheciam bem a filha; quando Parvati punha algo na mente, nem mesmo toda a neve do Himavat ou todas as palavras proferidas na Terra mudariam sua determinação. Eles tinham duas opções: ver a filha morrer virgem ou casada com Nandi.

# 69

Himavat, no final do terrível inverno, veio conversar com Nandi. Estava com o cenho fechado, pois sabia de seu desejo de partir.

– Então, meu amigo, você vai partir?

– Pretendia, mas o degelo deste ano deve ser arrasador. As águas descerão o Meluhha e encherão o vale com enxurradas terríveis. Não posso ir agora. Vou esperar o degelo e as águas baixarem. Pretendo, portanto, partir dentro de quatro meses.

– Entendo! Mas eu pensei muito neste assunto – mudando de tom, adentrou o assunto com cautela. – Não lhe é desconhecido o fato de os homens daqui terem ciúme de você, pois as mulheres acham-no belo e atraente.

– Vá lá entender as mulheres! Logo eu, um velho de sessenta e tantos anos.

Himavat riu da pilhéria do amigo. "O homem só sabe falar de si se enaltecendo ou se denegrindo", pensou Himavat. Reunindo coragem, Himavat arrematou:

– Tenho uma proposta a lhe fazer.

Nandi ficou sério. Ele não queria dizer não ao amigo, mas, se ele fizesse uma proposta para permanecer, não ficaria, pois estava decidido a partir. Himavat continuou falando, parecendo mudar de assunto.

– Minha filha Parvati já passou da idade de casar, pois está com dezesseis anos. Cada ano, eu lhe falo sobre casamento, e ela me sai com alguma desculpa, sempre adiando o fato para o próximo ano.

Himavat fez uma pausa, retornando logo a seguir.

– Desta vez, fui mais severo e levei-lhe um candidato. Um jovem em idade de casar. Ele sempre demonstrara interesse e a mais profunda admiração por ela. No entanto, Parvati ficou furiosa e não aceitou o casamento. Discutimos o fato e ela me disse, textualmente: só me casarei com Nandi, pois eu o amo.

Nandi quase se engasgou.

– Quem, eu? Eu poderia ser pai dela.

– Esse foi meu comentário com ela, mas ela não se importou com a diferença de idade. Sua mente está decidida. Será com você ou ficará solteira para sempre.

Os dois homens olhavam-se seriamente. Nandi não desejava magoar Himavat, mas não pensava em se casar. Estava há muitos anos sem a presença de uma mulher e não queria mais ninguém em sua vida. Temia a repetição da tragédia de Humma.

Himavat cortou o silêncio e lhe perguntou de chofre.

– Você aceita minha filha como sua esposa? – e vendo o mutismo angustiado do amigo, prosseguiu, falando num tom cordial e fraterno: – Isso será motivo de felicidade e honra para a minha família. Além do mais, com uma mulher em casa, as demais mulheres hão de deixá-lo em paz e nenhum homem irá atentar contra a sua vida, pois você será meu genro e, como tal, estará sob minha proteção. Deste modo, você não precisará mais partir.

Como poderia recusar tal proposta, pensou. Como não casar com a mais bela moça da aldeia, mas, ao mesmo tempo, como fazer amor com alguém tão jovem?

– Eu me pergunto se um casamento como esse pode funcionar.

– Sim, pode. Parvati é perfeita para você. É uma pessoa muito inteligente. Não só é luminosa, mas tem excelente caráter. Você estará se casando com uma deusa.

– Não duvido disso. Mas a diferença de idade é preocupante – respondeu Nandi.

– Só as mulheres envelhecem. Os homens são crianças para sempre. Quanto à diferença de idade, Parvati há de ter paciência com uma criança como você.

Pela expressão risonha de Himavat, Nandi entendeu a brincadeira do amigo.

## 70

Uma aldeia modesta não podia proporcionar uma festa digna de um rei, mas o casamento realizou-se com a pompa necessária. Alguns carneiros e cabritos foram mortos para festejar a união de Nandi e Parvati, mas a maledicência dos kailashs não conhecia limites. As mulheres morriam de inveja de Parvati; conseguira o grande prêmio da aldeia. Os homens, por sua vez, invejavam-no; Parvati era uma moça de dezesseis anos e os jovens achavam um desperdício um velho, de cabelos e barbas brancos se casar com tamanha beleza. As brincadeiras de mau gosto se multiplicaram e Nandi, ao ouvi-las, ficou profundamente constrangido.

Quando o banquete estava no auge, como era o costume, Nandi levou sua noiva para longe da festa e foram para casa. Haviam conversado muito pouco um com o outro e Nandi parecia pouco a vontade, enquanto Parvati sorria timidamente para todos. Parecia feliz e, embora não fosse dada a explosões de alegria ou demonstrações públicas de suas emoções, estava se casando com o homem amado.

Quando entraram em casa, Nandi ficou assustado. Ele não havia feito amor com ninguém desde a morte de Humma. Desde então permanecera ascético. Afastara diversas pretendentes nesse período. E ele tinha feito isso várias vezes, não só porque era um homem bonito, mas também devido a sua importância no Shindi. Ele olhou então para Parvati e decidiu conhecê-la melhor, antes de tocá-la.

Devido à tradição de aldeia, ele a visitara três vezes e tivera uma conversa muito rápida e formal sobre assuntos corriqueiros, tais como tempo e... o tempo. Como poderia tocá-la se sabia tão pouco a respeito dela? Quais eram seus gostos? Como encarava os fatos da vida? Era bela a ponto de ele não se lembrar de ninguém tão linda. Mesmo Humma não era tão divina quanto ela, mas lhe era quase uma completa estranha.

Por seu lado, Parvati observou um Nandi muito pouco à vontade. Parecia estar tentando arrumar seus pertences, mas provavelmente devia estar procrastinando deitar-se com ela. Por um momento, tentou se colocar em seu lugar. Ele se tornara o escárnio da aldeia – as piadas de mau gosto sobre seu matrimônio devem ter lhe chegado aos ouvidos. Ele recusara várias mulheres da aldeia e tinha se mantido casto. Sentiu-se arrependida de tê-lo colocado em tal situação, mas era louca por ele. Não importava o tempo, ela conquistaria seu coração.

– Boa-noite, meu marido – ela disse após ter se despido e vestido uma roupa comum de dormir.

Ele resmungou algo. Viu quando se deitou e se cobriu com uma grossa manta. Ele também se despiu e vestiu uma roupa de dormir. Deitou-se de costas para ela e tentou fechar os olhos. Sentia-se um completo idiota. Casara-se com uma bela moça e não a tocava. Ficou com raiva de si: deveria ter pensado melhor e não ter aceitado o convite de Himavat só para não magoá-lo. Deveria ter partido e deixado aquele lugar tão bonito onde encontrara a paz de espírito. Mas agora sua paz de espírito simplesmente desaparecera com seu casamento com Parvati. Adormeceu, tentando imaginar qual o conceito ela devia ter dele por não tê-la tocado.

Pela manhã, despertou com a casa cheirando ao aroma de pão, leite de cabra quente, queijo e mel. O café da manhã estava na mesa.

– Bom-dia, meu marido.

Mais uma vez, ele resmungou algo e se levantou. Comeu tudo. Pelo menos era boa cozinheira, concluiu. Quando terminou o desjejum, como fazia normalmente, saiu e caminhou para seu lugar preferido, de onde podia ver todo o vale, e se sentou. Meditara todos os dias durante os últimos quatro anos. Não iria mudar seus hábitos pelo fato de estar casado. Normalmente, ficava lá por uma hora e, depois, se dedicava às outras ocupações, como plantar arroz, cuidar de suas cabras, cozinhar o almoço e, se o dia estivesse quente, tomar um banho no riacho.

Depois de dez minutos, sentiu a presença de alguém próximo a ele. Abriu os olhos e viu Parvati sentada. Ela tinha os olhos fechados e parecia estar meditando. Estava tentando imitá-lo? Seria uma tentativa de lhe ser agradável? Aquela atitude o perturbou. Levantou-se e partiu, deixando-a sozinha.

Dirigiu-se às suas outras atividades. Tirou o leite das cabras e, então, levou a vasilha cheia para casa. Parvati estava preparando o almoço. Ela estava fazendo seu prato favorito: como sabia disso? Não comentou nada e partiu; havia tanto a fazer antes do almoço e não podia perder tempo conversando com a esposa.

Ao meio-dia, voltou e o almoço estava pronto. Um primor de almoço ela preparara! Comeu e não fez nenhum comentário. Estava se sentindo um tolo.

A noite veio e eles foram cedo para cama. E mais uma vez repetiram o mesmo ritual da véspera.

– Boa-noite, meu marido.

Ele resmungou algo, deu-lhe as costas e adormeceu.

No dia seguinte, tudo aconteceu como no anterior. Ele acordou, o café da manhã estava pronto.

– Bom-dia, meu marido – disse Parvati.

Ele resmungou algo e comeu. Então saiu para meditar e, alguns minutos depois, Parvati se sentou próxima a ele. Ele abriu os olhos e a viu com os olhos fechados. Dessa vez, não deixaria de meditar só porque ela estava ali. Ele ficou uma hora inteira. No final, abriu os olhos e lá estava ela. Não tinha movido um músculo sequer e com o sol a bater no seu rosto estava ainda mais linda. Sentiu uma ternura invadir seu peito, mas não disse nada. Levantou-se e partiu: a vida continuava.

Tudo estava pronto para o almoço e mais uma vez ela tinha preparado pratos maravilhosos, mas Nandi não a elogiou. Ainda se sentia zangado consigo. A moça podia não ser a culpada de seus problemas, porém ele a tratava como se ela não estivesse presente. Mais uma vez, de noite, ele foi prosear com Himavat, como sempre fazia. Depois foi para casa e comeu um pedaço de pão com queijo de cabra. Foi dormir e novamente, ouviu Parvati lhe dizer:

– Boa-noite, meu marido.

# 71

Seis meses se passaram. Nandi e Parvati continuavam com o mesmo estilo de vida. Diariamente, ela lhe dava bom-dia e boa-noite, e sempre o chamava de meu marido. Ele resmungava algumas palavras e continuava a ir ao seu lugar favorito para meditar. Como sempre, Parvati vinha, sentava-se e não falava nada. Ela fechava os olhos e não movia um único músculo.

Certa manhã, Nandi interrompeu suas meditações, e, intrigado, perguntou a Parvati:

– Quais são seus pensamentos quando se senta ao meu lado?

– Devem ser idênticos aos seus.

– Como assim? Eu penso sobre os problemas da vida.

– E eu também, meu querido.

Nandi não deixava de ter certo ranço machista, pois as mulheres eram vãs e fúteis, como sempre imaginara sobre a maioria delas, pois estavam sempre falando sem parar de assuntos relativos ao lar, filhos e comida. Quando estavam a sós, falavam dos homens, quase sempre os achincalhando ou discutindo assuntos íntimos com tamanha desfaçatez a ponto de ruborizar qualquer estivador do cais do porto de Eridu. Parvati não podia pensar de forma tão profunda quanto ele, pensava Nandi, e, querendo tirar a prova, resolveu testá-la.

– Pois vejamos então sua opinião sobre a vida.

– Com o maior prazer.

Nandi pensou um pouco e perguntou-lhe, gentilmente, mas, no fundo, querendo colocar aquela linda e doce criatura em seu devido lugar, ou seja, lavando roupas e cozinhando sua comida.

– Qual é a sua opinião sobre o motivo da destruição?

Parvati respondeu-lhe, de forma rápida, demonstrando dominar o assunto com facilidade.

– A palavra destruição tem um significado mais amplo. Não é apenas o Meluhha destruindo as cidades e os campos, como você nos contou. A destruição é um processo envolvendo toda a vida, inclusive o homem. Envelhecer não deixa de ser uma forma de destruição, desembocando na maior de todas: a morte. Neste ponto, vejo a destruição como um processo atingindo tudo existente na Terra e, provavelmente, desconfio, até as estrelas.

Parvati prosseguiu, sem dar tempo a Nandi de se recuperar do susto em ver a bela mulher dissertando com tamanha facilidade sobre um tema tão complexo.

– Tudo é constituído de partes. Umas maiores e outras, menores. As maiores são constituídas de partes menores, e assim por diante, e, por isso, elas se desgastam. O desgaste leva à destruição, à morte e à necessidade de serem repostas, de serem reconstruídas, exigindo sempre mais esforço e mais determinação. A destruição, portanto, tem como finalidade mobilizar as forças da natureza e a força interior das pessoas para a reconstrução, fortalecendo cada vez mais a vontade e tornando a natureza, as pessoas e o espírito mais fortes e poderosos.

Se Nandi tivesse levado um coice de uma mula, isso não teria causado tanto efeito quanto as palavras de Parvati. Ele ficou aparvalhado olhando para a mulher, e ela, sem ser convidada a prosseguir, complementou:

– A natureza age através de leis desconhecidas para nós, mas podemos descobri-las. Os homens falam das águas do rio Ganges e do Meluhha vindo diretamente da deusa Ganga, mas a observação nos mostra ser o degelo enchendo os rios. Quando neva muito, o degelo provoca as enchentes das quais nos contou. Quando o inverno é quente, e quase não neva, o degelo é pouco e os rios ficam secos e os homens passam fome. Para mim, a neve é a chuva virando neve devido ao frio da estação, assim como a chuva é o vapor d'água subindo aos céus, nos dias de grande calor. Portanto, não há deuses estranhos regulando tais fenômenos, mas, sim, a sábia natureza.

O susto inicial de Nandi transformara-se em prazer, pois Parvati falava com voz doce, transformando as palavras em música. Nandi meneava a cabeça em evidente assentimento e Parvati sentia-se livre para prosseguir.

– A destruição provocada pela natureza a faz ficar mais viçosa e as flores, frutas e plantas tornam-se maiores e mais belas. Podem causar um terrível estrago inicial, mas depois vem a bonança.

Nandi resolveu então perguntar, já não mais para colocar a mulher em seu lugar, mas para situá-la num pedestal.

– Então você não acredita em deuses e deusas regulando nosso destino?

– Não, essa é uma forma como as pessoas simples entendem a natureza. No entanto, deve existir algo de imenso, de profundamente inteligente, um criador de tudo e determinador de funcionamento dos eventos materiais.

– Eu também penso assim, mas tenho dúvidas, pois vejo os homens perversos, a natureza violenta e até os animais terríveis. Como conciliar a destruição e a violência com uma força criadora? Como deve ser essa força? Parecida com o homem, com humores e vontades? Ou deve ser uma força cega, agindo sem consciência? Será uma força boa ou má?

Parvati respondeu com rapidez e elegância.

– Não sei o nome dessa força, mas ela é profundamente bondosa. Ela gera a vida e permite seu progresso. É verdadeira a necessidade de matar animais e plantas para nos alimentarmos, assim como se devoram uns aos outros, mas também isto permite que a renovação se faça. Tal força não pode ser cega, pois tudo funciona tão bem, impossibilitando não saber como agir. Por outro lado, se a destruição leva ao sofrimento e à renovação, a morte pode não ser o fim. Assim como os espíritos dos antepassados nos visitam para pedir comida e bebidas, provando a existência de uma vida após a morte, assim deve acontecer o mesmo com os animais e as plantas. Deve existir uma vida além da morte para eles também.

– Não será isso apenas um pensamento bondoso de sua parte? Na realidade, quem nos afirma a sobrevivência do homem?

– Você mesmo teve a comprovação quando dominou o anão Apasmara. Ele não era um homem, mas o espírito de um homem.

– Como você sabe disto?

– Ouvi você falar com meu pai. Fiz mal?

– Não, minha doce Parvati. Mas a morte, sendo a destruição suprema, não é uma renovação, pois quem morre, mesmo tornando-se um espírito invisível, não se transforma em algo melhor.

– Pela sua própria experiência, sim. O anão Apasmara não voltou a ser um homem após descobrir seu estado? Sua fome era apenas um pálido reflexo de sua mente? Por outro lado, assim como tudo renasce na natureza, o espírito do homem também renasce em outro corpo.

Esta última frase caiu sobre Nandi como um clarão, atordoando-o com tamanha clareza. Chegou a sentir a cabeça rodar. Nandi ficou olhando para Parvati, enquanto ela se levantava, com um sorriso lindo a descortinar-lhe os dentes de alvura ímpar. Ela sentiu a necessidade de Nandi meditar sobre essa revelação.

Nandi observou Parvati se afastando para preparar o jantar, mas já a via com outros olhos. Já não era apenas uma bela mulher imposta pelo destino, mas uma deusa enviada por uma força superior para orientá-lo.

Ele pensou: se ela estiver certa, então nós somos criaturas de luz criadas por essa força amorosa e inteligente. Realmente, se essa força fosse cega, não poderia criar nem repetir sua criação dia após dia. Tudo tem uma lógica, uma coerência escondida, não revelada, ou ainda não entendida. Se nós temos muitas vidas, então a morte é apenas uma destruição temporária, assim como é a destruição causada pelo Meluhha. Assim como as cheias do Meluhha destroem tudo em sua passagem, elas também oferecem a oportunidade de renascimento para plantas, animais e pessoas. Quando o Meluhha não enche, tudo se torna pobre e o sol inclemente queima tudo. As plantas, os animais e os homens estão todos interligados sob a égide dessa força benevolente.

Quase sem se aperceber, Nandi batizou essa força criadora reguladora do universo de "o benevolente" – Shiva. Era um nome curto, simples e fácil de pronunciar e de recordar.

No outro dia, Nandi não podia esperar mais para conversar com Parvati, aguardando com impaciência a mulher terminar seus afazeres, para prosseguir a conversa da véspera.

– Fale-me, minha bela Parvati, fale-me mais sobre suas ideias a respeito da destruição e da vida?

Parvati ficou encantada. O homem não só lhe endereçava a palavra, como a tinha chamado de bela, seu primeiro elogio e, para culminar, estava lhe perguntando sua opinião sobre assuntos tipicamente masculinos.

– Minha opinião é baseada em meus pensamentos, pois não tenho o estudo e sua experiência. No entanto, observo e reflito sobre o mundo a minha volta. Observei durante muitos anos meu doce pai. Ele atingiu uma idade provecta e, se isso aconteceu, é porque ele conseguiu destruir, em parte, a destruição existente em todos nós.

Nandi continuava estupefato. Destruir a destruição? Parvati, observando sua expressão aparvalhada, continuou sua alocução de forma branda.

– É possível retardar ou diminuir os efeitos da destruição tanto no corpo como na natureza. Meu pai sempre foi um homem ponderado, não se deixando atingir por raivas extemporâneas, sempre encontrando uma solução equilibrada para todos os problemas, tanto de nossa aldeia, como de nossa família. Alimenta-se de forma frugal, não bebe bebidas embriagadoras, não grita à toa, é sempre cordial e parece sempre estar em busca da felicidade dele e dos demais. Não é rancoroso, nem orgulhoso, nem prepotente, nem se acha superior aos demais. Escuta as pessoas, não se importando se as queixas são justificadas ou não, não importando ser uma mulher ou um homem, venha de uma pessoa velha ou de uma criança. Para ele todos são iguais em suas alegrias e especialmente em suas tristezas. Já os demais homens não agem assim e a destruição se torna grande em seus corpos. Você é parecido com meu pai. Além de fazer tudo isso, foi capaz de trazer prosperidade a nossa aldeia e a todos os lugares por onde passou. Você também destruiu a destruição, construindo e reconstruindo, jamais se dando por vencido, mesmo quando o Meluhha se tornava raivoso ou quando os homens enlouqueciam de orgulho e prepotência e se lançavam à guerra. Há, portanto, um meio de destruir a destruição.

– Não creio ser possível destruir a destruição se ela faz parte da natureza. Mas concordo ser possível diminuir os efeitos, as consequências ou, pelo menos, tomando-se consciência de sua inevitabilidade e, por consequência, precavendo-se contra ela.

– Realmente, meu esposo tem razão. Meu pai e você conseguiram, através da alegria de viver, diminuir os efeitos da destruição, ela ainda assim continua seu curso. Ela não foi de todo destruída no corpo, pois vocês estão envelhecendo, mas, em seus espíritos, devido a uma atitude bela perante a vida, vocês continuam crianças. Nem você nem meu pai são rabugentos, sempre encontrando um belo motivo para sorrir, para rirem de suas próprias faltas, tentando compreender os defeitos dos outros. Nisso reside a destruição da destruição, ou seja, em não envelhecer no espírito, mantendo-o sempre jovem e radiante.

– Você exprime em palavras conceitos dos quais não havia me apercebido. Para mim, agir da forma como ajo é natural, pois, se sou como sou, é porque assim nasci.

– Sem querer contestar meu augusto marido, vejo de modo diferente. Sempre escutei suas histórias, suas aventuras em terras estranhas, como na Suméria e no Shindi, e passou toda a vida procurando o bem-estar e o progresso dos homens. Sua felicidade, mesmo com a morte de sua primeira esposa e de seus filhos, foi a de servir aos demais. Você mesmo já se perguntou quais foram os motivos de tantas andanças e trabalho. Sua resposta é de uma força comandante obrigando-o a trabalhar em prol dos outros, mesmo quando a tristeza habitava seu coração. Meu pai respondeu-lhe serem os deuses fazendo-o de escravo, obrigando-o a trabalhar cada vez mais, mas não creio em deuses comportando-se como homens nem transformando os homens em escravos. Sua natureza é de sentir-se feliz em servir os demais homens, de realizar e de ver os resultados, trazendo prosperidade e vida longa aos homens, pois isso o embriaga. Não como um bêbedo, agindo feito porco e esquecendo seus problemas, mas como um homem embriagado de felicidade de vencer a destruição.

– Minha motivação foi então de cunho pessoal?

– Disso não tenho dúvidas. Não o fez para se tornar rico ou poderoso. Sua motivação não é a riqueza, e sim a satisfação, a alegria de viver, de realização, de vencer desafios, de não ser apenas uma casca de noz ao sabor das ondas do mar, como várias vezes se intitulou. Quando vence a destruição, ou a retarda, ou ainda reconstrói o destruído, você mostra ser a destruição um mero fato passageiro. Nesse instante, você se torna o senhor de seu destino.

Sim, Parvati, mais uma vez, tinha razão. Nandi olhou para dentro de si próprio e refletiu. Já pensara muitas vezes sobre isso, e não queria ser um joguete nas mãos do destino. Reagir sobre a natureza dos eventos fazia-o ter a impressão de guiar seu destino e construir sua própria vida.

Não era escravo dos *anunnakis*, como diziam os sumérios, nem um abandonado no mundo, como diziam os shindis. Tudo não era preestabelecido pelos deuses, como acreditavam os kailashs, pois a complexidade da vida impediria algo dessa natureza. Tudo estava para ser construído, no dia-a-dia.

Parvati olhou-o com imenso carinho enquanto pensava, perscrutando seu interior em busca de respostas. Ela ficou quieta durante quinze minutos, pois Nandi estava tão absorto em seus pensamentos, não vendo mais o tempo passar. No final desse período, ele levantou a cabeça e lhe disse:

– Você tem razão, linda Parvati. O homem para ser dono de si próprio e construir seu destino, no meio da procela da vida, deve ser um destruidor da destruição. Ele deve ser capaz de conhecer as razões de sua destruição pessoal, tanto no corpo como na mente, e lutar com suas poderosas armas, a vontade e a esperança, para destruir as causas de sua destruição. Ele deve ser superior aos vícios, às dores, à fraqueza, à pequenez, e lutar para, ao destruir a destruição – a tristeza, o derrotismo, o pessimismo, os vícios, o descontrole das emoções, o egoísmo feroz – tornar-se um homem indestrutível.

Durante mais de um mês, Nandi escutou sua mulher falar da natureza, admirando-se com sua inteligência e argúcia. Ele a incentivou a falar, meneando sempre a cabeça em assentimento e, dificilmente, a interrompia. Sua voz era sempre maviosa, uma verdadeira canção de amor. O conceito de Parvati sobre a possibilidade de o espírito do homem renascer para ocupar outra vez a matéria pareceu-lhe lógico e condizente com o conceito de Shiva.

Nandi falava de Shiva – o benevolente – como uma grande força, abrangendo a Terra e as estrelas do céu, não como algo indefinível e distante, mas como um ser pessoal. Era um ente consciente e inteligente, construindo e permanentemente reconstruindo, a aprimorar sua criação. Parvati logo assimilou o conceito e ambos trocavam ideias sobre os caminhos de Shiva. Por qual razão Shiva não houvera feito tudo imutável? Assim, não haveria necessidade de existir a destruição e suas consequências, como o sofrimento e a morte. Ao analisar a natureza da divindade, concluíram ser Shiva o único ser imutável, sempiterno. Nesse caso, sendo imutável, a imutabilidade era sinal de perfeição. Se tudo fosse perfeito, não haveria necessidade de se destruir e de se reconstruir, aperfeiçoando o já perfeito.

Para tanto, para Shiva criar tudo perfeito, e consequentemente imutável, ele deveria reproduzir-se perfeitamente e completamente em tudo. Isso não era lógico. Shiva estava além do mundo. Haveria de ser maior do que tudo. Dessa forma, sua obra lhe era inferior. Não era uma obra acabada e perfeita, mas inacabada e perfectível. A natureza e os homens não eram perfeitos, mas parte de um processo gigantesco de aperfeiçoamento: a natureza, através da repetição de ciclos, e o homem, pelo renascimento.

Com essa inferência, o casal de pensadores chegou a outra notável conclusão: os animais, os vegetais, e qualquer outro ser vivo deviam ter um espírito similar ao homem, deviam ter um espírito sobrevivente à morte com possibilidade de renascer. Se os animais, cujo comportamento é tão parecido com o homem – ou seria o contrário? – não tivessem espírito, então Shiva não seria o benevolente. A benevolência inferia em justiça. Dar mais a um em detrimento de outro seria injusto, portanto indigno de Shiva. E de fato isso acontecia, pois o sol nascia da mesma forma para bons e maus, assim como a desgraça a todos atingia igualmente.

Certo dia, Nandi virou-se para a intocada esposa e lhe perguntou, para desanuviar o ambiente de profunda meditação.

– Então, pela sua ideia, minha linda, você e eu podemos ter sido marido e mulher em outra vida. Qual sua opinião?

– Eu não me lembro de outras existências. Nesse esquecimento reside a beleza do renascimento, pois permite um recomeço fresco e salutar, sem lembranças doídas, recriminações acerbas e litígios infrutíferos. Tais fatos poderiam, desde o primeiro momento, impedir a relação de ter êxito.

Nandi parou para examinar essa premissa. De fato, se existia algo justo e bom, era o esquecimento de vidas passadas. O recomeçar, num corpo de criança, podendo reaprender tudo, olvidar os erros de outras existências residia a possibilidade de salvação oferecida por Shiva. Um novo recomeço até o espírito se tornar *pati* – senhor – de si mesmo.

Nandi ficou absorto em seus pensamentos e um sorriso estampou-se nos lábios. Parvati olhava-o com amor e ternura. Sentiu-se enormemente atraída por esse homem maduro, mas ainda de beleza máscula e de alegria esfuziante. Nesse instante, desejou-o ardentemente. Subitamente, Parvati, como se fosse conduzida por uma força imperiosa, abraçou-o com lágrimas de felicidade. Nandi sentiu pela primeira vez a textura de sua pele, a maciez e o cheiro gostoso de seus cabelos. Não resistiu à candura da esposa. Abraçou-a de volta e a mulher beijou-o nos lábios. Foi um beijo doce, prolongado, retribuído por um Nandi repleto de felicidade. Ela aproximou-se dele ainda mais, colando seu corpo ao dele, permitindo seu calor invadir o corpo do anacoreta. Nandi, tomado de uma paixão pouco física, mas muito mais espiritual, estreitou-a ainda mais e, pela primeira vez, fizeram amor. Parvati havia vencido o velho asceta em seu próprio terreno. Era um amor não apenas carnal, mas de seres complementares. Ele, com a velhice da experiência, e ela com a juventude da alegria.

A partir daquele dia, Nandi e Parvati descobriram um prazer extraordinário no sexo. O contato com uma mulher jovem maravilhosa revitalizou Nandi e, ela, por seu lado, aprendeu com o marido a arte milenar do prazer sensual. O sexo abriu as portas de um matrimônio normal, e agora, antes de dormir, Parvati podia finalmente dizer a Nandi:

– Boa-noite, meu amor.

# 72

Os kailashs estavam cada vez mais aborrecidos com Nandi. Antes, porque ele era o motivo dos suspiros de suas mulheres. Depois, porque casara com a filha do chefe, a mais bela mulher da aldeia, e, finalmente, porque os dois não saíam mais de casa.

As mulheres kailashs queixavam-se aos maridos da pouca presença deles no leito, enquanto Nandi, mesmo sendo um velho, não saía de casa, possuindo Parvati várias vezes ao dia. Nandi tornara-se o protótipo do atleta sexual, para as mulheres kailashs, e homem nenhum gosta de ser comparado com outro, especialmente quanto ao seu desempenho sexual. Na realidade, havia um completo exagero em relação ao fato. Nandi tomava Parvati como sua mulher de forma normal, para um casamento, em sua fase inicial, pois a maior parte do tempo, eles passavam conversando.

O verão chegara trazendo calor e seus insetos. Certo dia, logo no início da estação, a calma aldeia ficou revolucionada com a chegada de estranhos. Eles chegaram num grupo grande, com mais de cinquenta pessoas, liderados por Sirara. O navegador sumério envelhecera, mas ainda estava disposto a fazer uma longa e perigosa viagem. Nandi foi chamado por Himavat. Reconheceu logo o amigo e abraçaram-se, pois não se viam há seis anos.

Sirara viera buscá-lo, pois o Shindi estava convulsionado. O sumério fez um resumo dos problemas. O Meluhha enchera de forma descomunal e arrasara várias aldeias menores, matando, destruindo casas, currais e depósitos. Os sobreviventes acorreram a Marichi, enchendo a cidade de desalojados e esfomeados. Nos poucos meses de primavera, os famintos aldeões devastaram os depósitos de grãos e recusavam-se a voltar às aldeias. Estava havendo lutas entre os marichis e os aldeões. Toda a fraternidade havia sido substituída por violência e maldade.

Os conselhos não conseguiam chegar a um acordo, e agora Marichi transformara-se numa grande favela, pois nas casas onde morava antes uma família, agora habitavam mais de cinco. A situação tornara-se insustentável e os donos das casas queriam expulsar os intrusos. Alegam o fato de tê-los admitidos, mas apenas por um pequeno período. Somente alguém como Nandi poderia restabelecer a lei e a ordem. Eles haviam sido mandados para encontrá-lo e trazê-lo, pois se temia o pior, ou seja, uma guerra civil.

Nandi, acompanhado de Parvati, escutou a história. O assunto era grave, pois o sumério não era dado a exageros. Mesmo não falando o shindi, Parvati deduzia pela expressão séria dos homens a gravidade da situação. Haviam vindo buscar Nandi e ela poderia ir, pois estava grávida. Não falara nada ao marido, pretendendo contar-lhe naquela noite.

Nandi resumiu a situação a Parvati e, antes de terminar, ela lhe disse para partir o mais rápido possível. Naquela noite, o amor dos dois teve um gosto amargo. O fato de ele jurar amor eterno não garantia seu retorno. Estava indo para uma região em conflito e podia ser morto numa guerra civil ou num acidente.

No outro dia, tendo se municiado de suprimentos, a comitiva partiu. Sirara subira o rio até onde dera e os navios estavam atracados a muitos quilômetros dali. Levaram três dias para chegarem onde as naus estavam amarradas. De lá desceram o Meluhha e, após mais uma semana, chegaram ao destino.

Em Marichi, a situação estava tensa, mas sob controle, pois haviam avisado da chegada de Nandi para solucionar tudo. Os conselhos receberam-no com alegria e o povo acorreu às ruas para saudá-lo. Na noite de sua chegada, houve uma festa e Nandi tomou real consciência de sua importância, como homem e mito. Nandi era visto como um enviado da grande deusa-mãe, Amba, seu filho preferido.

Nandi fez questão de unir todos os membros sobreviventes dos conselhos das aldeias, assim como os conselheiros de Marichi. Os sobreviventes concordaram em não permanecer em Marichi, mas não tinham força nem coragem para reconstruir suas aldeias. Temiam novas enxurradas. Enquanto isso, os conselheiros de Marichi propunham medidas modestas, pois eles mesmos não podiam fornecer mais.

Nandi ficou pensando, enquanto escutava as razões dos homens. Eles passavam longos minutos repetindo as mesmas histórias em lamúrias intermináveis. Deixou-os extravasar, pois o desabafo é importante para a pessoa tomar real consciência da extensão do seu drama.

No final da longa exposição, todos se viraram ansiosos para Nandi para saberem quais seriam suas determinações. Somente um trabalho sério de reconstrução poderia produzir os efeitos desejados. Para tal, era necessário unir todos os habitantes do vale e atacar os problemas de reconstrução com ímpeto redobrado. Era preciso muita gente trabalhando e, portanto, era imperativo unir os dhanavas, os shindis e os mehgams em torno da reconstrução do Shindi.

Os dhanavas não haviam sido tão duramente atingidos. Eles não estavam na rota principal do Meluhha. Suas principais cidades ficavam num dos afluentes e a inundação fora mais branda. Os mehgams, dravídicos da costa oeste do planalto do Decão, também não haviam sido alcançados pelo terrível dilúvio; estavam localizados fora do vale. Deste modo, Nandi montou uma grande operação para pedir ajuda a todos. Teriam de enviar gente, além de suprimentos. Esses povos, no entanto, só atenderiam ao seu chamado se ele fosse pessoalmente visitá-los. Explicou o plano a todos, pedindo o prazo de um ano para montar todo o esquema e, enquanto isso, Marichi teria de ter paciência e aceitar os aldeões refugiados. Nandi recomeçava a reconstruir toda uma região com a ajuda dos povos a quem ajudara no passado.

O planejado para ser realizado em um ano, levou bem mais tempo. Nem tudo correu como previra, pois os dhanavas também haviam tido problemas nas aldeias menores. Haryupyah, no entanto, pelo fato de ter sido construída sobre uma alta plataforma, não sofrera tanto, mas as aldeias menores também haviam sido devastadas. No entanto, Haryupyah não estava fornecendo ajuda às aldeias. Nandi convenceu-os da necessidade de trabalharem em mutirões, explicando a importância da ajuda mútua, porque a riqueza das aldeias também seria a opulência de Haryupyah. Não lhe foi muito fácil convencer os dhanavas, pois eles não tinham o hábito de trabalhar em conjunto. Podiam ter construído as aldeias em mutirão, numa primeira fase, muito mais porque haviam recebido ajuda dos shindis e de Nandi, mas nunca se haviam acostumado a trabalhar dessa forma.

Nandi teve de dar apoio aos dhanavas antes de receber deles a ajuda necessária. Eles o fizeram de forma relutante. Nandi enfrentou muita oposição por parte dos mais velhos. Esses preferiam largar tudo e voltar ao Baluquistão. Nandi, no entanto, teve apoio da juventude, acostumada a viver numa grande cidade.

Nandi teve menos trabalho com os dravídicos da região de Nishada e Vidarbha, onde os mehgams receberam-no com a dignidade de um rei. Aquiesceram em enviar homens e grãos nos navios de Sirara e, no final de dois anos, os dhanavas, os mehgams e os shindis começaram a reconstrução do Shindi. No entanto, Nandi não estava mais disposto a correr o risco de ver uma nova enxurrada devastar a região e, dessa vez, acabou por adotar o modelo da cidade de Kratu.

Kratu sempre discordara de lutar contra o rio. Sua ideia era construir cidades protegidas sobre altas plataformas. Por uma questão de praticidade, Nandi preferira construir as cidades sobre as elevações naturais do vale. Nos anos de enchentes normais, essas elevações eram suficientes para manter a água longe, mas, quando vinham enxurradas, tais elevações eram varridas por águas enfurecidas e nada sobrava delas.

Kratu havia morrido de causas naturais e seus sucessores o ajudaram na reconstrução das aldeias. Usando a técnica de Kratu, escolheram madeira nas florestas em volta e fizeram enormes paliçadas. Depois encheram a área com terra escavada da redondeza, aproveitando para construir ou reformar canais e diques. Tendo colocado a terra de forma a elevar a plataforma, esperaram mais um ano para construir as cidades. Pois, mais uma vez, o Meluhha chegara com sua habitual cheia.

Nandi já estava afastado de Parvati há mais de dois anos e sentia falta da esposa, no entanto, agora, mais velho e tendo passado um bom tempo em meditações, observava a vida com outros olhos. No início de sua existência, jovem, dinâmico e empolgado, sua atenção estava toda voltada para construir cidades, diques, canais, desenvolver a agricultura, comercializar os excedentes de produção e abrir novos mercados para seus produtos, trazendo riqueza e prosperidade para as regiões. Naquele momento, porém, observava tudo sob outra ótica, pois via as diferenças de cultura entre os dhanavas, os mehgams da região de Nishada e Vidarbha, assim como os seus queridos shindis. Cada um cultuava estranhos deuses telúricos e animais, e tinham opiniões diferentes sobre os eventos do mundo. Para uns, o dilúvio do Meluhha era um castigo dos deuses, para outros era a deusa Ganga chorando, entristecida por não ter um deus para amar. Outros achavam tratar-se de fenômenos provocados pelos demônios.

Além das explicações serem diferentes, as reações daqueles povos de origem e cultura tão diversas também eram distintas. Durante a última enxurrada, muitas mulheres shindis mataram-se para se encontrarem no além com seus maridos, seus filhos ou com seus bem-amados, pois esta era a crença geral. Já as mulheres dhanavas não se matavam, mas tornavam-se párias em suas sociedades, pois, quem não tinha marido a sustentá-la, tornava-se mal vista pelas demais. Acabavam morrendo à míngua, pois ninguém lhes fornecia nada. Junto com elas, morriam também os rebentos novos, porquanto, sem pai, nem os filhos eram ajudados. Esta era a reação típica de um povo nômade na qual cada família cuidava de si. Faziam algumas atividades em conjunto, como caçar e catar raízes, mas não sustentavam ou educavam os filhos dos outros, pois a comida era escassa.

Nandi, durante o verão, enquanto a enchente impedia a reconstrução de cidades, começou a imaginar uma forma de unificar as ideias de todos. Receava que novas guerras pudessem advir no futuro, seja por razões religiosas, seja por diferenças de pontos de vista. Queria, portanto, dar-lhes uma mesma base religiosa e, ao mesmo tempo, de costumes. Algo espiritual para criar uma ligação unificando as diferentes tribos.

Nandi não queria modificar as religiões ou os cultos de forma radical. Seria quase impossível aos shindis e aos dhanavas abdicarem de suas crenças milenares de uma hora para outra. Sua ideia era jogar, por cima dos cultos existentes, uma filosofia tão contundente a ponto de sufocar as milenares crenças de modo natural.

Nandi começou, informalmente, a observar os homens mais inteligentes e mais proeminentes de cada lugar e estabeleceu um plano. No princípio, começou a falar de Shiva e de como ele, o todo poderoso, havia criado leis justas de desenvolvimento, determinando por meio da destruição e da reconstrução, como sua criação iria evoluir. Suas aulas eram individuais e muitas vezes interrompidas para a solução de problemas cruciais quanto a aspectos relativos à reconstrução das aldeias do Shindi. Nem todos os homens inteligentes e proeminentes tinham, contudo, interesse em suas palavras. Escutavam-no com interesse, mas não se davam conta da profundidade da mensagem.

Após meditar sobre a questão, Nandi decidir ter pessoas divulgando a doutrina, mas observou ser excessivamente hermética, cerebrina demais para homens tão simples. De nada adiantavam ensinamentos apenas teóricos e de difícil assimilação para um povo ainda simples e iletrado.

Os meses passaram e as paliçadas resistiram à inundação do Meluhha. Desse modo, começaram a construção das casas, e sempre seguindo os esquemas anteriores, a partir de larga avenida central. O trabalho em regime de mutirão começou a dar resultados e Nandi sentiu não ser mais necessária sua presença. Antes de o Meluhha encher novamente, impedindo-o de retornar ao lar, decidiu partir.

Antes de fazê-lo, Nandi informou de sua disposição de estar no sopé do monte Kailash, em comunhão com Shiva. Iria aceitar homens de inegável força interior para ensinar-lhes os mistérios do universo. Somente homens de fibra indômita, capazes de vencerem os demônios, de serem escolhidos pelos deuses e de não titubearem perante as dificuldades da vida seriam aceitos após duros testes.

Nandi partiu, levado por Sirara e pelo pequeno grupo até onde o bote a remo pôde levá-los. De lá, ele alcançou a aldeia dos kailashs com uma escolta de dois homens. Esses dois primeiros candidatos queriam conhecer sua doutrina a fundo. Alcançou a aldeia no meio da tarde, quando a maioria dos aldeões estava ocupada com seus afazeres. Andou o mais rápido até atingir sua casa e, na porta, observou uma criança grande, de uns de três anos, brincando.

Nandi estranhou a presença do menino e quis passar por ele para entrar em casa, mas a criança se levantou e, aos gritos, impediu sua entrada. Parvati chegou esbaforida do interior da casa e deparou-se com uma cena inusitada. Seu filho estava barrando a passagem de um desconhecido. O desconhecido tentava gentilmente passar por ele sem empurrá-lo ou machucá-lo. Nessa hora, reconheceu o marido, levantou o menino do chão e jogou-se nos braços de Nandi.

Nandi perdeu-se nas longas e cheirosas madeixas negras da mulher, sentindo um irrefreável desejo de cobri-la de beijos. Absteve-se de maiores intimidades, pois estava acompanhado dos dois homens.

Parvati chorava de felicidade, enquanto cobria a barba branca de Nandi de beijos e afagos. O menino, quieto nos braços da mãe, olhava todo aquele ardor com certa apreensão. Nunca vira a mãe agir dessa maneira e não sabia o motivo de ela chorar; na sua cabecinha de criança, alguém só chora de dor e nunca, de felicidade. Ele começou a ficar preocupado com a mãe. Aquele homem velho e estranho era o motivo daquele destempero de Parvati. Quando Nandi afastou o rosto para fitar a esposa, a criança aplicou-lhe uma sonora e vigorosa bofetada.

## 73

Nandi e Parvati pararam suas carícias e afagos. A bofetada do robusto menino havia acordado os dois para a insólita situação. Nandi olhou surpreso para o menino. Parvati, então, lembrou de não ter apresentado o filho ao pai.

– Nandi, este é seu filho.

Nandi olhou a criança de forma surpresa e perscrutadora. Por um átimo, passou-lhe uma desconfiança, mas sua mente logo reagiu. Os olhos do menino eram iguais aos seus, sua pele era mais clara em relação à mãe, mesmo sendo morena. Pela idade aparente do menino, só podia ser seu filho. Ele abriu um sorriso esplendoroso, pegou a criança no colo e deu-lhe vários beijos, numa demonstração de rara felicidade. Enquanto fazia isso, escutava de longe sua mulher dizer-lhe:

– Nós o chamamos de Ganesha, mas, se você quiser trocar o nome dele, não há problema.

O menino não entendia ser Nandi o seu pai, mas os beijos daquele homem barbado haviam-no tranquilizado. Ninguém beija quem não gosta, pensava Ganesha. Nandi, ao escutar o nome do menino, replicou de imediato:

– Não! Está ótimo! Ganesha, este é o seu nome. Ganesha!

E como todo pai velho é tolo de sua cria nova, repetiu várias vezes o nome do menino, enquanto o beijava.

Os dias se passaram e Nandi colocou Parvati a par dos acontecimentos. Por sua vez, Parvati descobrira sua gravidez no dia da visita de Sirara. Resolvera nada dizer para não atrapalhá-lo. Se ele voltasse, deveria ser por ela, e não pelo filho. Nandi fez um juramento solene: jamais se afastaria novamente. Queria criar seu filho e não a repetição das circunstâncias acontecidas com Humma e Virabhadra. Queria ser um pai presente e não, uma figura distante. Parvati calou-se. Receava ver novamente os shindis precisarem dele e o levarem para solucionar seus inextricáveis problemas.

Nandi havia meditado muito sobre a sua doutrina. Ela devia ser apresentada aos homens de dois modos distintos. Na íntegra, para um grupo seleto de homens, e, aos demais, de uma forma simplificada. Somente os mais cultos podiam dominar todos os aspectos desenvolvidos durante a sua estada entre os kailashs.

Dividiu seus ensinamentos em várias matérias para facilitar o aprendizado e começou testando sua nova forma de ensinar aos dois primeiros discípulos.

Durante três meses, foi-lhes ensinando tudo. No entanto, um dos homens se mostrava sempre distante, distraído, recluso, sempre mais interessado nas belas mulheres kailashs a dedicar-se aos ensinamentos de Nandi. No final do terceiro mês, Nandi chamou-o e mandou-o de volta com uma missão específica a ser levada a cabo na Suméria, com Sirara. Nunca mais ouviu falar daquele homem. Quanto ao outro, parou de ensinar para aplicar-lhe algumas provas.

Esse homem, um ser de grande inteligência, de bondade inata, de severa persistência, tinha um modo todo peculiar de se comportar. Seu nome era Ardhana. Ele tinha formas femininas de corpo, com um quadril arredondado, tipicamente feminino, uma voz gentil de tom beirando o contralto, sem nenhum interesse por mulheres, mas também sem nenhuma inclinação homossexual. Era um típico assexuado. Não tinha preocupações outras a não ser aprender e usar os ensinamentos para ajudar as pessoas.

Ardhana era também um grande terapeuta e Nandi, certa vez, passou a ver luzes brilhantes acompanhando-o enquanto fazia curas, cada vez mais milagrosas. A partir da visão do anão Apasmara, a visão espiritual de Nandi ampliou-se. Após isso, passou a ver cada vez mais os espíritos atuando perto dos homens.

Havia uma caverna profunda, indo até o interior do Kailash, a montanha sagrada. Um dos espíritos, certa tarde, deu-lhe ordem de entrar na caverna e passar lá a noite, pensando na morte. Nandi não relutou e, naquela mesma noite, após falar com Parvati e Ardhana, embrenhou-se na caverna. Durante alguns minutos, não sentiu nada, a não ser uma pequena vertigem, com seus olhos tentando acostumar-se à escuridão. O negror era completo, portanto só podia meditar. Nada o iria distrair, a não ser o sono. Ficou, portanto, pensando na morte, de como era o recomeço de uma nova fase da vida. Também pensou como era assustador o ato de morrer. Havia várias formas de morte; algumas demoradas, outras rápidas. Algumas faziam o homem definhar até se tornar quase inumano, incapaz de falar, de andar e de pensar. Havia doenças tenebrosas e outras arrastando o homem a situações abomináveis. Uns gritavam, outros choravam e outros imploravam. Porém havia mortes tranquilas, mortes de passarinho, como diziam as boas almas. E não saber como se ia morrer era assustador. A morte em si podia até ser uma bênção, mas a forma de morrer podia ser intolerável. Shiva era sábio e benevolente, pois, se as pessoas soubessem a forma de suas mortes e a data, poderiam apressá-la, e isso não poderia ser bom.

No meio da noite, um espírito começou a aparecer para Nandi. No início, ele estava nebuloso, mas aos poucos tornou-se visível. Nandi prestou atenção, sem sentir medo; sentia-se protegido. Finalmente, o espírito tomou forma e Nandi ficou chocado com a visão. Era o espírito de Daksha, seu antigo sogro, pai de Humma. Quis se levantar, mas algo o imobilizou e, subitamente, o espírito começou a falar-lhe. Sua voz era rouquenha, mas Nandi entendia todas as palavras com clareza.

– Nandi, imploro seu perdão. Humma passou a odiá-lo devido a minha insistência junto a ela. Perdi a vida por orgulho e fiz minha filha morrer devido ao meu ódio. Preciso de seu perdão, pois só assim poderei ter paz. Perdoe-me e ser-lhe-ei grato pela eternidade. Somente com seu perdão, poderei renascer e me redimir.

Nandi estava aos prantos. Ficara emocionado com as palavras de Daksha. Era visível seu sofrimento. Sua aparência, quase humana, com a fácies convulsa, demonstrava estar passando por grande tormento moral. Havia nele um arrependimento profundo, algo só entendido por quem já passou por algo semelhante. O perdão era apenas uma etapa no processo de cura daquele ser. Nandi perdoou-lhe do fundo de sua alma. Ele não poderia ter ódio pelo pai de Humma. Ele jamais poderia detestar Daksha.

De manhã, Nandi foi resgatado da escuridão da caverna por Ardhana. Descobrira a união entre uma existência e outra: a consciência. Ela se mantinha intacta. A morte não apagava a consciência e, se ela sofria por faltas cometidas, engendrava um sofrimento enorme na vida após a morte e no renascimento do espírito. Nandi descobrira a lei do carma. Era preciso remover os obstáculos para progredir, senão o espírito ficaria indelevelmente preso à sua consciência culpada.

Este novo conhecimento seria importante para aprimorar ainda mais a sua incipiente doutrina. Baseava-se num tripé: Shiva, também chamado de *Pati*, Senhor; *paçu*, a alma individual; e agora, *paça*, o obstáculo a ser vencido. *Paça* podia ser a matéria física a ser dominada, assim como as causas anteriores. *Paça* seria mais tarde chamado de *karma*.

Nas noites seguintes, Ardhana e depois Parvati foram passar a noite na caverna. Cada um teve uma visão diferente, corroborando e consolidando a doutrina de Nandi.

Ardhana adormeceu e teve um sonho. Ele era levado em espírito para um local de rara beleza, onde ele se viu como uma mulher. Tinha uma beleza diferente, com a pele verde, uma altura impressionante e com uma cabeça calva. Suas roupas eram de um brocado fascinante onde predominavam as cores pastel, com preponderância da cor pêssego. Ele teve uma regressão acompanhada por guias especializados e pôde entender os motivos de estar ali, na Terra. Não viera degredado, mas apenas acompanhando seres exilados por amor aos desviados.

Já Parvati teve uma visão terrificante da morte, pois se viu sendo morta por um desconhecido. Tal morte lhe deixara uma mágoa profunda, inextinguível, uma sensação brutal, tanto de dor física como de sofrimento moral.

Certo dia, Nandi sentiu uma vontade irrefreável de voltar à caverna e para lá se dirigiu ao final da tarde, com a finalidade de meditar sobre Shiva. Na escuridão completa da caverna, fechou os olhos e dirigiu uma prece a Shiva, como se fosse uma conversa com um velho amigo.

Subitamente, após quinze minutos, apareceu uma luz dentro de sua cabeça. Ele se assustou e abriu os olhos, mas a escuridão continuava reinando absoluta. Fechou novamente os olhos e lá estava a luz brilhando, faiscando em várias cores. Não possuía forma ainda, mas, aos poucos, se definiu. No princípio, Nandi assustou-se, mas agora, mais tranquilo, observava formas dentro da luz.

Um homem jovem aparecera quase completamente nu. Sua longa cabeleira branca estava presa por um coque. Segurava na mão direita um tridente, e Nandi entendeu o significado daquilo. Cada dente significava um dos aspectos de Shiva: *Pati*, *paçu* e *paça*. A alma – *paçu* – devia superar os obstáculos – *paça* (*karma*) – para se tornar Senhor – *Pati*. No braço esquerdo, o espírito segurava um tambor. O homem iria superar os obstáculos por meio da música, do ritmo e da dança de Shiva. Pois Ele construía, destruía e novamente reconstruía o mundo, de acordo com um bailado todo próprio, marcado por ritmos ou ciclos a se repetirem incessantemente, nunca tendo começo ou fim. No grande bailado de Shiva, os homens, para se tornarem *Pati*, deviam saber apreciar a vida, entrando no ritmo da existência, na dança de Shiva, pois ele era Shiva Nataraja – o benevolente dançarino – aquele cuja dança propiciava alegria aos homens. Quem não soubesse os ritmos da vida, estaria em choque com as leis de Shiva e sofreria, tornando-se triste e criando novos obstáculos – *karma* – para si.

O coque do cabelo era aprisionado por uma foice em meia-lua. Nandi entendeu o simbolismo. É na mente – na cabeça – onde se encontram a vida e a morte. A foice podia ser tanto a morte, ceifando a vida, como também a vida, pois o grão ceifado torna-se pão e alimento. Portanto a foice é o símbolo da renovação, e ela deve estar na mente do homem para superar os obstáculos e atingir o estado de *Pati*.

A imagem formada, agora com espantosa nitidez em sua mente, mostrava um homem jovem, embora tivesse o cabelo todo branco, com serpentes najas em volta de seu pescoço. Ele estava sentado na posição de lótus, ou seja, com as pernas dobradas para dentro e as mãos unidas, placidamente, repousando em frente ao sexo. Ele se sentava sobre uma pele de tigre. O belo animal fora morto, descarnado, a pele devidamente tratada e a magnífica cabeça se mantinha olhando fixamente para a frente.

As cobras são sinais de prudência e de vida, mas também representam um fatal veneno. A naja é a própria vida do ser humano. Se levada com prudência e sabedoria, ela se torna uma arma contra os homens. Toda construção humana começa pela palavra, as cobras enroladas no pescoço. Por outro lado, o homem, se não soubesse usar a palavra com adequação, poderia ser estrangulado pelas suas próprias palavras, as cobras de seu pescoço.

As najas em seu braço mostravam uma aparência feroz, e seu aperto podia ser mortal. O homem devia saber preservar sua força física sem alardeá-la ou dela abusar. Assim como as próprias cobras, elas podem se voltar contra o violento e mordê-lo, levando-o à morte. Finalmente, a pele de tigre onde o deus está sentado, representa a besta-fera dominada pelo intelecto superior do homem. Já lhe extirpou toda a maldade e o perigo, sendo agora apenas uma base, um confortável assento para sua tranquilidade e progresso.

Na frente da aparição, estava um jarro de água. Ali estava toda necessidade do homem, pois a água era o símbolo da criação, da manutenção, da destruição, do segredo do renascimento e da salvação. Era o aspecto quíntuplo de Shiva, com suas cinco faces – Panchanana. Era o aspecto da permanência eterna de Shiva. Era Sadashiva – o eterno benevolente.

O homem devia estar sempre voltado para o sul, pois esta é a direção da sorte: *Dakshina*. Olhar para o leste, onde o sol nasce, cega os olhos. O homem não deve olhar somente para a divindade; irá se esquecer de viver. Não se deve olhar para o oeste, onde o sol se põe, traz tristeza; o homem estará mirando para sua morte: o apagar de sua luz. O homem não deve pensar na morte, e sim, na vida. Não deve olhar para o norte, onde ficam as neves eternas do Himavat, verá terríveis obstáculos a serem superados: os picos altos e nevados – seus obstáculos interiores, suas vidas pregressas – e ficará fascinado com seu passado, esquecendo-se de viver o presente. Ele deve olhar para o sul, para onde fluem as águas da vida, seu futuro, sua glória permanente dentro da impermanência da realidade. Ficando a olhar o sul, ele receberá os raios do sol, da vida, por cima de sua cabeça, tanto de um lado, como do outro, pois o astro-rei passeará por sobre sua cabeça, iluminando-o sempre. Terá o norte, o passado, os obstáculos a empurrá-lo para o sul, para a vida. No entanto, se não tiver a foice no coque, não estiver sentado sobre a pele do tigre, não segurar o tridente de Shiva e não souber tocar o tambor de Shiva, o homem será devorado pelo seu próprio tigre, mordido e sufocado pelas serpentes e o jarro de água, colocado a sua frente, de nada lhe valerá. Nandi entendeu a visão. Era uma imagem simbólica, um resumo de sua doutrina de vida. Era *Shiva Dakshina Murti*.

## 74

Alguns meses depois da partida do discípulo reprovado, chegaram à aldeia rishi mais de duzentas pessoas procurando por Nandi. Queriam tornar-se rishis – sábios.

Nandi ficou sem saber de início como fazer, mas logo lhe passou pela mente o primeiro mandamento de sua doutrina: o trabalho. Não era a meditação, pois esta deve vir nas horas vagas, e não como meio de vida. Deste modo, ele colocou os duzentos e tantos homens – não havia mulheres – para terracear um dos lados de um dos morros mais escarpados próximos à aldeia. Tirariam seu sustento dali.

Sem maiores explicações, ele os enviou para as mesetas com uma dúzia de kailashs para ensiná-los como trabalhar. No final de uma semana, cinquenta e poucos homens foram embora resmungando. Haviam vindo para aprender as artes mágicas e não para trabalhar duro. O restante ficou labutando e recebendo uma porção minguada de ração, uma rala papa de cevada e água.

No final de mais uma semana, mais de cem homens foram embora, pois a fome os castigava e não aguentaram as condições impostas. Nandi não o fizera por maldade, mas porque não havia realmente comida suficiente. Até o momento de as escarpas darem frutos, levaria meses, e todos teriam de viver dos grãos dos kailashs.

Sem ainda receber uma lição sequer, seu grupo de aprendizes se reduzira a pouco mais de sessenta homens, emagrecendo rapidamente. No entanto, Parvati, matreira e de comum acordo com Nandi e Ardhana, havia colocado as mais belas mulheres para servirem os homens. Eram todas ainda virgens e, naturalmente, solteiras. Ao verem tantos homens assim reunidos, as moças ficaram alvoroçadas, pois na aldeia o número de mulheres superava o dos homens.

As moças serviam os homens com bastante desenvoltura e, com olhares e trejeitos sensuais, ofereciam-se aos aprendizes. Cerca de trinta homens sucumbiram aos encantos e foram afastados por Nandi. Ficaram de ser procurados no futuro. Quem não era capaz de refrear seus instintos sexuais, ainda como aprendiz, não o faria quando se tornasse um verdadeiro rishi. Poderia com seu conhecimento e sua influência desvirtuar tanto moças solteiras como mulheres casadas, criando situações embaraçosas.

Nandi não estava à procura de ascetas, pois ele mesmo era casado, mas não queria aprendizes mulherengos. Eles se casariam com uma única mulher, mas ela deveria passar também por uma aprovação prévia. A esposa de um rishi devia ser alguém especial para tolerar a rotina do marido.

Lembrando-se de sua prova na caverna, Ardhana sugeriu a Nandi testar os homens. Os vinte e poucos homens restantes, um a um, noite após noite, foram levados ao fundo da caverna para passarem a noite meditando. No outro dia, o aspirante a rishi se reunia com Nandi, Parvati e Ardhana e reportava sua aventura.

Somente oito foram aprovados e os demais, por não terem aptidão para raciocínios abstratos e desenvolvimento psíquico, foram dispensados com um presente e promessas de novas oportunidades no futuro.

Aos remanescentes, Nandi ensinou sua doutrina e levou três anos para formar os primeiros oito verdadeiros rishis. Nesse período, os aprendizes caminharam montanha acima durante horas para fortalecer o físico, trabalharam na agricultura e na pecuária para delas tirar o sustento e jejuaram para se acostumar às dificuldades da vida.

Nandi havia solicitado a Parvati para desenvolver danças para diferentes situações e, junto com ela, ele também desenvolvia os passos. Isto era duplamente interessante, por ser uma atividade física própria para sua idade e lhe permitia tocar a vina, um instrumento musical do qual tirava belíssimos acordes.

Ao treinar os homens, ensinou-lhes o bailado de Shiva. Além de a dança ser uma expressão de alegria, ajudando a vencer os obstáculos interiores e exteriores, era um salutar exercício. Nandi não queria seus rishis gordos e cevados como os sacerdotes sumérios, dedicados à magia negra e à boa mesa. Mas o importante da dança era sua finalidade mnemônica, ou seja, de lembrar aos assistentes, através dos vários gestos, como Shiva havia criado o mundo, como o mantinha e como o destruía para reconstruí-lo a seguir.

Shiva criara o mundo há muito tempo e, da mesma forma como existiam ciclos da natureza, a Terra e os céus deviam também ter ciclos. Nandi nomeou esse processo de criação, manutenção e destruição como o grande plano divino. Após pensar no assunto, constatou o fato de Shiva não precisar de ninguém para criar o universo, mas, se existissem os *paçus* (espíritos), esses, à medida da superação dos seus *paças* (obstáculos – *karma*), se transformariam em *Pati* (Senhor). Shiva, portanto, permitiria às suas criaturas também ajudá-lo na criação, manutenção, destruição e reconstrução de sua imensa obra. Chamou essa hipótese de co-criação, na qual, de acordo com o grau de superação, cada espírito do universo ajudaria a construí-lo, mantê-lo e reconstruí-lo. Valia para todos, desde a mais insignificante das criaturas até os grandes espíritos do universo.

No segundo ano após seu retorno do vale do Meluhha, uma nova turma chegou. Dessa vez, mais ciente das dificuldades a lhes serem impostas, Nandi aplicou os testes. Naquele ano, conseguiu mais de doze homens aptos.

No desenvolvimento da sua vidência, o corpo sutil dos homens atraiu sua atenção. Nandi observou centros de força com diversos tamanhos e cores. Observou além desse corpo sutil, outros mais sublimados, cujos centros de força se conjugavam com os mais densos, formando vórtices de energia espiritual. Catalogou estes centros e isto passou a fazer parte de sua doutrina secreta, mas quem daria maior impulso a esses estudos seria seu filho Ganesha.

Quando a segunda leva de candidatos a rishi chegou, Parvati engravidou e Nandi ficou radiante. Naquele mesmo ano, Himavat, seu sogro, faleceu. A aldeia ficou em polvorosa e compareceu em massa à cremação de Himavat. Nos dias seguintes, o conselho da aldeia escolheu um novo chefe, irmão mais velho de Parvati, filho primogênito de Himavat. Para Nandi não poderia ser melhor, pois ele e o cunhado de Parvati se davam muito bem.

# 75

No ano seguinte à morte de Himavat, Parvati deu à luz a Skanda, um belo menino. O infante era de rara beleza, atraindo as mulheres da aldeia para vê-lo.

Ganesha, o filho mais velho de Nandi com Parvati, era motivo de imenso cuidado por parte de Nandi. Assim, ele sempre brincava com o menino. Vivia o acarinhando, assim como o levava a passear pelas redondezas. Conversava muito com o menino, deixando-o falar bastante e sempre dando atenção às suas brincadeiras infantis. Ganesha adorava montar com ele nos elefantes e deixava o menino conduzir o paquiderme.

Quando Parvati deu à luz Skanda, Ganesha tinha cerca de sete anos e já, há certo tempo, vivia praticando uma arte bem insólita. Ele era capaz de comandar os elefantes e, ainda mais especialmente, um deles, com pequenos acenos ou gestos quase imperceptíveis.

Num desses dias, no quintal de casa, deitou-se no chão e comandou o enorme animal para colocar a pata sobre seu corpo. O dócil animal obedeceu e colocou a pata, sem pressionar o corpo do menino. Nessa hora, Parvati chegou e viu o animal esmagando seu filho. Assustou-se e gritou, chamando Nandi. Atraído pelos gritos da esposa, Nandi viu Ganesha sob a pata do elefante. Os gritos haviam atraído um grupo considerável de pessoas, mas também assustara Ganesha. Ele deu um leve toque na pata do elefante. O animal retirou-a e ficou majestosamente aguardando a próxima ordem.

Finalmente, graças a uma circunstância fortuita, Ganesha tinha uma assistência atenta. Com um aceno da mão esquerda, quase imperceptível, fez o paquiderme pegá-lo com a tromba e colocá-lo nas costas. Fez o gigante andar de um lado para outro e, com uma palavra sussurrada, o elefante parou. Ficou em pé sob suas duas patas traseiras e emitiu um urro impressionante. Ganesha, segurando-se nas orelhas avantajadas do paquiderme, equilibrou-se no alto, parecendo um pequeno deus a comandá-lo com elegância.

Ganesha tinha uma habilidade natural para lidar com as feras e Nandi perguntou-se, naquele instante, se aquilo não era uma característica da família, pois ele também tinha a mesma facilidade.

O susto tirara o leite de Parvati. Viu-se subitamente com um recém-nascido no colo sem ter como lhe oferecer algo para mamar. Imediatamente providenciaram leite de cabra, mas o menino de dias vomitou-o. Nandi ficou preocupado. Sem dúvida, Skanda morreria.

# 76

O rio Ganges também se origina da cordilheira Himavat e, como naquele inverno quase não nevara, o degelo fora pequeno. O Ganges, chamado de Ganga, estava seco e as populações ribeirinhas sofriam.

As aldeias reuniram-se e decidiram eleger Sagar como o porta-voz de suas aflições junto ao ano santo da montanha Kailash. Junto com sua comitiva vieram algumas representantes da aldeia Kartika.

As kartikas tinham fama de serem lascivas e impudicas. A fama originou-se do fato de as belas moças gostarem de se banhar nuas no rio. Aproveitavam aqueles momentos para brincadeiras sensuais e atiçar os homens com seus jogos. Não havia a noção de leviandade, pois as moças eram solteiras e era a forma de escolherem seus companheiros.

Esta atitude liberal devia-se ao fato de estarem numa região quente, abafada e úmida, propiciando o banho e os folguedos aquáticos. Já os kailashs moravam num lugar gelado e, mesmo no verão, era suficientemente frio para terem de usar roupas. Por isso, para os kailashs, as mulheres kartikas eram ninfas perigosas a serem mantidas afastadas.

As kartikas e Sagar chegaram e imploraram a Nandi para se dignar a falar com a deusa Ganga para lhes enviar água. Os rebanhos definhavam, a água tornara-se barrenta, a poeira invadira os campos, as mulheres kartikas já não se banhavam nuas no rio nem as crianças vingavam. Eles estavam dispostos a tudo, inclusive a fazer oferendas sangrentas aos deuses. Basta pedir e ser-lhe-ia ofertado, desde o mais robusto cabrito até a mais bela das donzelas. Nandi escutou as solicitações e conversou com Ardhana.

– Não sei como ajudá-los. Jamais mandei nos desígnios de Shiva e não creio ter poder para obrigá-lo a fazer chover. Quem sou eu, simples mortal, para mandar nele?

– Mestre Nandi, seus poderes são imensos e sua voz é escutada na morada de Pati. Se for algo justo, suas orações serão atendidas.

– Os homens são simples e não acreditam em preces. Só ficarão satisfeitos se eu fizer um ritual cheio de palavras tolas e vãs, assim como um sacrifício sangrento. Enquanto não fizer isso, eles não irão embora satisfeitos e ficarão aqui na aldeia, perturbando a vida dos kailashs e impedindo-nos de trabalhar.

– Satisfaça suas vontades. Quem sabe, se você não implorar com fervor, Shiva não o atenderá? Como saber, se não tentar?

– Vejo Shiva como uma força imensa a comandar tudo e todos. Não posso imaginá-lo mandando chuva ou fazendo nevar no Himavat, apenas para satisfazer minha vontade ou a dos homens.

– Mestre Nandi, a humildade o cega. Shiva fala por você. Seus pensamentos sobre a vida, o sofrimento, a destruição, outras existências são insufladas em sua mente pelo poder de Shiva. Quando começa a falar todo inflamado dos poderes e segredos de Shiva, você fica rodeado de luz brilhante. Nessa hora, Shiva se manifesta em você e vocês se tornam um só. Saiba reconhecer seu poder e ter mais confiança em nosso Pati.

Ardhana havia chamado a atenção de Nandi de forma branda, mas, de certa forma, severa. Nandi realmente nunca se dera conta desses fatos. Para ele, era uma natural empolgação, mas, para Ardhana com sua vidência, aquilo era o próprio Shiva se manifestando em Nandi.

Tocado pelas palavras de Ardhana, Nandi, confiante na ligação com Shiva ou com algum enviado de Pati, resolveu reunir os homens kailashs, seus rishis, os kartikas além de Sagar e sua comitiva para uma cerimônia sagrada onde Shiva seria instado a fazer chover.

Nandi marcara a cerimônia para daí a três dias e resolveu ir para sua caverna onde meditaria sobre a melhor forma de fazer seu pleito a Shiva. Na escuridão completa da caverna, fechou os olhos e dirigiu-se mais uma vez a Shiva. Em alguns minutos, uma luz brilhante apareceu-lhe e começou a comunicar-se claramente com ele.

– Os homens ainda são muito simples e, dificilmente, os conceitos abstratos podem ser entendidos. Desse modo, você deve criar símbolos, fatos físicos, tangíveis. A partir do concreto, entenderão o abstrato. Shiva é por demais abstrato e intangível para ser perfeitamente compreendido pelos homens. Alguns de seus rishis são capazes de compreender, mas ainda são minoria. Assim, use figuras, símbolos, imagens e objetos a fim de obter perfeita concentração no momento de adorar o inefável.

– Use a imagem do fogo como o conceito de Shiva, pois Ele é uma força e, através dessa energia, Ele cria, mantém, destrói e reconstrói permanentemente. Use também alguma forma de sacrifício de animais, pois os homens só acreditam na força do sangue como vida. Antes matar um pobre cabrito a fazer sacrifícios humanos. Depois de fazer o sacrifício, lavem a pedra. Isso impedirá que o odor do sangue possa atrair vampiros espirituais.

Ao dizer isto, o espírito mostrou-lhe um pilar de fogo, parecido com uma coluna. Mas, vendo a dúvida de Nandi em poder representar a pilastra de forma física, tangível, o espírito comunicante deu-lhe a ideia de uma pedra com o formato de uma coluna de fogo.

– Use essa imagem e obtenha a fé dos seus seguidores. No futuro, eles irão, aos poucos, substituir essa pedra por algo mais intangível em seus corações.

Nandi saiu da gruta antes de amanhecer e chamou Ardhana. Pediu uma pedra para ser alisada e transformada numa pequena pilastra. No meio do dia, Ardhana e seus rishis já tinham satisfeito a vontade de Nandi.

Enquanto Nandi se debatia com seu problema, as mulheres kartikas foram visitar Parvati. Conheceram Skanda e o menino estava em estado final à beira da morte. Precisava ser alimentado e não comia nada há um dia. Duas mulheres kartikas estavam ainda amamentando seus próprios filhos. Imediatamente deram o peito a Skanda. O infante sugou avidamente o seio da mulher. Nos próximos dias, as kartikas se revesaram na atividade de amamentá-lo. Finalmente, após uma semana, Skanda passou a aceitar o leite de cabra e sobreviveu. Pelo fato de ter sido alimentado com o leite das kartikas, passou a ser chamado de Kartikeya.

No dia marcado para a cerimônia, Nandi reuniu Parvati, Ardhana, seus kailashs, os kartikas, Sagar e sua comitiva para a primeira cerimônia de adoração a Shiva. Eles haviam lixado uma pedra de trinta centímetros de altura, de formato cilíndrico com ambas as pontas levemente bicudas. Para fixá-la em pé foi apoiada numa outra pedra redonda e plana com um furo no meio, na qual uma das extremidades encaixava-se perfeitamente. Deram o nome de lingam ou linga à pedra cilíndrica e ao apoio, yoni. Na hora de colocarem o lingam sobre o yoni, os presentes viram se tratar de uma representação sexual. O lingam era o pênis de Shiva a representar a força penetrante criativa do aspecto masculino. O yoni penetrado pelo lingam representava o aspecto feminino de Shiva.

Nandi pediu a um dos rishis para matar um cabrito, salpicando o sangue sobre o lingam, enquanto ele solicitava em voz alta para Shiva aceitar as oferendas propiciatórias e libertar as águas de Ganga, a deusa-rio. Para Nandi, a fé deve se manifestar através de gestos rituais a fim de mobilizar a fé do seguidor. A fé irá liberar o crente para a maior das forças, seu deus interno.

Terminada a cerimônia, Nandi jogou água sobre o lingam, lavando-o bem e enxugando-o com um pano branco. Todos se prostraram perante o lingam e Nandi viu o aspecto positivo do ritual: o homem simples ajoelha-se simbolicamente perante uma imagem e adora-a, pois lhe é difícil reverenciar algo invisível e intangível. Quem sabe no futuro? Nandi aprendeu um fato essencial: os símbolos são importantes para o homem e sem essas muletas físicas, ele tem dificuldade de se concentrar na adoração de um ser superior.

Mesmo com toda sua fé em Shiva, Nandi nunca soube se a chuva caiu naturalmente ou se, por algum 'milagre', Shiva solucionou o problema da seca do rei Sagar. De qualquer maneira, só pôde agradecer quando viu a chuva no dia seguinte e o rio Ganga começar a encher. O povo diria: as águas represadas pela deusa Ganga foi libertada por ordens do seu divino marido: Nandi.

## 77

Skanda cresceu para se tornar um rapaz vigoroso. Às vezes, Nandi observava atitudes um pouco tirânicas e, lembrando-se de Virabhadra, tornava-se severo. Ele o fazia trabalhar uma hora a mais nos campos, ou carregar baldes pesados cheios de leite, ou limpar os estábulos dos elefantes. Um dia, Parvati o alertou para sua severidade. Fora muito leniente com Virabhadra, explicou. Quando tentou consertá-lo, era tarde demais; tornara-se selvagem e desenfreado. Todavia, ao castigar Skanda, ele o levava para um passeio a sós e falava gentilmente com ele. Nesses momentos, pai e filho tornavam-se íntimos e bons amigos. Aos poucos, Skanda começou a entender o motivo de o pai ser tão severo com ele; faria tudo para evitar que ele se transformasse em novo Virabhadra.

Uma vez, quando Skanda estava com quase vinte anos, teve uma conversa com seu irmão Ganesha sobre o pai deles.

– Às vezes, tenho dúvidas se nosso pai me ama. Qual é sua opinião sobre ele, Ganesha?

– Nossa mãe me contou a história de nosso pai. Após conhecer todas suas aventuras e seus infortúnios, passei a entendê-lo melhor.

– Conheço a história de nosso pai, mas não entendo seus modos.

– Não há nada a entender, Skanda. Quando você se comporta mal, ele o castiga. Ele lhe dá tarefas para amadurecer seu caráter. Mas, quando você faz algo direito, ele o recompensa. Ele tenta agir como Shiva age.

– Mas ele me ama? Ele ama você?

– Ele o ama loucamente. Sua preocupação é somente com você – respondeu Ganesha e, quando viu a surpresa de Skanda, complementou: – Ele me ama porque sou muito parecido com ele. Eu estudo seus ensinamentos e fui agraciado também com visões do mundo espiritual. Tenho uma memória de elefante. Tenho uma cabeça de elefante em vez da humana, devido à imensa quantidade de informações armazenada. Ele me ama por isso: ele me vê como seu sucessor. Digo isso sem qualquer arrogância e às vezes tenho medo de tal responsabilidade.

– E quanto a mim?

– Você é o cordeiro perdido do seu rebanho. Ele tem medo de vê-lo transformado como Virabhadra, nosso irmão.

– Mas não há razão para isso. Nos últimos anos consegui dominar minha ira e me tornei uma pessoa mais controlada. Eu não bati em ninguém nesses últimos cinco ou seis anos. Eu não sou mais Virabhadra.

– Não é mais Virabhadra? Você disse isso? Qual o motivo de acreditar ter sido nosso diabólico irmão?

– Não diga isso a ninguém. Às vezes, me vejo em sonho matando nosso pai e nossa mãe. Acordo completamente suado e tremendo. Em outras vezes, vejo-me como um monstro estranho. Certa vez, me vi sendo transformado numa criatura monstruosa por seres estranhos e diabólicos. Quando alguém menciona o nome Virabhadra, quase sempre acho que se trata de mim.

– De qualquer maneira, Skanda, veja o lado agradável disso. Se você não foi Virabhadra, faça o máximo para não se tornar um. Se você foi Virabhadra, você tem uma chance maravilhosa de se redimir. Agarre-a com toda força.

Naquele momento, vindo da casa dos rishis, Ardhana os interrompeu. Pela sua expressão atormentada, algo de grave acontecera.

– Façam-me o obséquio de me seguir, meus meninos.

Assim o fizeram de imediato. Ganesha estava apavorado, crendo ser algo com seu pai. Caminharam por uma longa alameda de árvores e chegaram onde estavam reunidos os rishis e os aprendizes. O coração de Ganesha ficou aliviado quando viu seu pai segurando sua bengala e sua mãe próxima a ele. Todos estavam ao redor de algo fumaçando no chão. Quando chegaram mais próximos, constataram ser algo parecido com um homem carbonizado.

Ganesha olhou para aquela massa torrada. Somente as extremidades não estavam queimadas. O resto do corpo fora transformado em cinzas. Até mesmos os ossos haviam se transformado em cinzas. Ardhana deu ordem aos rishis para enterrarem o corpo e então foi se encontrar com Nandi e Parvati, juntos com seus filhos, no lugar favorito de Nandi.

– Essa *vak* (kundalini) é muito perigosa – comentou Nandi com Parvati. – Se a pessoa não puder controlar tal explosão, poderá ser levada à loucura e outras depravações. Nós temos um caso de combustão espontânea e o pobre Guphrat pereceu em chamas.

– *Vak*? É uma doença? – perguntou um confuso Skanda.

– Alguns anos atrás, nosso pai descobriu um fogo, uma força, começando entre as pernas das pessoas e, como se fosse uma serpente avermelhada, rastejar para cima e para baixo pela coluna até alcançar a cabeça – respondeu Ganesha. – Nossa mãe descobriu por meio de certas técnicas de meditação uma forma de levar essa força até a cabeça e entrar em comunhão com Shiva.

– Besteira! – exclamou Skanda, sempre no seu modo direto de se expressar.

– Não é nenhuma besteira – interveio o doce Ardhana. – Após a descoberta de certas técnicas por Parvati, Ganesha desenvolveu novas formas de postura e respiração para controlar o *vak*. Tal disciplina é capaz de alcançar resultados excelentes. Quando a *vak* entra na mente é como uma explosão de alegria. Em tal estado alterado da mente, a pessoa é capaz de ver e entender os eventos mais complexos do universo.

– Não entendo o motivo de não ter sido informado sobre isso antes? – perguntou Skanda.

– Seu pai quis protegê-lo, Kartikeya – respondeu Parvati. – A pessoa não deve tentar iluminar tal energia sem antes dominar suas emoções.

– Ou seja, eu não tenho controle sobre minhas emoções – respondeu um levemente alterado Skanda.

– Você ainda é muito jovem para começar – interveio Nandi, entrando na conversa –, mas como você trouxe isso à baila, devo lhe parabenizar pela sensível melhora nos últimos anos. Estou muito orgulhoso de você e antevejo a possibilidade de você dominar seus sentimentos em poucos anos.

Essas palavras de elogio do pai na frente de Ganesha, Ardhana e sua mãe o fizeram sentir orgulhoso. Com isso, tranquilizou sua crescente raiva.

– Diga-me, Ardhana, como foi acontecer essa tragédia com Guphrat? – perguntou Nandi, não só tentando entender o trágico evento, mas também movendo o assunto da cabeça de Skanda.

– Desde quando o rapaz chegou, eu lhe disse da inadequação de Guphrat. Ele estava sempre se sentindo deprimido e parecia se odiar, ou pelo menos não demonstrava nenhum sinal de amor para com seu corpo. Quando não alcançava uma meta, caia em profunda depressão e expressava palavras depreciativas contra si mesmo. Falava dele como se fosse seu pior inimigo. Por várias vezes, chamei sua atenção quanto ao seu queixume, porque estava incomodando os demais.

– Sim, infelizmente, cometi um erro admitindo-o em nosso círculo. Deveria ter recebido outro tipo de tratamento e não ter ingressado no círculo dos aprendizes a rishi – expressou-se Nandi. – Mas conte-me os detalhes. Ele se matou ateando fogo? Ou foi assassinado por alguém?

– Nenhum dos dois – respondeu Ardhana. – Nos últimos dez dias ele andava deprimido e parecia um surdo-mudo, como se não estivesse entre nós. Esta noite, entrou num tipo de transe e ficou debaixo daquela árvore como se mais nada existisse. De repente, ele se dobrou em dor, como me falaram vários rishis, testemunhas do fato. Com um grunhido horrível, caiu ao chão. Quase imediatamente depois, um fogo muito forte irrompeu de dentro de seu corpo. Até mesmo os ossos viraram cinzas. Se tivesse sido queimado numa pira, como são os mortos, os ossos teriam resistido. Todo o mundo manteve distância devido à intensidade do fogo e do insuportável calor. Eles jamais viram um incêndio tão intenso e com tanta luz saindo de dentro do corpo. Em menos de cinco minutos, tinha desaparecido em cinzas e o fogo extinguiu-se tão rapidamente quanto começou.

– Eu disse isso uma vez e repetirei novamente: essa *vak* não deve ser estimulada – disse Nandi, confirmando sua suspeita sobre combustão espontânea. – Nós tivemos vários problemas com nossos rishis, enquanto tentavam desenvolver tais técnicas. Um ficou louco furioso e teve de ser fortemente contido. Um outro teve tantos efeitos colaterais e foi embora extremamente doente. Alguns meses depois, a família nos informou da sua misteriosa morte. Nós tivemos um caso de loucura entre uma das moças. Os espíritos moviam os objetos em sua casa e, graças a Ardhana e alguns rishis, pudemos salvá-la da mais sórdida loucura e, atualmente, está trabalhando com Parvati. Mas não é uma pessoa fácil de conviver.

– Oh, meu bem – interveio Parvati –, ela é um doce de criatura.

– Você vê doçura em todo mundo, minha vida, mas não é um comportamento normal gritar feito louco, começar a tirar a roupa e se jogar no chão, se dizendo em fogo. E depois rolar nua na neve para suavizar seu alegado calor.

– Espere um minuto, pai – atalhou Ganesha. – Ela se comportou como se estivesse pegando fogo? Talvez ao agir dessa forma ela pôde impedir a explosão das chamas internas, como aconteceu com o infeliz Guphrat. Não acha?

– Ganesha tem razão – disse Ardhana. – Essa energia vem das partes sexuais do corpo e é uma sensação quente. Pode subir até a barriga e se tornar um estimulador sexual. Se a pessoa dirigir isso até a cabeça e a energia parar no coração, as batidas se aceleram a ponto de a pessoa achar estar morrendo. Se parar na garganta, a pessoa sufoca e a falta de ar é uma sensação terrível. Já, se for conduzida à mente, a serpente de fogo pode nos levar ao êxtase. Quem sabe se, ao entrar na mente e a pessoa não estiver pronta para estados superiores do espírito, a energia não retorna ao ventre e queima como uma pira? Quem sabe se a pessoa que não estiver pronta será conduzida à loucura, estados catatônicos, depressão, fobias e outros estados perversos da mente? Quem sabe se tal energia não pode transformar homens comuns em criminosos? Alguns assassinos mataram porque, sem nenhuma razão aparente, disseram ouvir vozes. Sem conhecimento de causa, nós interpretamos como possessão demoníaca ou simples loucura.

– Repito mais uma vez – expressou-se um preocupado Nandi. – Não devemos despertar a *vak*. Ela deve acordar espontaneamente, ou então, se tivermos absoluta certeza de o aprendiz estar pronto.

– E quando alguém está pronto? – perguntou Skanda.

Ninguém respondeu.

# 78

Inexoravelmente o tempo passou e Nandi chegou aos últimos dias na Terra. Durante os últimos dois anos, sua condição física decaíra muito e praticamente não saía da cama, a não ser para fazer suas necessidades e comer. Naquela manhã, ele se sentia muito fraco. Parvati o alimentou no leito. Depois de quase cem anos de existência, sua memória ficara nebulosa e era muito comum esquecer-se do presente e se lembrar dos tempos antigos. Naquele dia, estava tentando se recordar de dias mais recentes.

– Onde está Ganesha? – perguntou, sussurrando.

– Ele foi para Marichi com Ardhana. Eles estão ajudando os rishis a serem mais conhecidos para divulgar a doutrina de Shiva.

– E quando voltará?

– Logo, meu bem, não se preocupe com eles.

– Não me preocupo. Minha única preocupação é com você e com Skanda. Onde ele está?

Ela repetiu tudo, pois já lhe tinha informado no dia anterior. Skanda, agora chamado por todos de Kumara, jovem casto, partira com seus amigos e fundara uma cidade no vale de Meluhha. Chamava-se Vasistha (Mohenjo Daro, a elevação da morte) e tinha se tornado uma cidade com mais de cinquenta mil habitantes.

Skanda reunira um exército para proteger seus amigos, os shindis e os dhanavas contra o ataque de tribos primitivas de dravídicos. Eles haviam invadido a região à procura de gado. Skanda conquistara uma larga fatia de terra do planalto do Decão e governava mais de sessenta tribos. Parvati reassegurou ao marido: Skanda não era um homem cruel e só fizera a guerra para proteger a região contra invasões. As pessoas o amavam e era um bom governante.

– E Ganesha? As pessoas também o amam?

– Amadissímo! Ele se tornou um Deus. Em todos os lugares visitados, as pessoas se apressam em conhecê-lo. Ele opera maravilhas, fazendo curas milagrosas. Ele estimula as pessoas a ler e escrever. Assim poderão ler sua doutrina em pergaminhos.

– Extraordinário. Eu mesmo não poderia ter tido uma ideia melhor. Mas Skanda ainda é solteiro ou se casou?

Sim, pensou Parvati, suas preocupações eram sempre com Skanda embora amasse Ganesha. Skanda finalmente se casara e era pai de duas crianças. Ele meneou a cabeça e sorriu. Mas amanhã teria de repetir tudo; sua memória estava muito falha ultimamente.

– Vou dormir um pouco – disse Nandi com um fio de voz.

– Durma então, meu bem – respondeu e o ajeitou com mais uma manta.

– Deixe a porta aberta. Quero ver o Himavat.

Ultimamente gostava de ficar na cama e olhar para as montanhas pela porta. Ele viu quando Parvati caminhou porta afora. Ela ainda era uma mulher esplendorosa nos seus cinquenta anos, ele pensou. Então se sentiu cansado e fechou os olhos. Dormiu durante algum tempo. Despertou com a presença de três desconhecidos.

– Eu posso ajudá-los? – perguntou Nandi.

– Não, nós estamos aqui para ajudá-lo – respondeu mansamente um dos homens. – Por favor, levante-se e nos siga.

– Estou muito fraco para caminhar.

– Nós ajudaremos você, mestre Nandi – respondeu o homem, enquanto os outros dois homens levantavam seus braços suavemente e o ajudavam a se erguer da cama.

– Para onde vamos? – perguntou um pouco preocupado.

– Para casa, mestre Nandi, nós o levaremos para seu lar.

– Eu já estou em casa.

– Você está em sua casa, mas seu verdadeiro lar é com Shiva.

Eles caminharam lentamente para fora. Nandi viu Parvati subindo pelo caminho de volta. Os três homens o carregaram. Cruzaram com ela, mas ela não os viu.

– Eu estou morto? Vocês estão me levando para Shiva? – perguntou Nandi um pouco preocupado.

– Você deixou seu corpo lá atrás – respondeu o terceiro homem, apontando para sua casa. – Mas agora nós o estamos levando lá para cima – e apontou para o céu.

Lentamente, notou estar se elevando. Viu as montanhas de Himavat, o vale e o rio abaixo. A visão magnífica o fez ficar maravilhado. Nunca tinha visto as montanhas e os vales de cima e, mesmo sem estar com medo de cair, sentia-se inseguro. A velocidade aumentou e ele fechou os olhos. Por alguns minutos, cruzou várias faixas de vibrações do mundo espiritual. Foi se sentindo cada vez mais forte e mais feliz, como jamais sentira antes.

Quando abriu os olhos novamente, levou alguns minutos para poder ver claramente. Estava em um palácio suntuoso de imensas proporções. Havia milhares de pessoas olhando para ele. Sua percepção ficou mais clara e ele pôde ver perfeitamente.

– Você está em casa entre seus amigos. Consegue se lembrar deles? – perguntou o espírito.

Haviam-no sentado numa cadeira confortável e o espírito tocara sua testa com a mão direita. De repente, tal contato o fez recordar das pessoas congregadas no salão. Reconheceu cada um e sua memória mais profunda ficou cristalinamente clara. Lá estava Mykael, seu amigo íntimo, com seus mais queridos companheiros: Indra, Rudra, Vayu, Lachmey e Uriel.

– Meu Deus, é um prazer vê-los novamente – disse com voz hesitante, enquanto lágrimas lhe corriam pelo rosto.

Cada um dos seus amigos se aproximou e o abraçou com amor e demonstrações de estima. Estavam emocionados e não conseguiam falar, mas a vibração amorosa deles era o suficiente para Nandi. Somente Mykael mantinha a fleuma, com perfeito controle das emoções, mesmo tendo um largo sorriso nos lábios. Aproximou-se dele e, depois de ter abraçado o amigo, expressou-se:

– Estamos aqui para felicitá-lo pelas suas magníficas realizações. Seja bem-vindo, mestre Nandi, seja muito bem-vindo de volta, meu caríssimo Sraosa.

# 79

Seis meses haviam se passado e Nandi estava adaptado à sua vida nova. Não obstante, até mesmo um ser evoluído como ele não podia ter completo domínio sobre a memória de vidas passadas. Mykael, como Varuna era agora chamado, encarregou Rudra de levá-lo a um especialista para ajudá-lo a recuperar sua memória. Era imperativo entender a inteira extensão do drama vivenciado nos últimos séculos.

Seguindo as ordens de Mykael, Rudra o levou ao especialista. Ele o pôs num estado magnético no qual poderia mergulhar no distante passado e recuperar suas memórias mais recônditas. Muito para sua surpresa, ao entrar naquele estado, Nandi recordou-se e simultaneamente observou os eventos serem projetados em uma tela como se estivesse assistindo a um cinema: o filme de sua vida.

Nandi se viu vivendo em Ahtilantê, cerca de duzentos e cinquenta anos antes do início do expurgo, como Trewascar. A época era de grandes mudanças. O planeta estava iniciando sua revolução industrial e o império hurukyano era o país mais avançado na época. Era, no entanto, orgulhoso, prepotente e dominador. Já a república de Gräenbhata era um pequeno país, mas muito industrioso, composto de várias raças, sem predominância de nenhuma em especial, sendo uma colcha de retalhos de religiões. Fora formado pela imigração de várias etnias no descobrimento de novas terras e continentes. Eles foram bastante inteligentes em se amalgamarem e fundarem uma república, uma das primeiras de Ahtilantê, multirracial e de excelente convívio.

Trewascar era filho de um pequeno construtor de casas, de classe média. Seu pai começara como pedreiro e crescera aprendendo a construir pequenas residências populares. Não tinha nenhuma formação acadêmica, mas seu tirocínio o fez ver da necessidade de enviar o filho à recém-fundada faculdade de engenharia. Era tempo de mudanças drásticas e um vento de prosperidade começava a varrer o planeta.

Após se graduar em engenharia civil, Trewascar foi trabalhar com seu pai até o dia de sua morte. A partir de então, assumiu a pequena empresa e prosseguiu as atividades de construtor de pequenas obras. Conheceu e veio a se casar com uma moça de sua classe social chamada Niahani.

Trewascar sempre fora interessado em ciências ocultas. Como as religiões não revelavam tudo a respeito do homem, filiou-se a uma ordem secreta. Lá, após as provas de admissão, percorreu os vários graus com denodo e disciplina.

Nessa ordem, conheceu Mendê, um político da nova geração, comprometido com ideias progressistas e voltado para o desenvolvimento de seu país. Trewascar e Mendê logo se entenderam, tanto por causa da idade como também pela afinidade de interesses e ideais. Mendê convenceu Trewascar a participar de concorrências públicas.

Mendê, com seus inúmeros contatos, conseguiu abrir linhas de crédito nos bancos, possibilitando a Trewascar participar das concorrências. No início, sua empresa não ganhou nenhuma licitação, mas Mendê facilitou-lhe a vida, dando-lhe a construção de pequeno conjunto de prédios residenciais.

Vencer a concorrência pública para o pequeno conjunto residencial mudaria a vida da empresa de Trewascar, demandando reestruturações, novas contratações, melhor controle administrativo, e, de uma pequena empresa, saltou para um empreendimento de médio porte. Esse aumento de responsabilidade e de trabalho exigiu mais tempo e dedicação aos negócios. Trewascar foi se afastando da família, especialmente dos dois filhos ainda pequenos.

A esposa estudava numa universidade cujo curso lhe tomava o dia inteiro. De noite, o casal saía quase sempre para festas e ágapes onde se reuniam com políticos e banqueiros, cada vez mais úteis para a nova atividade da empresa de Trewascar. Assim, os filhos ficavam cada vez mais aos cuidados de aias e empregados. Nada lhes faltava em termos de conforto e estudos, mas a presença dos pais era esporádica.

Mendê era um político do escalão médio, até tornar-se um político proeminente com ideias progressistas para o país. Quando se tornou primeiro mandatário de Gräenbhata, Mendê convidou Trewascar para ser ministro do Interior, cargo altamente disputado, pois a maioria das grandes obras públicas passava por aquela pasta. Naquele tempo, grandes rodovias estavam sendo construídas, assim como formas de transporte parecidas com a ferrovia. Obras de vulto estavam sendo desenvolvidas e os investimentos eram colossais, envolvendo a construção de casas populares, escolas e hospitais, além de aeroportos, canais navegáveis e portos.

Trewascar já era um homem rico, morando numa mansão suntuosa. Tanto ele como sua esposa eram pessoas alegres, gostando das relações sociais e de festas. Contudo, não era uma pessoa vazia usufruindo do dinheiro de forma egoísta. Muito pelo contrário, uma parte dos lucros era destinada a uma fundação de assistência social.

Trewascar e Niahani eram pessoas de alto cunho moral e religioso, frequentando seu templo com assiduidade e estando sempre disponíveis para ajudar as obras de benemerência de sua congregação. Os dois também eram profundos estudiosos dos processos divinos. A existência de Trewascar era ideal, pois amava a esposa, tinha dois filhos belos e inteligentes, além de ser rico e bem conceituado em sua sociedade.

O filho mais velho chamava-se Marton e o mais novo, Diagon. Mesmo sendo filhos do casal e educados da mesma forma, eram diametralmente opostos. A educação formal dos dois não podia ter sido melhor: frequentaram as melhores escolas, receberam a mais correta das formações acadêmicas e fizeram cursos no exterior em universidades consideradas como as melhores da época.

Marton ficara ressentido com a falta de assistência paterna, mas entendia as necessidades dos pais. Não foram abandonados à sorte, só lhes faltou uma atenção mais frequente dos pais, especialmente na puberdade, quando haviam sido mandados para uma das melhores escolas de Ahtilantê, no exterior. Se Marton, assim como Diagon, sentira o afastamento dos pais, procurou compensar dedicando-se aos estudos.

Diagon era um homem interessado em comércio e desenvolveu suas habilidades nesse setor. Todavia, Diagon voltou-se também para uma atividade perigosa: o jogo.

Começou com um simples e inofensivo tipo de jogatina e, depois, partiu para apostas maiores. O jogo incendiava-lhe o ser, aumentando sua frequência respiratória e suas batidas cardíacas.

O tempo correu e a sorte não sorria para Diagon. Havia perdido fortunas nos cassinos. Como a situação financeira da sua família era invejável, recebia crédito ilimitado, abrindo cada vez mais o rombo financeiro de sua empresa e de sua fortuna pessoal. No entanto, os cassinos não eram organizações públicas, mas sim, particulares. Quando as dívidas de seus clientes não eram recuperáveis, contratavam outra organização de cobrança de créditos, vendiam suas contas a receber por um preço menor e essas empresas se incumbiam de realizar a cobrança. A maioria recebia em várias parcelas, mas, quando enfrentavam um credor inadimplente, contratavam certos indivíduos inescrupulosos. Eles cobravam mediante todo tipo de artimanhas, incluindo ameaças de morte, sequestro de parentes e impiedosas surras.

Diagon acabou, finalmente, por atingir o fundo do poço e foi procurado por indivíduos de aspecto perigoso. Deram-lhe um prazo para quitar a dívida. Só lhe restou recorrer ao pai e, amargurado, foi encontrar-se com Trewascar. A conversa com o pai foi tensa e malsucedida. Diagon tentou enganá-lo, mas a mentira não resistiu às inquirições paternas. Trewascar estava a par do vicio de Diagon, mas não conhecia a extensão da dívida. Recusou-se a ajudá-lo e repreendeu-o acerbamente. Diagon escutou tudo sem demonstrar emoção.

Saiu da reunião com o pai e foi procurar seus credores. A única forma de pagar seria esperarem pela morte do pai e da mãe, pois, dessa forma, herdaria incalculável fortuna e quitaria seus débitos. Qualquer outra forma não lhes traria de volta o dinheiro. Por outro lado, sua morte de nada lhes valeria. Tivessem paciência, pois em poucos meses tudo estaria resolvido. Deram-lhe seis meses para pagar, ao final dos quais quitaria a dívida acrescida de juros, ou seria morto.

Após alguns dias de reflexão, planejamento detalhado e preparação do crime, no momento propício, Diagon entrou sorrateiramente na residência dos pais e trucidou-os com extrema frieza. Revirou a casa para dar impressão de latrocínio e partiu, após consumar seu plano macabro. Agora era esperar o escândalo e a polpuda herança.

No dia seguinte, os empregados descobriram, horrorizados, os dois corpos degolados e esfaqueados. A polícia foi chamada e começou a investigar. Tudo apontava para o latrocínio. Trewascar e Niahani eram pessoas públicas. A polícia foi incapaz de encontrar pistas. Para se ver livre da pressão pública, os policiais acabaram inculpando dois bandidos, gerando provas contra eles. No final de um processo rápido, os dois bodes expiatórios foram condenados à morte e executados.

Diagon tomou posse de sua parte na herança e pagou sua dívida de jogo, mas agora, com dinheiro a não mais poder, começou a jogar quantias cada vez maiores. Sua sorte no jogo mudou. Podia perder quantias enormes numa noite, mas na outra as recuperava, pois, destemido, apostava alto e, quando acertava, estourava as bancas. A situação havia-se invertido. Agora eram os cassinos seus devedores.

Pelo seu lado, Marton, o irmão do assassino, assumiu os negócios paternos. Comprou a parte da empresa de Diagon, evitando assim ter um sócio perigoso. Quando os pais eram vivos, Marton o ajudara várias vezes, emprestando-lhe vastos recursos monetários e nunca os recebendo de volta. Assim, foi criando uma desconfiança quanto ao caráter do irmão, preferindo evitar qualquer tipo de relacionamento financeiro com ele.

Marton não teve uma vida tão longa quanto Diagon, mas viveu bastante para ampliar o empreendimento do pai e deixou seus filhos com uma herança maravilhosa. No entanto, Marton não era tão honesto quanto o pai e, para ganhar várias concorrências públicas, entrou no jogo do poder, seduzido pelo ganho rápido e fácil, pagando polpudas somas para ganhar obras públicas. Fazia parte do jogo, dizia ele. Quem não jogasse de acordo com as regras não ganharia.

Numa concorrência de vulto, mandou eliminar um concorrente. Com isso, comprometeu seu futuro espiritual. Os filhos de Trewascar se perderam moralmente no mundo.

Trewascar e Niahani acordaram, no astral, num hospital e levaram algum tempo para se darem conta do novo estado existencial. Niahani quis sair do nosocômio para atender às demandas sociais. Dizia ter compromissos inadiáveis dos quais queria participar. Tornou-se agressiva e, finalmente, foi sedada e dormiu profundamente.

Trewascar logo reconheceu seu novo estado. Não se lembrava de sua morte e nem sabia do drama envolvendo a morte da esposa pelo próprio filho. Quando perguntava pela família, os enfermeiros não lhe revelavam a verdade. Com o passar das semanas, sentindo-se recuperado e sendo um espírito trabalhador, quis começar a desenvolver novas atividades. Foi levado para um novo plano, no astral médio, e conversou com guias especializados. Durante alguns meses, cursou uma escola para se adaptar à nova realidade e, quando já se encontrava forte e psicologicamente bem, os guias levaram-no para ver sua adormecida esposa.

Niahani dormia, mas apresentava em seu corpo espiritual todos os traços de morte violenta. Morrera em profundas dores e, se sua mente consciente bloqueara o fato, pois ela vira quem a havia assassinado, sua mente subconsciente registrara tudo e reproduzira em seu corpo astral, todos os sintomas da morte.

Trewascar ficou abalado ao ver sua mulher, pois acreditava estar viva e bem. Além disso, aparentava ter sido morta e retalhada com extrema brutalidade. Finalmente, os guias explicaram-lhe como haviam morrido: vítimas, enquanto dormiam, mas evitaram dizer quem cometera o crime.

Trewascar passou a dedicar-se à recuperação da esposa, pedindo sua inclusão como obreiro na instituição. Foi aceito, mas, como nada conhecia, iniciou como carregador de macas, servente e trabalhador para todo tipo de trabalho, e fê-lo com amor e gratidão, pois, dessa forma, poderia ficar perto da esposa.

Os meses viraram anos. Niahani começou a despertar. Ao recuperar a consciência, Niahani perdeu o aspecto externo das marcas do crime. Voltou a ser a bela mulher dos trinta anos, sua época aura. Reencontrou-se com o marido e ambos festejaram o evento com lágrimas e sorrisos.

Alguns dias depois do despertar de Niahani, ela começou a ter bruxuleios de consciência sobre o momento de sua morte. Aquilo a aterrorizou e obrigou marido e mulher a procurarem ajuda especializada junto a médicos da instituição. Após algumas sessões de esclarecimento, tiveram a dura revelação: haviam sido chacinados pelo próprio filho.

Niahani entrou numa prostração profunda, exigindo grandes doses de medicação antidepressiva. Já Trewascar reagiu de forma diferente. Chorou amargamente, culpando-se pelo ato tresloucado do filho. Se tivesse dado mais atenção e carinho aos meninos, teriam tomado um caminho diferente. Se tivesse dado o dinheiro solicitado por Diagon e se o tivesse ajudado a sair da crise, não teria provocado a atitude enlouquecida do filho. Trewascar queria saber notícias dos dois. Estavam bem, contudo Diagon não sentia o menor remorso pelo crime perpetrado. Já Marton encaminhava-se a passos rápidos ao crime, deixando o pai aflito e temeroso. Queria ajudá-lo a evitar o pior, mas os guias o proibiram. Ele já estava enredado com falanges tenebrosas. Deviam ser abandonados ao próprio desatino.

Quando Marton morreu e seu corpo foi cremado, seu espírito foi aprisionado por uma falange de mijigabaks – piolho de dragão – subordinada a um alambaque. Foi levado para furnas infernais e, lá, aprisionado. O assassinato do concorrente lhe custou cinquenta anos de aprisionamento em local tenebroso.

Por outro lado, quando Diagon morreu em idade provecta, o seu destino foi diferente. Antes de os mijigabaks aprisioná-lo, ele foi levado por uma falange de obreiros para uma instituição espiritual. Trewascar estranhou o tratamento diferenciado e os guias lhe explicaram o motivo.

Marton era um espírito mais evoluído e sua penitência nas furnas infernais só pôde ser realizada porque demonstrara remorso. No caso de Diagon, ele não tinha um pingo de complexo de culpa, crendo-se sagaz e ladino. Com o tempo, tornar-se-ia um obsessor, quiçá, um alambaque. Assim, para a segurança geral dos habitantes do planeta, não deveria ficar solto na crosta planetária, agindo livremente e induzindo outros ao vício do jogo e ao crime. Seu destino deveria ser mais severo.

Trinta anos após a morte de Diagon, renasceria em Tchepuat, capital do império Hurukyano. Mal nascido, numa favela, fora cedo abandonado pelos pais nas ruas da grande capital. Seviciado por crianças maiores, submeteu-se aos maus tratos para sobreviver na vida difícil das ruas. Mais velho, acostumara-se aos piores vícios, assim como aos desvios do sexo. Tornara-se bissexual, drogado e ladrão. Praticara pequenos furtos e sobrevivera a duras penas. Preso, surrado pela polícia, esquecido numa prisão para menores abandonados, fugiria para a rua, sendo novamente preso, vindo a evadir-se mais uma vez. Essa fora sua vida até a maioridade.

Depois se voltou a roubos maiores. Traficou miridina, viciando-se na potente droga. Matou seu primeiro homem aos dezoito anos e, depois disso, assassinou mais vinte e três pessoas. Estuprou e assassinou mulheres e crianças. Nutria um ódio profundo por tudo e por todos. Detestava especialmente as crianças de rua, as quais lhe faziam lembrar sua própria situação. Começara a trucidar outros menores abandonados com requinte de crueldade.

Submetia-os a atos sórdidos e deprimentes. Depois, surrava-os impiedosamente e os degolava sem dó. Muitas vezes, antes de decapitá-los, castrava-os e ficava a vê-los morrer exangue. Tornara-se brutal e sanguinário. Deliciava-se com o assassinato. Chacinara mais de oito crianças entre seis e dez anos, com extrema frieza. A polícia matou-o, com a idade de vinte e três anos, durante uma batida policial.

Quando morreu, foi capturado pelos alambaques e hipnotizado.

Foram buscar, em sua mente críptica, as memórias antiquíssimas, ainda da sua fase animal. Elas foram despertadas e ele foi transformado num monstro. Diagon, agora chamado de Myakat, foi jogado nas trevas, onde ficaria por mais de cinquenta anos.

Enquanto isto acontecia com Myakat, Trewascar e sua esposa começaram a trabalhar na instituição espiritual. Os guias haviam proposto para se deslocarem a planos mais elevados. No entanto, eles pleitearam permanecer para ajudar os desvalidos. Tinham esperança de recuperar os dois filhos, especialmente Diagon, o mais necessitado de todos.

O tempo foi passando e Trewascar e sua bela esposa galgaram todas as posições dentro do hospital. De carregador de maca até a direção da instituição, longos anos se passaram. Eles aprenderam, tanto em cursos formais como na dura prática do dia-a-dia, as dificuldades na recuperação dos pervertidos e criminosos.

Trewascar assumiu a direção da instituição após mais de cem anos de estada, com poucas e rápidas saídas para os planos superiores, onde iam beber em longos haustos a beleza da espiritualidade superior. Nesse período, Trewascar abandonou sua personalidade terrena, mudando seu nome para Sraosa; sua esposa Niahani passou a chamar-se Mkara.

Num dia, um dos seus mais diligentes guardiões detectou o espírito de Diagon, completamente transmudado, a vegetar nas grandes trevas. Desse modo, Sraosa, imbuído de novo alento, ansiou por resgatar seu amado filho das trevas. No entanto, aquele era território alambaque, oferecendo grande perigo. Para poder ir até tais locais era preciso abaixar o padrão vibratório, colocando qualquer espírito comum em posição perigosa. Sraosa foi, então, confabular com seu superior.

Discutiram a situação de Diagon e a possibilidade de o libertarem de suas negras impressões, as quais o haviam transformado num monstro de terrível aparência. No entanto, isso exigia um plano mais elaborado. Era preciso negociar com os alambaques a retirada dessa besta-fera, senão iria criar-se um estado de beligerância desnecessário. Sraosa concordou e seus superiores ficaram de enviar um especialista no assunto.

Alguns meses depois, apareceu na instituição um espírito demonstrando, pelo seu aspecto exterior, ser uma alma de média evolução. Era um cinza, raça malvista pelos orgulhosos verdes e azuis de Ahtilantê, vestindo uma túnica negra cobrindo o corpo. O espírito chamava-se Tamb, um apelido significando 'sinhozinho'. Tinha a aparência de um ancião, moído das refregas da vida. Apresentou-se a Sraosa e Mkara, dizendo-se enviado dos espíritos superiores para negociar com os alambaques a retirada do espírito de Diagon. Para tal, queria ter mais dados sobre o infeliz. O casal relatou os fatos referentes a Diagon, especialmente quanto a sua última existência como Myakat.

Tamb embrenhou-se nas furnas, indo a uma cidade de alambaques à qual estavam subordinadas as furnas onde se encontrava Myakat, o antigo Diagon. Já dentro da cidade, sem ser visto, aguardou o momento propício, quando os principais chefes se reuniam para discutir seus planos escabrosos e, então, 'materializou-se' entre eles.

Já conhecido dos alambaques, eles o receberam com um misto de deferência e desconfiança. Durante um bom quarto de hora, Tamb negociou com os alambaques a libertação de Myakat. Para os grandes dragões, este espírito não representava nada em especial. Eles lhe deram a localização do monstro e sua descrição. No entanto, os alambaques não ajudariam os obreiros do bem. Eles teriam de ir até os grandes abismos e recuperá-lo, mas não oporiam resistência e dariam ordens aos seus mijigabaks para não se intrometerem.

Tamb e um grupo de guardiões não tiveram dificuldades em aprisionar Myakat. Envolveram-no com redes fluídicas cujos choques o desacordaram. Eles o levaram para a instituição e lá o encarceraram. Sraosa e Mkara foram ver o filho. Cento e cinquenta anos haviam se passado desde o assassinato do casal.

Levaram um susto terrível, pois lá estava um grande lagarto. Sua pele era totalmente marrom, com placas no dorso, onde se podia notar um rabo de um metro, alongando-se para fora da base inferior do corpo. As pernas estavam arqueadas e os braços curtos, a ponto de não conseguir alcançar o rosto. Cabeça deformada, um misto de homem e réptil.

Sraosa e Mkara ficaram abalados com a visão do ser. Nada lhes lembrava o filho Diagon. Se para os demais era um monstro, para eles, todavia, era uma gema preciosa.

Durante dez anos, tentaram de tudo para trazer o monstro de volta a sua forma natural, mas nada conseguia penetrar sua carapaça mental. Havia se fechado nas mais profundas reminiscências e nenhuma técnica espiritual parecia retirá-lo da prisão de si próprio. Porém nem um nem outro esmoreciam.

Nesse período, o outro filho, Marton, veio à instituição. Ele havia renascido duas vezes. Na primeira, fora pobre e vilipendiado pelos ricos. Na última existência, fora um pequeno empresário. Prosperara dura e honestamente, mas morrera assassinado por um assaltante, quando estava à frente de sua loja. Com isso, havia lavado com sangue seus complexos de culpa. Agora procurava seus antigos pais em busca de redenção pessoal.

Havia chegado o tempo das mudanças radicais, especialmente na parte moral do planeta. Os espíritos administradores de Ahtilantê determinaram um expurgo espiritual e Varuna fora guindado à posição de coordenador do grande degredo. Deveria levar os ahtilantes a um planeta distante chamado Terra. Nesse período, Varuna e seu guardião-mor, Vartraghan, passaram pela instituição comandada por Sraosa e Mkara e, lá, o casal de administradores tomou conhecimento do processo de degredo.

Mkara levou Varuna para conhecer a instituição e, quando o messias de Atlântida passou pela cela de Diagon, sentiu-se atraído ao interior. Na realidade, esta atração fora a intensa vibração mental de Mkara. Se alguém podia fazer algo por seu filho, essa pessoa só podia ser Varuna por se tratar de um poderoso espírito.

Quando a porta se abriu, Varuna entrou na cela. O ser deformado estava acorrentado às paredes. Seu olhar era de fera acuada, rosnando baixinho e mostrando seus dentes pontiagudos. Varuna perscrutou sua mente. Alma tumultuada com imagens da vida real mescladas com pesadelos. Ao perscrutar o íntimo do monstro, Varuna tomou conhecimento do terrível drama envolvendo o casal e, nesse instante, determinou-se ajudá-los.

De seu peito começaram a jorrar jatos de luz. Sua mente passou a vibrar em altíssima frequência. A cela iluminou-se da luz fortíssima emanada de Varuna. O monstro começou a urrar, tentando cobrir os olhos com os braços curtos demais. A luz penetrava-o até o mais recôndito do seu ser. As trevas circundantes dissolveram-se gradualmente em contato com a luz brilhante. Subitamente, outras luzes vindas de cima começaram a iluminar o ambiente. Eram feixes de luzes, como se milhares de poderosos holofotes estivessem ligados sobre Varuna e o ser monstruoso. Lentamente, o monstro foi se retorcendo e sua forma grotesca foi perdendo o contorno. Os seus braços alongaram-se, sua pele perdeu a cor marrom, tornando-se cinza-clara. A longa cauda encurtou-se e, finalmente, desapareceu. Suas pernas tornaram-se humanas e a máscara facial foi dando lugar a um rosto humano em agonia. Repentinamente, o ser soltou um grito:

– Meu Deus, tenha piedade de mim!

Com essa interjeição, livrou-se das últimas correntes psíquicas, caindo nos braços de Varuna num pranto convulsivo. Ele o levantou como se fosse uma criança e beijou seu rosto.

Myakat o abraçou com força, como se fosse um filho indefeso. Após um instante, já mais calmo nos braços de Varuna, adormeceu. Acompanhado de Mkara e Sraosa, Varuna levou-o a uma enfermaria, onde o colocaram num leito.

Mkara deu ordens para providenciarem um renascimento urgente. Alguns meses depois, seria levado à nova existência. Mas seu renascimento foi relativamente curto. Viveu quinze anos em estado vegetativo, num corpo deformado, paralisado sobre uma cama, numa casa de interior. A única a cuidar dele era sua mãe, a mesma pessoa a abandoná-lo na vida anterior, quando fora Myakat, para se dedicar à prostituição. Finalmente morreu, mas não tinha mais oportunidade de evoluir em Ahtilantê. Foi degredado para a Terra.

Já esperando por tal destino, Sraosa e Mkara pleitearam a ida à Terra como obreiros. Foram aceitos e começaram um novo capítulo na sua evolução espiritual.

Diagon, aliás Myakat, renasceria na Suméria como Akenema, pai de Enki, Sraosa renascido. Ele morreria cedo, sem praticamente conhecer seu filho, tendo sido chacinado num combate com Uruck. Voltaria a renascer como Virabhadra, filho de Enki e Humma. No entanto, sua mente ainda culpava Trewascar, o antigo pai, por todas as suas desventuras por não lhe dar a devida atenção. E novamente seu espírito se revoltou contra Enki, por estar sempre absorto na construção de alguma cidade, aldeia, dique ou em suas intermináveis viagens. Acabaria sendo trucidado por aqueles em quem mais confiava, assim como o fizera com seus pais, em remoto passado.

O planejamento dos espíritos superiores está sujeito a inúmeros percalços, entre eles acidentes e decisões pessoais. Nada é preestabelecido a ponto de as circunstâncias fortuitas ou o livre-arbítrio não poderem modificar.

O plano era de Enki, Sraosa renascido, se casar com Humma, Mkara renascida, e receber os dois filhos, ajudando-os a progredirem. No entanto, Enki se viu envolvido desde cedo com a construção da civilização do Meluhha e acabou por cometer o mesmo erro de não dar a devida atenção aos filhos. Para complicar, Daksha acabou morrendo num combate inútil, o que despertou em Virabhadra, Diagon renascido, os piores instintos assassinos. O estado depressivo gerado pela obsessão de Daksha, levou Humma a abrir as portas para uma doença fatal e, com isto, falecer. Por outro lado, Marton, o outro filho do casal, também renasceu como Uddalaka, mas morreu cedo devido a uma doença também imprevista. Quanto mais primitiva é uma sociedade, mais difícil controlar os eventos.

Os espíritos superiores, especialmente Varuna e Uriel, todavia, estavam decididos a resolver de forma adequada os problemas complexos envolvendo Enki, pois somara tantas benesses e se tornara merecedor de tratamento diferenciado por parte dos Maiores. Não era um ser qualquer, pois viera em missão de sacrifício, abdicando de um planeta evoluído para ajudar um mundo ainda primitivo. Abrira mão de ficar em Ahtilantê para renascer em imensas dificuldades na Terra, na qual organizara uma sociedade de influência decisiva na cultura do planeta Terra. Deste modo, providências novas foram tomadas e Enki, agora conhecido como Nandi, fora levado a uma etapa mais elevada de sua existência.

Humma, Mkara renascida, renasceu como Parvati e acabou reconquistando o amor de Nandi, amor este perdido por se deixar envolver pela influência obsessora do pai. Por sua vez, Uddalaka, Marton renascido, também viera em missão junto com os pais, na tentativa de ajudar o irmão a recuperar-se. Renasceu como Ganesha, tornando-se um continuador de vulto na doutrinação do vale do Meluhha e de suas ramificações posteriores. Tornar-se-ia um grande deus, tendo adoradores em todos os cantos da Índia e do mundo.

Finalmente, Diagon, renascido como Virabhadra, renasceria como Skanda, o filho mais moço de Nandi e Parvati. Tornou-se um bravo guerreiro. Sua evolução espiritual ainda o levaria a outros renascimentos, até vir como um grande profeta indiano, resgatando todos os seus crimes do passado.

Mendê também teria sérios problemas de ordem particular com um parente próximo e viria à Terra acompanhando o desterrado. Viria a renascer na Suméria, tornando-se o deus Dumuzi. Tanto ele como Trewascar se reencontrariam e juntos fariam algumas obras importantes, tendo consolidado instantânea amizade.

Quando Nandi terminou de ver a história de suas últimas existências, virou-se para Rudra e lhe perguntou se sabia como conseguira fazer certos fenômenos. Aquilo lhe fugira à compreensão. Como a jarra se enchera de água? Qual o motivo de feras perigosas o amarem? E como a chuva chegara em hora tão propícia quando resolver ajudar o rei Sagar?

Rudra, então, contou para Nandi como sua legião de ajudantes espirituais, os maruts, estiveram próximos a ele todo o tempo. Eles ajudaram a domesticar os animais e, quando Enki estava em dificuldade em Ur, no caso do jarro cheio de água, e em necessidade na aldeia de Kailash, na época da seca do rei Sagar, eles o ajudaram trazendo água, gerando a tempestade e a chuva. Os maruts conduziram as aparições, inclusive do anão Apasmara, conduzido mentalmente por um marut. Mesmo sendo o mestre de seu destino, os espíritos evoluídos o tinham ajudado no caminho.

– E agora? Qual a atividade a ser desenvolvida? – perguntou Nandi.

– Você continuará a ajudar a região. Ainda há muito a fazer. Não só Skanda e Ganesha necessitam de sua orientação, mas também porque os ahtilantes começaram a reencarnar no vale. Eles precisarão de Shiva para guiá-los.

– Mas eu não sou Shiva!

– Shiva tal como Deus supremo, não. Mas devido ao seu trabalho e à sua doutrina, eles rezarão para você. Shiva e você se tornaram um só.

## 80

Um ano havia escoado desde a morte de Nandi. Naquela manhã, Parvati foi chamada às pressas pelas suas amigas.

– Olhe, Parvati, a multidão subindo em nossa direção.

Ela olhou e ficou abismada com a quantidade de gente. Era uma procissão de milhares de pessoas como se fosse uma gigantesca cobra rastejando a perder de vista.

Alguns horas depois, quando os primeiros participantes chegaram, ela viu Ganesha, Ardhana e Skanda juntos. Estavam conduzindo as pessoas até Kailash, a montanha sagrada de Shiva. Ao chegarem perto dela, abraçaram-na. Ela, então, lhes perguntou a razão da vinda de todas essas pessoas.

– Eles vieram adorar Shiva – respondeu Skanda.

Para essas pessoas, Nandi era Shiva e não havia como explicar serem entidades diferentes: Nandi era seu doce marido e Shiva era o Criador Supremo, o mais benevolente de todos os seres.

Sorriu de volta ao filho e concordou com ele. As pessoas tinham de se sentir filhas de um Deus presente e não de um criador distante. Podiam entrar em comunhão com o Benevolente por meio de preces e pelas suas boas ações.

Naquele mesmo dia, quando todos tinham chegado, sacrifícios foram feitos sobre o lingam e as pessoas sentiram o poder de Shiva, quando, do mais azul dos céus, trovões ribombaram por cima do Himavat. Era Shiva manifestando seu poder. Muitas moças e rishis foram possuídos por espíritos. Dançaram e falaram com os seguidores, e lhes deram verdadeiras provas de seu poder. Pessoas foram curadas e outras se viram livres da loucura e da possessão demoníaca.

Tudo para a maior glória de Shiva, o benevolente.

Esta edição foi impressa em novembro de 2016 pela Art Printer, São Paulo, SP, para o Instituto Lachâtre, sendo tiradas três mil cópias, todas em formato fechado 155x225mm e com mancha de 115x180mm. Os papéis utilizados foram o Off-set 75g/m² para o miolo e o Cartão Supremo Triplex 300g/m² para a capa. O texto foi composto em Baskerville 10,5/12,85, os títulos foram compostos Baskerville 24/28,8. A revisão textual é de Cristina da Costa Pereira e a programação visual da capa de Andrei Polessi.